高职高专智慧物流与供应链岗课赛证系列教材
“基于中高本一体化人才培养模式的课程内容体系构建及新形态教材开发”
课题研究成果

国际货运实务

主　编　张　涛　郝　冰
副主编　陶琬丛　黄锐琼

中国财富出版社有限公司

图书在版编目（CIP）数据

国际货运实务 / 张涛，郝冰主编 . --北京 ：中国财富出版社有限公司，2024. 5.

ISBN 978 - 7 - 5047 - 8173 - 4

Ⅰ. F511. 41

中国国家版本馆 CIP 数据核字第 2024NQ0504 号

策划编辑	郭怡君	**责任编辑**	郭怡君　钮宇涵	**版权编辑**	李　洋
责任印制	尚立业	**责任校对**	卓闪闪	**责任发行**	于　宁

出版发行	中国财富出版社有限公司		
社　　址	北京市丰台区南四环西路 188 号 5 区 20 楼	**邮政编码**	100070
电　　话	010 - 52227588 转 2098（发行部）		010 - 52227588 转 321（总编室）
	010 - 52227566（24 小时读者服务）		010 - 52227588 转 305（质检部）
网　　址	http://www.cfpress.com.cn	**排　　版**	义春秋
经　　销	新华书店	**印　　刷**	北京九州迅驰传媒文化有限公司
书　　号	ISBN 978 - 7 - 5047 - 8173 - 4/F · 3678		
开　　本	787mm×1092mm　1/16	**版　　次**	2024 年 7 月第 1 版
印　　张	19. 5	**印　　次**	2024 年 7 月第 1 次印刷
字　　数	438 千字	**定　　价**	65. 00 元

前言
PREFACE

中国共产党的二十大报告指出："推动货物贸易优化升级，创新服务贸易发展机制，发展数字贸易，加快建设贸易强国。"随着全球经济一体化发展，数字技术对贸易的渗透，发展中国家群体性崛起，高标准国际经贸规则的普及，以及以中欧班列、西部陆海新通道为重要标志的国际物流通道体系"一带一路"的迅速发展，国际贸易呈现出普惠化、数字化、绿色化、融合化、服务化、再全球化、安全化的发展新趋势。这势必带动国际货运蓬勃发展，也对我国全面建成贸易强国有重要意义。

国际货运作为现代物流体系的重要组成部分，在促进国际贸易发展、加强国际经济联系、提高资源配置效率等方面发挥着重要作用。随着全球化进程的加快和国际贸易的日益繁荣，国际货运业务也呈现出多样化、复杂化的特点，对从业人员的专业素养和综合能力提出了更高的要求。我们需要进一步加强国际货运监管，优化国际货运流程，提高国际货运效率，以应对可能出现的各种风险和挑战。

本书旨在通过系统的理论阐述和丰富的实践操作，帮助读者全面了解国际货运业务的各个环节和操作流程，掌握国际货运销售、商务核算、不同运输方式下的业务处理及客户服务等核心技能，培养更多具备专业知识和实践能力的人才。在编写过程中，我们注重理论与实践的结合，使教材内容既具有理论深度，又具有实用性和可操作性。同时，我们也充分考虑了读者的学习需求和认知水平，采用任务驱动的方式，通过具体的案例分析和实践操作，引导读者逐步理解和掌握国际货运业务的知识和技能。此外，本书融入世界技能大赛技术标准和最新技术思路，针对国际多式联运等热点问题进行了深入探讨，具有前瞻性和引领性，能够使读者紧跟时代步伐，把握国际货运业务的发展趋势和方向。

本书由张涛、郝冰担任主编，由陶琬丛、黄锐琼担任副主编，由郝冰组织撰写并统稿，具体分工如下：项目一由谢淑铮编写，项目二、项目三由陶琬丛编写，项目四、项目五由张涛编写，项目六由帖鹏飞编写，项目七由郝冰编写，项目八、项目九由黄锐琼编写。全书由高森主审。

随着互联网的发展，国际货运业务的操作流程和方法也在不断完善。由于编写人员水平有限，本书难免存在疏漏和不足之处，敬请广大读者在使用过程中提出宝贵意见和建议，以便我们不断完善和更新教材内容，更好地服务于国际货运业务的教学和实践工作。

2024 年 4 月 16 日，由中国财富出版社有限公司参与申报的课题“基于中高本一体化人才培养模式的课程内容体系构建及新形态教材开发”经中国物流学会、教育部高等学校物流管理与工程类专业教学指导委员会、全国物流职业教育教学指导委员会组织的专家评审并进行综合评议，立项通过。为深入推进课题研究，在编写本书的过程中，编者与课题组成员进行对接，就如何进行中高本衔接，确保学生在不同阶段的学习中能够顺利过渡，避免出现知识断层和重复学习的情况，实现教育的连贯性和整体性进行了深入的探讨，并以新形态教材的出版形成课题研究成果。本书也是一本校企合作教材，在本书编写过程中得到了对外经济贸易大学博士、河南中森国际货运代理有限公司总经理高森先生的悉心指导，教材中的许多案例和单据来自该公司的真实业务，在此表示衷心感谢。

编　者

目录
CONTENTS

01

PROJ

项目一 货运销售

◎知识目标

- 了解客户获取途径和流程。
- 掌握并灵活运用沟通技巧获取客户信息。
- 熟悉对不同客户的分类管理。
- 掌握国际贸易术语。
- 掌握运输方式和线路选择。
- 掌握海运、空运报价表的制作。
- 掌握招投标的具体流程。
- 掌握投标书的内容及制作。

※能力目标

- 能够建立并维护良好的客户关系。
- 能够与潜在客户进行有效的沟通，并积极推动业务进展。
- 能够根据客户的需求设计运输方案。
- 能够根据客户的需求制作海运、空运报价表。
- 能够根据客户的需求制作投标书。

❖思政目标

- 培养学生爱岗敬业的精神和诚信服务的意识。
- 培养学生树立正确的价值观和职业道德观念。
- 培养学生的社会主义核心价值观，增强学生社会责任感。

知识图谱

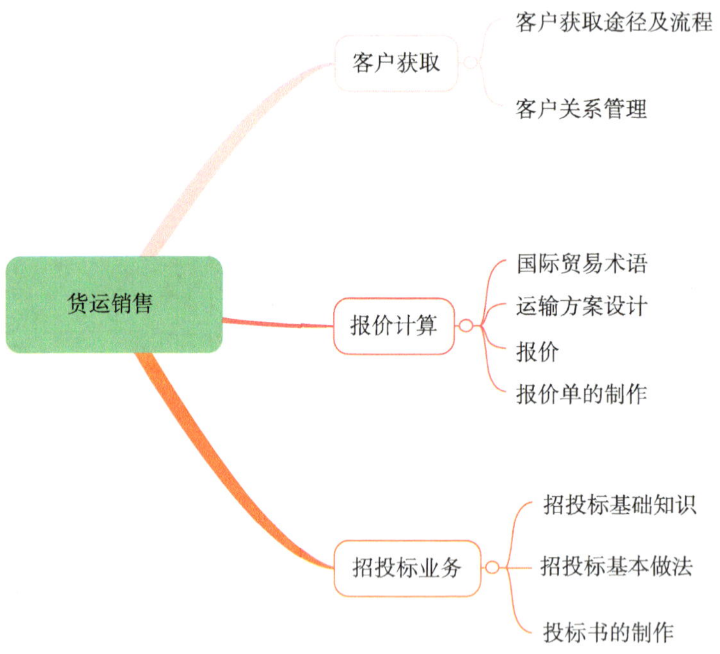
货运销售
客户获取
客户获取途径及流程
客户关系管理
报价计算
国际贸易术语
运输方案设计
报价
报价单的制作
招投标业务
招投标基础知识
招投标基本做法
投标书的制作

岗位分析

岗位：销售代表

岗位职责：负责开发新客户，与潜在客户进行高效沟通；为客户提供专业的咨询服务、满意的运输方案及报价；建立与维护客户关系。

典型工作任务：利用各种渠道和资源开发新客户，寻找合作机会；完成客户调研，收集目标客户的资料，建立与维护客户关系；与客户进行各种形式的高效沟通与协作；按照客户的需求提供运输方案和报价等；在规定的期限内协助财务收款；处理日常操作过程中的突发事件或异常情况。

职业素质：具备严谨细致的工作态度；具备吃苦耐劳、恪尽职守、爱岗敬业的职业操守；具备客户服务意识、团队合作意识和抗压能力。

职业能力：具备分析市场趋势、竞争对手及潜在客户的能力；具备专业的国际货运代理知识，能够根据客户的需求提供不同的运输方案；具备良好的英语能力；具备制订和执行客户计划的能力；具备一定的谈判技巧和推动业务合作达成的能力；具备与其他部门合作的能力；具备客户服务意识，能够建立和维护良好的客户关系。

可持续发展能力：拓展业务的能力；客户关系管理的能力；团队协作的能力。

项目导读

近年来，我国货物贸易进出口总值随国内生产总值的增长稳步上升。据海关总署统计，2022 年我国货物贸易进出口总值为 42.07 万亿元人民币，连续 6 年保持货物贸易第一大国地位。跨境电商的强劲发展、“一带一路”倡议的加速推进、《区域全面经济伙伴关系协定》（RCEP）的实施、中欧班列持续开辟新通道等使我国货物贸易进出口稳步发展，带动了国际货物运输的需求，推动了国际货运代理行业的快速发展。同时，行业内部的竞争也在不断加剧，这就要求国际货运代理行业要不断提高服务质量，拓展新市场。

目前，国际货运正在从传统单一业务模式向现代物流服务变革，深度融入国际物流与供应链“保链稳链固链”的进程中。国际货运代理行业承担着整合国际运输全链条资源、促进国际物流降本增效、加快国际商贸流通、服务外贸进出口发展的重要任务。

面对复杂多变的国际供应链环境，数字化是国际货运的发展趋势，数字化将提升我国国际货运代理企业的服务能力。例如，依托可视化供应链，货主可以随时监控货物的运输流程，国际货运代理则需对货物状况进行监督并进行有效的提前预警，从而降低风险。《“十四五”现代物流发展规划》提出，“利用现代信息技术推动物流要素在线化数据化，开发多样化应用场景，实现物流资源线上线下联动”。在提质增效的经济常态下，国际货运代理的核心服务价值逐渐向为客户优化资源配置、节约管理成本、提高响应效率发展。

任务一　客户获取

任务描述

随着全球经济的不断发展，国际货运市场竞争日益激烈。作为国际货运代理企业的核心部门，销售部门肩负着拓展市场份额、提升客户满意度的重任。上海国际货运代理有限公司成立于 1997 年，具备承接所有国际运输代理业务的资质，是一家一级国际货运代理企业，致力于为客户提供国际海运、国际空运、国际陆运、国际多式联运等进出口代理业务，提供仓储、订舱、报关、报检、保险、单证等多项服务。小周是公司新来的销售人员，销售主管要求其开发新客户。小周每天打 50 个电话，但愿意听小周介绍业务的客户较少，多数人直接挂断电话或回复“不需要”。经过一段时间的努力，小周的业务终于有了起色，一家玩具生产企业要将其产品拓展至欧洲市场，想要了解上海国际货运代理有限公司的国际货运服务，小周向销售主管汇报后，销售主管要求小周当面拜访客户，详细介绍上海国际货运代理有限公司的服务并进一步沟通合作事宜。2024 年上海国际货运代理有限公司销售部门市场开发目标主要针对的客户群体是中国上海—欧洲地中海航线，进出口量达到 1000TEU 以上的大客户，销售主管要求小周对现有目标客户的需求和进出口量进行评估，做一份客户分类报告。

请以项目组为单位，分别从客户获取和客户关系管理方面进行分析，完成“任务实施”中的问题。

知识链接

✣ 知识点 1：客户获取途径及流程

客户获取是国际货运代理企业销售人员代表企业向客户推销产品或服务，获得客户认可并建立商业关系的过程。因此，客户获取是国际货运代理企业招揽货源、取得货物承运权的主要方式。

一、国际货运代理企业的客户来源

1. 直客货物

直客货物是国际货运代理企业直接开发的客户，主要是外贸工厂、国际贸易公司等。这类客户相对稳定，且提供的利润较高，是国际货运代理企业获取的主要客户群体。

2. 同行货物

同行货物是从其他国际货运代理企业转委托而来的客户和货物。此类货物利润较低，依赖性差。

3. 海外代理指定货

海外代理指定货是我们常说的 R/O shipment，是以 FOB 贸易方式成交的出口货物，由国外进口商或其合作的国外货运代理企业指定国内的国际货运代理企业作为其启运地或装运港的代理，负责订舱、报关、装船等事宜。海外代理指定货的利润相对更低。

二、客户获取的途径

客户获取是国际货运代理企业销售人员的主要工作任务。客户获取的首要问题是怎样获取客户信息，常见的客户信息获取渠道如表 1-1 所示。

表 1-1 客户信息获取渠道

分类	序号	渠道类别	获客方式	特点
线下	1	传统开发	电话、传单、“扫楼”	简单易实施，成本低，但难以取得客户信任
	2	有机渠道	线下活动、展会、演讲	黏度高、足够聚焦、易建立信任关系，但受时间和空间的限制
线上	3	数据信息	黄页目录、海关数据、邮件营销（群发）	成本低，方便快捷，但易被客户忽略，对客户造成困扰
	4	搜索引擎	百度、Google 竞价排名	流量大，覆盖广，需要投入费用
	5	B2B 平台	阿里巴巴国际站、中国制造网等	更精准，但受平台限制
	6	垂直平台	福步外贸论坛、外贸圈、锦程物流网等	信息可靠及时，但范围有限
	7	自建网站	公司网站、个人博客等	自主性强，但需要技术和资金
	8	社交社群	QQ、微信、Facebook、LinkedIn	转化率高，复购率高，获客成本低
	9	内容营销	公众号、知乎、今日头条、抖音、小红书、YouTube	覆盖范围广，时间留存长，要有创意才能吸引客户
其他	10	其他	客户推荐、存量客户、开放询盘	省钱省力省心，但要有一定的人脉

1. 线下获客方式

国际货运代理企业销售人员首次开发客户，一般采用电话营销，但这种方式容易给客户造成困扰，也会使客户产生厌烦的感觉。

2. 线上获客方式

国际货运代理企业销售人员可以通过国际物流服务平台、国际采购的 B2B 网站、搜索引擎等获取客户的信息。

3. 其他获客方式

国际货运代理企业销售人员可以通过老客户或相关业务单位如报关行、拖车行、码头公司、仓储公司、海关等的推荐获取客户信息，也可通过存量客户即离职员工的客户获取客户信息。通过这些方式获取的客户对国际货运代理企业的认可度和信任度较高。

三、客户获取的流程

1. 寻找客户信息

寻找客户，必须掌握与客户相关的信息资料，因此需要通过不同的途径获取客户的信息。

2. 选择潜在客户

对获取的客户信息进行分析并筛选出潜在客户。在分析与研究潜在客户时，要根据自身条件进行判断，如客户是否有国际货运代理服务的需要，客户对业务是否有决定权，客户的信誉与付款能力等。

3. 做好准备工作

在接触潜在客户之前，销售人员要充实自己的业务知识，即要熟悉业务操作流程、掌握运价与运费知识、了解港口及国家、理解货运单证，同时还要具备解决客户问题的能力。

4. 与潜在客户交流

与潜在客户交流是获取客户的关键环节，也是衡量销售人员能力的重要指标。交流的方式有多种，如打电话、发电子邮件、微信交流等。与潜在客户交流主要分为两个阶段。

第一个阶段，销售人员需要全面了解、收集并分析客户的需求，如客户目前面临的困难，可能造成的后果及希望解决问题的措施。

第二个阶段，销售人员要针对客户的需求介绍企业的国际货运代理业务，包括企业的特色、优势、运输时间、费用、运输可靠性、异常情况处理的可靠性及服务质量的稳定性等，说服客户尝试或同意合作。报价必须慎重，事先做好准备（市场价、底价、报价、佣金），第一次报价要留有余地，为面谈做好铺垫。初步了解后，预约面谈，并与客户保持联系，按时拜访。

5. 拜访客户

锁定目标客户后，销售人员需要跟客户进行更深入的沟通，主要目的是获取客户运输的具体信息，包括货物信息、运输要求、付款方式、贸易条款等，根据具体信息有针对性地提供运输服务，获取客户信任。

✣ 知识点 2：客户关系管理

客户关系管理（Customer Relationship Management，CRM）是通过对客户详细资料的深入分析，来提高客户的满意度，从而提高企业竞争力的一种手段。客户关系管理的核心是客户价值管理，通过“一对一”的营销原则，满足不同价值客户的个性化需求，提高客户忠诚度和保有率。

一、客户的分类

1. 按照业务涉及的企业分类

按照国际货运代理业务所涉及的企业可以将客户分为以下两种。

狭义的客户指国际货运代理企业的委托人，即国际货物运输的收发货人、通知人。

广义的客户指国际货运代理业务的所有关系人，包括承运人、仓库、堆场、码头、港口代理、船公司、航空公司、保险公司、报关行、拖车行、租箱公司、海关、出入境检验检疫局、税务局、外汇管理局等。

2. 按照客户的价值分类

国际货运代理业务中 80%的利润主要来自 20%的客户，因此，国际货运代理企业要能够找到自己最宝贵的客户资源，发现最具价值的客户。按照客户的价值可以将客户分为以下三种。

（1）战略客户，即重点客户，这类客户通常是大型企业，大约只占 1%，但其进出口货运量很大。这类客户一旦与国际货运代理企业达成战略合作，对国际货运代理企业贡献的价值最大。

（2）主要客户，指除战略客户外，出口货运量比例较大，能够为国际货运代理企业提供较高利润的客户。

（3）普通客户，指除战略客户与主要客户之外的能为企业创造价值的客户，一般占客户群体的 80%。这部分客户只能为企业提供少量利润，有的甚至会造成亏损。

除此之外，按照客户出口目的地所处的线路，可以将客户分为欧洲、地中海航线客户，美国、加拿大航线客户，东南亚航线客户，其他航线客户。

销售人员要区分好各类客户，分别进行管理。

二、战略客户的关系管理

战略客户的关系管理就是对客户有计划、有步骤地开发和跟进维护，此管理决定着与战略客户合作的进一步发展和持续。

战略客户对国际货运代理企业的业务量和营业收入很重要，因此国际货运代理企业一般会花费很多时间、人力和物力来做好战略客户的关系管理工作，以期与之建立长期稳定的合作关系。从一定意义上说，国际货运代理企业对战略客户存在一定的依赖关系。一般情况下，国际货运代理企业会设置战略客户经理对战略客户进行关系管理。在战略客户的关系管理工作中，要处理好公司利益与客户利益的关系，因此战略客户经理要有很强的处理复杂问题的能力、人际交往能力和团队领导能力。

任务实施

阅读“任务描述”，回答以下问题。

1. 小周获取客户的方法有哪些？如果你是销售代表，你应该如何通过线上获取客户？

2. 请帮助小周进行拜访客户前的准备工作，并制作一份 PPT 向客户展示企业优势。

____

____

____

3. 请帮助小周分析如何进行客户分类？

____

____

____

4. 各组派 1 名代表以销售人员的身份模拟现场拜访客户。

任务评价

在完成上述任务后，教师组织三方评价，并对学生的任务执行情况进行点评。学生完成考核评价表（见表 1-2）的填写。

表 1-2　　考核评价表

班级		团队名称				
团队成员						
考核项目		要求	分值	学生自评（30%）	团队互评（30%）	教师评定（40%）
知识能力	对客户获取要点分析准确	分析正确	20 分			
	对拜访客户要点分析准确	分析准确	20 分			
	对客户分类要点分析准确	分类正确	30 分			
职业素养	文明礼仪	形象端庄 文明用语	10 分			
	团队协作	相互协作 互帮互助	10 分			
	工作态度	严谨认真	10 分			
合计			100 分			

任务二　报价计算

任务描述

销售主管将一票海运出口业务的相关信息发送给小周，要求小周按照客户的要求，按照成本最低原则进行报价，并提供一份报价表给客户。

宁波轻工有限公司有一批货物需要运送至荷兰鹿特丹，共有 50 箱，总毛重为 25000 千克，总体积为 155 立方米，预计 4 月 5 日完成装货，于 5 月 10 日前抵达，以成本最低原则安排运输并报价。

关于促进通用航空业发展的指导意见

以下信息可供使用。

1. 宁波到鹿特丹，航程 30 天，海运费为 \$850/20GP、\$1400/40GP、\$1400/40HQ。

2. 集装箱需要安排 1 个 20GP 和 2 个 40GP。

3. 从工厂到宁波港区集装箱卡车拖车费用为 ¥550/20GP、¥1200/40GP、¥1200/40HQ。

请以项目组为单位，从报价前的准备、报价单制作、向客户报价进行分析，完成“任务实施”中的问题。

知识链接

✣ 知识点 1：国际贸易术语

一、国际贸易术语的概念

国际贸易术语，又称贸易条件、价格术语。国际贸易术语明确了国际贸易中买卖双方当事人各自承担的责任、费用和风险的划分，说明了货物的价格构成和交货地点。国际贸易术语不仅有利于简化国际交易磋商的手续，缩短成交时间，节省交易费用，还有利于解决履约过程中买卖双方的争议。国际贸易术语通常用三个英文缩写字母表示。目前通用的是《国际贸易术语解释通则 2020》，该通则是国际商会（ICC）公布的，于 2020 年 1 月 1 日生效。

二、《国际贸易术语解释通则 2020》

《国际贸易术语解释通则 2020》涵盖 11 种贸易术语，进一步明确了国际贸易体系下买卖双方的责任。以下是 11 种贸易术语的介绍。

1. EXW 贸易术语

EX WORKS（...named place）——工厂交货（……指定地点），是指卖方将货物从工厂（或仓库）交付给买方，买方承担自卖方工厂交付后至最终目的地的一切费用和风险。EXW 贸

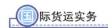

易术语是卖方承担义务较少而买方承担义务较多的贸易术语。该贸易术语适用于任何运输方式。

（1）卖方的主要义务

①在合同规定的时间、地点将符合合同要求的货物交给买方处置，此时风险和费用由卖方转移给买方。

②提供商业发票、交货与合同相符的证明（一般为检验检疫证书）。

③通知买方交货的时间和地点。

（2）买方的主要义务

①承担货交买方后全部的费用和风险。

②负责办理货物的出口清关和进口清关。

③将货物从交货地点运至最终目的地。

2. FAS 贸易术语

FREE ALONGSIDE SHIP（...named port of shipment）——装运港船边交货（……指定装运港），是指卖方将货物运至指定装运港的船边，即完成交货，买方自该时刻起，承担一切费用和风险。该贸易术语仅适用于水上运输。

（1）卖方的主要义务

①负责将货物按规定的期限交到买方指定装运港的船边。

②负责办理货物的出口清关。

③承担自货物在指定地点交由买方船边为止的风险和费用。

（2）买方的主要义务

①接受卖方提供的有关单据，收领货物，并按合同规定支付货款。

②承担货物在指定地点交由船边之后的风险和费用。

③负责办理货物的进口清关。

3. FOB 贸易术语

FREE ON BOARD（...named port of shipment）——装运港船上交货（……指定装运港），是指卖方将货物运到合同规定的装运港口，并交到买方指派的船上，即完成交货。FOB 贸易术语是国际贸易中常用的贸易术语之一，仅适合水上运输。

（1）卖方的主要义务

①负责在合同规定的日期或期限内，将符合合同规定的货物交至买方指派的船上，并及时通知买方。

②承担货物装上船之前的一切风险和费用。

③负责办理货物的出口清关。

④负责提供商业发票和证明货物已交至船上的运输单据。

（2）买方的主要义务

①负责租船或订舱，支付运费，并将船名、装船地点和交货时间等信息提供给卖方。

②负责办理货物的进口清关。

③根据买卖合同的规定收领货物并支付货款。

4. FCA 贸易术语

FREE CARRIER（...named place）——货交承运人（……指定地点），是指卖方在指定地点将已经出口清关的货物交给买方指定的承运人，即完成交货。该贸易术语适用于任何运输方式。

（1）卖方的主要义务

①在合同规定的时间、地点，将货物交给指定承运人，并及时通知买方。

②负责办理货物的出口清关。

③承担将货物交给承运人之前的一切费用和风险。

④向买方提供交货的商业发票和运输单据等有关单据。

（2）买方的主要义务

①签订从指定地点承运货物的合同，支付运费，并将承运人名称及有关情况及时通知卖方。

②负责办理货物的进口清关。

③承担受领货物之后所发生的一切费用和风险。

④根据买卖合同的规定收领货物并支付货款。

5. CFR 贸易术语

COST AND FREIGHT（...named port of destination）——成本加运费（……指定目的港），是指卖方将货物装上船，并及时通知买方，即完成交货。该贸易术语仅适用于水上运输。

（1）卖方的主要义务

①负责在合同规定的时间和指定的装运港，将符合合同规定的货物装上船，并通知买方。

②负责办理货物的出口清关。

③负责租船或订舱，支付运费。

④承担货物在装运港装上船之前的一切费用和风险。

⑤负责提供符合合同规定的货物、商业发票、运输单据和其他相关凭证。

（2）买方的主要义务

①承担货物在装运港交到卖方安排的船上之后的一切费用和风险。

②负责办理货物的进口清关。

③按合同规定接收货物，接收运输单据，并支付货款。

6. CIF 贸易术语

COST，INSURANCE AND FREIGHT（...named port of destination）——成本加保险费、运费（……指定目的港），是指当货物在指定装运港越过船舷时，卖方即完成交货。CIF 贸易术语是国际贸易中常用的贸易术语之一，仅适用于水上运输。

（1）卖方的主要义务

①在合同规定的期限内，在指定装运港将符合合同的货物交至运往指定目的港的船上，并及时通知买方。

②负责办理货物的出口清关。

③负责租船或订舱并支付运费。

④负责办理保险业务，支付保费。

⑤承担货物装上船之前的一切费用和风险。

⑥负责提供货物运往指定目的港的运输单据、商业发票和保险单等。

（2）买方的主要义务

①负责办理货物的进口清关。

②承担货物装上船之后的一切费用和风险。

③领取卖方按合同规定交付的货物，接收与合同相符的单据。

7. CPT 贸易术语

CARRIAGE PAID TO（…named place of destination）——运费付至（……指定目的地），指卖方将货物在双方约定的地点交给买方指定的承运人，即完成交货。该贸易术语适用于各种运输方式，包括多式联运。

（1）卖方的主要义务

①在合同规定的时间、地点，将符合合同规定的货物交给买方指定的承运人，并及时通知买方。

②提供符合合同规定的货物、商业发票和证明货物已交承运人的运输单据等。

③承担将货物交给承运人之前的一切风险和费用。

④负责办理货物的出口清关。

（2）买方的主要义务

①承担货交承运人之后的一切风险。

②负责办理货物的进口清关。

③接收卖方提供的有关单据，收领货物，并按合同规定支付货款。

8. CIP 贸易术语

CARRIAGE AND INSURANCE PAID TO（…named place of destination）——运费、保险费付至（……指定目的地），是指卖方不仅要将货物交给买方指定的承运人，还要为货物办理保险并支付保费。该贸易术语适用于各种运输方式，包括多式联运。

（1）卖方的主要义务

①在合同规定的时间、地点，将符合合同规定的货物交给买方指定的承运人，并及时通知买方。

②提供符合合同规定的货物、商业发票和证明货物已交承运人的运输单据等。

③承担将货物交给承运人之前的一切风险和费用。

④负责办理货物的出口清关。

⑤负责办理保险，支付保费。

（2）买方的主要义务

①承担货交承运人之后的一切风险。

②负责办理货物的进口清关。

③接收卖方提供的有关单据，收领货物，并按合同规定支付货款。

9. DPU 贸易术语

DELIVERED AT PLACE UNLOADED（...named place of destination）——卸货地交货（……指定目的地），是指卖方在指定目的地卸货后将货物交给买方，即完成交货。该贸易术语适用于任何运输方式。

（1）卖方的主要义务

①负责用运输工具把货物运送到目的地，并承担将货物卸载到指定目的地交付给买方之前的一切风险和费用，包括货物装船所需的费用和风险。

②办理货物的出口清关。

③负责提供商业发票、货物运输相关的单据。

（2）买方的主要义务

①负责在指定目的地收领货物，并支付货款。

②承担自收货之时起一切关于货物损坏和灭失的风险，支付自交货之时起与货物有关的一切费用。

③负责办理货物的进口清关。

10. DAP 贸易术语

DELIVERED AT PLACE（...named place of destination）——目的地交货（……指定目的地），是指卖方要负责在规定期限内用运输工具把货物送到买方指定的目的地，将装在运输工具上的货物交由买方处置，即完成交货。

（1）卖方的主要义务

①承担将货物运至指定目的地的一切风险和费用。

②负责办理货物的国际运输，并支付相应运费。

③负责办理货物的出口清关。

④提供商业发票、货物运输相关的单据。

（2）买方的主要义务

①承担在指定目的地交货之后的一切风险和费用。

②负责办理货物的进口清关。

③按合同约定收取货物，接收交货凭证，支付货款。

11. DDP 贸易术语

DELIVERED DUTY PAID（...named place of destination）——税后交货（……指定目的地），是指卖方在指定的目的地办理完清关手续将在运输工具上尚未卸下的货物交给买方处置，即完成交货。卖方承担将货物运至目的地的一切风险和费用，包括办理海关手续的责任和风险，以及缴纳手续费。使用该贸易术语时卖方责任最大。

✣ 知识点 2：运输方案设计

一、运输方式的选择

在国际货物运输方案的设计中，根据客户的运输需求选择最佳运输方式至关重要，国际货物运输的方式主要有陆运运输、水路运输、航空运输、铁路运输，还有多式联运，即选择使用两种及以上的运输方式提供运输服务。因此我们需要对各种运输方式进行分析。运输方式的比较如表 1-3 所示。

表 1-3　　运输方式的比较

方式	陆运运输	水路运输	航空运输	铁路运输
运费	较高	最低	最高	较低
速度	较快	最慢	最快	较快
运量	较小	最大	较小	较大
灵活性	最强	较差	较差	较差
可靠性	一般	较差	一般	较强
连续性	可以实现门对门	差	差	较好

合理选择运输方式是运输方案设计中的重要环节。选择运输方式常用的评价方法有两种：综合评价法和成本比较法。综合评价法是通过衡量货物属性、运输时间、运输成本、目的地和距离、安全性等来选择合适的运输方式。成本比较法是在所有运输方式中，选择成本最低的运输方式。

在实际操作中，运输方式的选择需要根据具体情况进行综合分析和权衡。影响运输方式选择最大的两个因素是运输时间和成本。对于紧急的货物运输，遵循时间优先原则，在时间允许的前提下，选择运输成本最低的运输方式；对于时间要求不高的货运运输，一般遵循成本优先原则。

二、运输路线规划

运输路线规划直接关系到货物运输的费用、时间和运输质量，以及客户的满意度。在选择运输路线时，需要考虑以下几个因素。

1. 运输费用

运输费用的高低是线路选择的决定性因素。运输费用包括各区段的运输费用、中转费用以及必要时的仓储费用等。

2. 运输方式

根据货源结构、运输时间、运输批量、运输的出发地和目的地，确定该运输线路的主要运输方式及区段运输方式。例如，货物价值高、批量小，要求运输时间短的货物，主要运输方式可选用航空运输，全程可采用陆运和空运的多式联运。

3. 运输时间

运输时间不仅包括各区段的运输时间，还包括中转站的中转时间，以及必要时的仓储时间。

4. 服务水平

运输线路的服务水平主要包括运输信息的畅通程度，港口、场站的服务质量，进出口作业的效率，手续的便捷程度等。

根据客户运输的时间要求，选择合适的运输路线时，还需要考虑国际中转和原产地规则，规避国际贸易反倾销、反补贴等贸易措施。在实际操作中多式联运路线规划需要在定性分析中加上定量计算，使得路线规划更加合理、高效。

✣ 知识点 3：报价

一、海运业务报价

海运报价通常分为海运整箱业务报价和海运拼箱业务报价。整箱货物运输（Full Container Load，FCL）是货主自行将货物装满集装箱后，以箱为单位托运。拼箱货物运输（Less than Container Load，LCL），也称为散货运输，是承运人接收货主的数量不足整箱的小票货物后，根据货物性质和目的进行分类整理，把去同一目的地的货物集中到一定数量拼装入箱。

1. 海运整箱业务报价

进行海运整箱业务报价时，首先要确认的是集装箱的数量，如果客户未明确集装箱数量，企业需要根据货物的数量和尺寸，计算出集装箱的数量。在实际操作中，企业通常使用专业的装箱计算软件生成最佳的装箱方案。接着要确认集装箱业务所涉及的各项费用，包含装箱费、封志费、海运费、VGM 申报费等。最后根据核算的费用加上利润制作成报价表。

（1）装箱费

装箱费是指在安排货物装箱时，负责装箱的单位按照货物装箱要求及技术要求收取的费用。

（2）封志费

封志费是指在装箱完毕后，为给集装箱加封条而产生的费用。集装箱封条就是集装箱的锁，是一次性的，上面有唯一的封号。客户拿到的集装箱封号和提单上的一致，表示集装箱没有打开过，货物完好无损。因此，在运输过程中，每个集装箱都有封志费。在实际操作中，如果在查验过程中集装箱的封条被海关拿掉，查验完成后，海关会使用新的封条重新封好，因此，在查验货物时收取双倍封志费是正常现象。

（3）海运费

海运费一般是指海运的基本运费，按照船公司运价表的规定计算，不加任何附加费用。不同的船公司运价表不同，但都是按照各种商品的性质、价值，结合不同的航线确定的，一定时间内是不会改变的。

（4）VGM 申报费

VGM（Verified Gross Mass）申报费，是在海运过程中，船公司为核实每个运载集装箱的重量是否符合 VGM 认证要求而收取的费用。

2. 海运拼箱业务报价

海运拼箱业务相对于海运整箱业务操作简单，报价费用少。根据海运拼箱业务流程，其中可能涉及的费用包括入仓费、海运费、检验检疫费、报关费、报检费、装货港装箱费、卸货港拆箱费、分拨费等。

海运拼箱的基本运费的计算方式是，先按照货物的体积计算运费，再按照货物的重量计算运输，然后比较两种计算方式的结果，选择运费较高的。

按体积计算，拼箱的海运基本运费=单位基本运费（MTQ）×总体积；

按重量计算，拼箱的海运基本运费=单位基本运费（TNE）×总毛重。

二、空运业务报价

空运业务报价因买卖双方成交方式的不同而不同。因此，国际货运代理在报价之前，应当先确定成交方式，再进行报价。

空运价格通常由空运费、燃油附加费、战争险费用三部分组成。空运费由航空公司根据行业淡、旺季，或根据航空公司收货的情况下放价格给航空销售代理人，或航空公司根据不同的销售政策给代理人签订包板、包量的协议，此协议运价相对稳定。燃油附加费基本根据国际原油的价格进行调整。战争险费用相对稳定，有的公司不收取战争险费用。

国际货运代理企业销售人员根据查询到的运价，加上合理的利润后，计算出相应的运费价格。再将此运费价格连同其他费用一起向客户报价。具体报价方式有以下三种。

①按照各个收费项目分别报价，一目了然。

②综合各种费用后报一个全包（All In）价，全包价包含货物运输的基本费用，以及燃油附加费（Fuel Surcharge，简称 FSC 或 MYC）和安全附加费（Security Surcharge，简称 SSC），如 25 元/千克 All In，表示空运费 25 元/千克（包含燃油附加费和安全附加费）。这种报价虽然方便但客户不了解具体费用。

③结合前两种，根据客户需求，报全包价（除特定项目价格外）和特定项目价格。

三、报价流程

1. 收集货物信息

在收到客户的询价请求后，要收集有关货物的详细信息，包括但不限于：货物描述及包装，如货物种类和性质、货物数量、货物尺寸和重量、货物价值、包装规格等；装运条件，如运输时间、运输方式、目的地、贸易条款、特殊要求（如冷藏、危险品等）、其他服务要求（如报关、报检等）；相关当事人信息，如收货人、发货人、通知人等的信息。

2. 查询运价

查询船公司（或航空公司）的船期（或航班）和运价是向客户报价的准备工作，一般查询运价的方式有两种，一种是通过公司内部市场部门直接查询，另一种是通过船公司（或航空公司），或在线网站查询船期（或航班）及运价。例如，地中海航运公司（MSC）的船期、航程和运价可以通过该公司网站进行查询。MSC 官网上海至德国汉堡船期查询页面如图 1-1 所示。

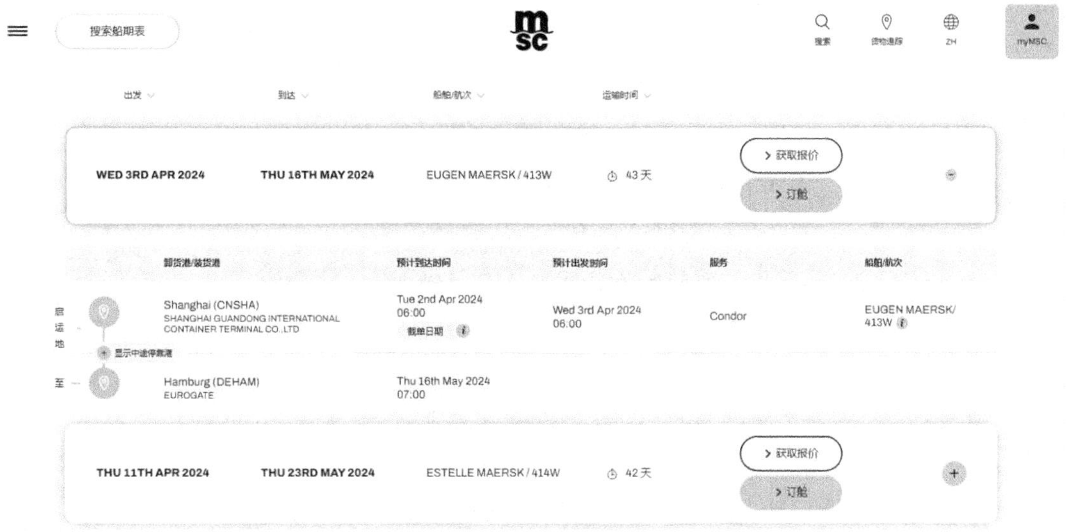

图 1-1　MSC 官网上海至德国汉堡船期查询页面

3. 确定集装箱

涉及海运整箱运输业务时，通常要确定集装箱的类型和数量，因此在报价前要根据货物的规格、尺寸确定所需集装箱的规格和数量。

集装箱数量的确定要建立在货物能装下的基础上，以充分利用箱内容积或承重为原则。单位体积相同的货物，可通过先计算单个货物体积，再利用公式——装箱数＝集装箱总体积/单个货物体积，计算出理论上可装载的数量。如果遇到多种规格货物混装时，该方法难以计算出具体装箱数。在实际操作中，一般采用装箱大师等软件进行精确的计算。

4. 核算费用并制作报价单

根据客户的要求，核算出整个操作流程涉及的费用成本，加上公司利润，制作成报价单并及时发送给客户。报价的形式通常会根据客户的要求来决定，报价时可以提供 All In 价格，也可以详细列出费用清单。注意，报价时必须列明报价的有效期。

✣ 知识点 4：报价单的制作

报价单作为销售人员给客户的报价载体，是最常用的业务开发文件，也是正式的商业行为文件，间接关系到客户对公司的专业度、品牌实力的印象。因此，一份正式的报价单一定要具备给客户提供准确、完整信息的功能。报价单主要内容如表 1-4 所示。

表 1-4　报价单主要内容

公司抬头	公司商标（LOGO），公司名称，地址，联系方式
主体	客户公司名称，客户联系人，货盘货量明细，报价号码，报价日期
报价要素	启运港（机场），目的港（机场），承运人（船公司、航空公司），路线（直达或中转），船期（航班），航程，运价计费项目，计费单位，计费数目，金额汇总
补充说明	不包含的费用，影响到报价的因素，报价有效期，汇率，付款方式与条件等
底部样式	公司实力展示，分公司，资质等

【例】广州领先机械有限公司有一批货物需要于 9 月份运送至越南海防，货物是汽缸盖，14 件货物，总价值为 CNY1033334.40，总毛重 5530 KGS，总体积为 13.965 CBM，货物已经准备好，需要提供门到港的服务，客户要求提供 FCL CIF 海防、从中国深圳到越南海防的报价。

公司名称：广州领先机械有限公司

公司地址：广州市天河区琴村北路红花岗金东工业园 No. 1

分析并制作报价单：

1. 收集所需货物信息，要求提供门到港的服务，因此，需要提供货物从广州到深圳的陆运运输服务。

货物：气缸盖　　　　数量：14 件

总毛重：5530 KGS　　总体积：13.965 CBM

贸易术语：CIF 海防

总价值：CNY1033334.40

2. 通过向物流公司询价，得到陆运运价，如表 1-5 所示。

表 1-5　陆运运价

费用	20GP	40GP/40HQ	单位	备注
集装箱往返深圳港	CNY3300	CNY4200	每集装箱	2 小时免费托运

3. FCL 整箱运输，需要计算集装箱数量。通过计算可知需要 1 个 40GP。

4. 核算费用，经过查询，CNC 船公司提供的运价为：

深圳盐田/蛇口到海防

海运费为 \$255/20GP、\$450/40GP、\$490/40HQ；

燃油附加费为 \$20/20GP、\$40/40GP、\$40/40HQ。

CIF 条款包括的费用有：启运港费用、海运费、保险费、出口清关费等。

保险费的计算通常是根据货物价值的 110%作为投保金额×保险费率（0.05%）。

$$\text{投保金额} = 1033334.40 \times 110\% = 1136667.84\ (\text{元})$$

$$\text{保险费} = 1136667.84 \times 0.05\% \approx 568.33\ (\text{元})$$

根据核算，加上公司规定的利润（海运每集装箱利润为 100 美元，陆运每集装箱利润为 100 元）得到报价费用明细表，如表 1-6 所示。

表 1-6　　报价费用明细表

Charge Item	Unit Price	Unit	Amount（CNY）
Ocean Freight	\$550	Container	3850
LSS	\$40	Container	280
Local export charges based on CIF（CNY）			
Pre-carriage	4300	Container	4300
OTH.	1350	Container	1350
Port Charge	130	Container	130
Seal Fee	50	Container	50
DOC	500	BL	500
Customs Clearance	200	BL	200
VGM Administration Fee	160	BL	160
Insurance Premium	568.33		568.33
Subtotal			11388.33

5. 最后，根据报价费用明细表向客户发送报价。

任务实施

阅读“任务描述”，回答以下问题。

1. 请分析报价前需要获取哪些信息。

____

____

____

2. 请按照整箱业务通过网络查询船期，并安排合适的运输方案。

3. 请制作报价单并向客户发送邮件报价。

4. 各组派 1 名代表上台进行分享。

任务评价

在完成上述任务后，教师组织三方评价，并对学生的任务执行情况进行点评。学生完成考核评价表（见表 1-7）的填写。

表 1-7 考核评价表

班级		团队名称				
团队成员						
考核项目		要求	分值	学生自评（30%）	团队互评（30%）	教师评定（40%）
知识能力	报价前信息获取完整	分析正确	20 分			
	运输路线分析选择准确	分析正确	20 分			
	客户报价所含信息完整准确	计算正确	30 分			
职业素养	文明礼仪	形象端庄 文明用语	10 分			
	团队协作	相互协作 互帮互助	10 分			
	工作态度	严谨认真	10 分			
合计			100 分			

任务三　招投标业务

任务描述

山东某公司位于曲阜市息陬镇高铁新区，主营产品为饮料组合装、甜食产品、护肤品、化妆品、休闲食品、医疗器械、清洁剂、一般个人卫生用品、健康增强用品组合装等，现根据业务需求公开招标年度国际货运代理服务商，主要负责将我方送达港口的货物送至全球区域的国际货物运输，根据与客户商定的贸易形式 CIF 提供国际货物运输服务。上海国际货运代理有限公司作为其中一家投标公司，现需要进行投标准备并向招标公司投标。国际货运代理投标报价单如表 1-8 所示。

表 1-8　　国际货运代理投标报价单

投标人名称：

序号	费用名称	运输路线	贸易条款	箱量	单价	备注
1	海运费	青岛—德国汉堡	CIF	2000 TEU		
2	海运费	青岛—美国洛杉矶	CIF	2000 TEU		
3	陆运运输	曲阜—青岛港				
4	订舱费					
5	报关费					
6	商检费					

请以项目组为单位，分别从招标前的准备、投标报价、标书制作进行分析，完成“任务实施”中的问题。

知识链接

✣ 知识点 1：招投标基础知识

一、基本概念

招标是指招标人对货物、工程和服务事先公布采购的条件和要求，邀请特定或不特定的投标人参加投标，以便招标人按照规定的程序确定中标人的行为。投标是指投标人应招标人的邀请，根据招标通告或招标单所规定的条件，在规定的期限内，向招标人递盘的行为。

国际货运代理招标，是企业通过招标方式选择国际货物运输服务供应商。目的是以价格、资质和运营能力等作为考核标准获得需要的国际货物运输服务，为了使国际货物运输顺利达成，需要招投标双方充分交换信息、相互信任、共同协作。

二、招标的种类

根据《中华人民共和国招标投标法》，招标分为公开招标和邀请招标。

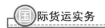

公开招标，是指招标人以招标公告的方式邀请不特定的法人或者其他组织投标。

邀请招标，是指招标人以投标邀请书的方式邀请特定的法人或者其他组织投标。

✣ 知识点 2：招投标基本做法

客户通常根据自身需求把所需付费的运输线路汇总，进行招标，国际货运代理企业根据招标信息进行报价。客户从竞标的国际货运代理企业中筛选出具有竞争力的 1~3 家负责业务操作。客户采用这种集约采购的逻辑，把整个国际运输费用分摊到每个线路，甚至每个托盘上，在 A 线路上选择最优国际货运代理企业，在 B 线路上选择另一家更合适的国际货运代理企业，充分利用国际货运代理企业的优势资源，得到整体最优的方案，从而实现降低公司总费用的目标。因此，国际货运代理企业在投标工作中需要完成以下具体事项。

1. 理解客户需求

国际货运代理企业收到招标信息后，要针对招标需求分析投标报价依据，比如航线、出货量、提供的服务等。对于有疑问的地方认真记录，提出问题，有计划地与招标方进行讨论，讨论结果由招标方确认，作为招标过程的支持文件。

2. 准备投标报价

根据客户需求和报价规则，进行投标报价准备。收集整理报价基础信息、客户信息、供应商信息和自身信息，分析计算、验证投标报价的准确度，运用科学方法推算竞争对手的报价范围。

3. 制作投标书

投标书是投标活动中的核心和关键。投标书不仅是一个完整的服务方案，而且是投标方能否中标的依据。

4. 递送投标书

将投标书装订密封，在指定时间内送到招标方手中。

5. 准备投标答辩

投标答辩主要针对招标公司 KPI（关键绩效指标）、运输方案、报价和所能提供的相关服务展开述标，现场回答专家提出的问题，展示投标方的优势，包括商业资质、合理化建议、报价和服务优势等。

6. 议价并修改标书

招标方根据报价，筛选出具有竞争力的 1~3 家国际货运代理企业，并提出修改意见，国际货运代理企业根据招标反馈，结合企业实际情况，修改标书，合理进行第二轮或第三轮报价。

7. 评审标书并签订服务协议

标书的评审是通过评标委员会按照招标文件中规定的评标方法和标准，对审查合格的投标文件进行商务和技术评估，综合比较与评价。常见的评标方法为最低评标价法和综合评分法。最低评标价法是指将投标文件满足招标文件全部实质性要求，且投标报价最低的投标人作为中标候选人的评标方法。综合评分法是指将投标文件满足招标文件全部实质性要求，且按照评审因素的量化指标评审得分最高的投标人作为中标候选人的评标方法。技术、服务等标准统一的货物服务项目，应当采用最低评标价法。

8. 执行协议

招标方与中标的国际货运代理企业签订合作协议，国际货运代理企业根据协议准确执行国际货运代理服务。

✣ 知识点 3：投标书的制作

投标书是在分析招标企业的概况和需求后，向招标方应标的一种文件。同时，投标书也是一次国际货运代理企业展示自己的机会，对投标的成功与否起决定性作用。

投标书的形式根据招标书的要求有所不同，主要包括以下部分。

1. 总则

表示投标企业愿意投标，并以拥有的国际货运资源提供招标方所需要的服务，表示与招标方共同发展的愿望。

2. 企业介绍

介绍投标企业的发展历程、实力，尤其是取得的历史业绩等。

3. 投标企业的服务优势

向招标方展示企业的优势，如具有经验丰富的团队、高标准的服务、先进高效的数字化技术和平台、强大的海外运输网络等。

4. 国际运输服务方案

针对招标方的需求，提出具体的国际货运解决方案。

5. 报价

投标企业根据招标方提出的具体要求，结合市场实际进行标准化格式的报价。投标企业的投标报价不得超过相应的最高限价，否则被认定为废标。投标报价是决定能否中标的直接因素，报价的编制要根据招标文件规定的要求，精准核算成本做出预算。投标企业应掌握一定的报价策略和方法，如平均报价策略、低价报价策略、高价报价策略。除此以外，投标报价还要考虑服务和品质，服务是投标方提供的额外服务，品质是指投标方提供的服务质量。

6. 投标保证金及其他要求

投标保证金是为了避免因投标企业在投标有效期内随意撤回、撤销投标或中标后不能提交履约保证金和签署合同等行为而给招标方造成损失，通常由投标企业向招标方提交的金额。投标企业在递交投标文件的同时，应按本招标文件规定缴纳投标保证金，不按规定缴纳，其投标文件则被视为废标。

【例】上海国际货运代理有限公司为了取得这次投标，在第一次按照海运费成本加成25%报价，第二次按照海运费成本加成18%报价，第三次按照海运费成本加成15%报价（国际货运代理投标报价单如表1-9所示）。按照这个报价，招标方根据第三方专家评审公示后，最终确定上海国际货运代理有限公司顺利中标，与招标方签订了国际货运服务协议。招标方要求上海国际货运代理有限公司负责接下来的国际货运代理服务，将货物运输至美国200 TEU，CIF洛杉矶，运输至德国130 TEU，CIF汉堡。

表1-9　国际货运代理投标报价单

投标企业名称：上海国际货运代理有限公司

序号	费用名称	运输路线	贸易条款	箱量	单价	备注
1	海运费	青岛—德国汉堡	CIF	2000 TEU	USD800/TEU	
2	海运费	青岛—美国洛杉矶	CIF	2000 TEU	USD850/TEU	
3	陆运运输	曲阜—青岛港			CNY2500/TEU	含税
4	订舱费				CNY250/TEU	含税
5	报关费				CNY200/BL	含税
6	商检费				CNY200/BL	含税

注：其他特殊费用如报关、报检、甩箱漏装等实报实销。

分析：上海国际货运代理有限公司按照协议报价单，其中保管费、检验检疫费要根据出口票数计算。根据实际的航线，如果每条航线为一周一班，则服务费用按表1-10所示的报价执行，为客户提供相应的海运出口服务。

表1-10　服务费用

序号	费用名称	运输路线	贸易条款	箱量	单价	备注
1	海运费	青岛—德国汉堡	CIF	200 TEU	USD800/TEU	
2	海运费	青岛—美国洛杉矶	CIF	130 TEU	USD850/TEU	
3	陆运运输	曲阜—青岛港			CNY2500/TEU	含税
4	订舱费				CNY250/TEU	含税
5	报关费				CNY200/BL	含税
6	商检费				CNY200/BL	含税

任务实施

阅读“任务描述”，回答以下问题。

1. 请根据招标文件分析，要准确报价还需要获取哪些信息？

2. 请通过网络查询船公司运价，制作投标报价单。

3. 各组进行角色扮演，完成招投标流程，并提交详细方案。

任务评价

在完成上述任务后，教师组织三方评价，并对学生的任务执行情况进行点评。学生完成考核评价表（见表 1-11）的填写。

表 1-11　　考核评价表

班级		团队名称				
团队成员						
考核项目		要求	分值	学生自评（30%）	团队互评（30%）	教师评定（40%）
知识能力	掌握招标前准备工作要点	分析完整	20 分			
	掌握招投标的基本做法	流程完整	20 分			
	掌握投标报价单策略	计算准确	30 分			
职业素养	文明礼仪	形象端庄 文明用语	10 分			
	团队协作	相互协作 互帮互助	10 分			
	工作态度	严谨认真	10 分			
合计			100 分			

牛刀小试

参考答案

一、单项选择题

1. 国际货运代理首次开发客户，一般采用的营销方式为（　　）。

A. 关系营销　　B. 网络营销　　C. 电话营销　　D. 上门拜访

2. 客户关系管理的英文简称是（　　）。

A. CAM　　B. MRP　　C. ERP　　D. CRM

3. 《国际贸易术语解释通则 2020》把 11 种贸易术语归为两组，适用于任何运输方式或多种运输方式的贸易术语分为一组，仅适用于水上运输方式的贸易术语分为另一组，在这两组贸易术语种，都没有（　　）。

A. CPT　　B. DPU　　C. DAT　　D. DDP

4. FOB 和 CFR 两种贸易术语中，负责租船订舱的分别是（　　）。

A. 买方/买方　　B. 卖方/卖方　　C. 卖方/买方　　D. 买方/卖方

5. 贸易术语在国际贸易中的主要作用是（　　）。

A. 简化交易手续　　B. 缩短磋商时间

C. 明确交易双方的责任　　D. 节省费用开支

6. 买方责任最大的是（　　）。

A. EXW　　B. DDP　　C. FOB　　D. CIF

7. 空运报价方式不包含（　　）。

A. 按各收费项目分别报价　　B. 报全包价

C. 报 All In 价格+特定项目价格　　D. 只报空运费

8. 根据《中华人民共和国招标投标法》，招标分为公开招标和（　　）。

A. 邀请招标　　B. 邀约招标　　C. 单一招标　　D. 磋商招标

9. 投标活动中国际货运代理企业需要提供的核心文件是（　　）。

A. 招标书　　B. 运输方案　　C. 投标书　　D. 报价表

10. 决定能否中标的直接因素是（　　）。

A. 运输方案　　B. 企业优势　　C. 投标报价　　D. 投标保证金

二、多项选择题

1. 国际货运代理企业主要的客户来源是（　　）。

A. 直客货物　　B. 同行货物　　C. 海外代理指定货　　D. 进出口货物

2. 常见的客户获取渠道有（　　）。

A. 电话营销　　B. 上门拜访　　C. 网络营销　　D. 关系营销

3. 获取客户的技巧包括（　　）。

A. 态度真诚　　B. 展现优势

C. 站在客户的角度解决问题　　D. 建立合作关系

4. 依据《国际贸易术语解释通则 2020》的规定，仅适用于水上运输方式的贸易术语有（　　）。

A. CIF、CFR　　B. DPU、DDP　　C. DAP、EXW　　D. FOB、FAS

5. FOB、CFR、CIF 和 FCA、CPT、CIP 两组贸易术语的主要区别是（　　）。

A. 前者适用于水运；后者适用于各种运输方式

B. 前者货物越过船舷后，风险转移；后者是货物交付承运人后风险转移

C. 前者卖方负责进口报关费用；后者卖方不负责

D. 前者贸易术语后标注装运港或目的港名称；后者贸易术语后注明装运地或目的地

6. 一份正式的报价单主要包括（　　）。

A. 货物信息　　B. 运输路线　　C. 收发货人信息　　D. 报价有效期

7. 报价前的准备工作包括（　　）。

A. 获取货物信息　　B. 获取运价　　C. 计算集装箱数量　　D. 制作报价单

8. 海运整箱业务报价包括（　　）。

A. 海运费　　B. VGM 申报费　　C. 装箱费　　D. 卸货港拆箱费

三、判断题

1. 公开招标不限定范围，向全社会的企业进行招标。（　　）

2. 国际货运代理企业收到招标信息后，需要仔细研究招标书内容，可以向招标方提出问题。（　　）

3. 为了成功投标，国际货运代理企业通常直接按照利润最低的运费报价。（　　）

四、考证知识训练

1. 小张是国际货运代理企业的一名销售人员，进入国际货运代理行业后一直找不到门路，几个月没有成绩，来自公司和自身的压力让他夜不能寐，他回想这几个月的销售经历，总结了失败的原因，发现他只知道打电话报价，对公司的服务特色、优势不了解。在了解到公司在钢材进出口方面的能力很强以后，小张认真学习钢材进出口方面的操作流程，观察同事在这方面遇到的问题和解决方案，并自己设计更合理的操作流程。之后，他为了获取客户信息，跑去各个钢材交易市场，一家家登门拜访，并通过网络获取客户信息，按照客户信息打电话。最终，他用自己真诚的态度和专业的知识，获得了很多客户的认可。渐渐地，小张的订单越来越多。

请结合案例分析下列问题。

（1）小张获得客户认可的经验是什么？

（2）国际货运代理企业的销售人员应该具有什么专业素质？

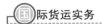

2. 某公司与客户按 CIF 成交一批出口货物。货物在合同规定的时间和装运港转船，船舶在航运中触礁沉没。当该公司凭符合要求的单据要求客户付款时，客户以货物已全部损失、不能得到货物为由，拒绝接受单据和付款。

请根据贸易术语分析客户拒绝付款的做法是否正确，为什么？

五、技能大赛训练

1. Customer Classification

Dear James,

Our company has collected the information of three customers in the exhibition. Please follow it. The company's customer classification standards are used to classify these three customers.

Best Regards,

Peter

Appendix 1 Customer Standards

Customer Standards

Category	Standard (exports to Europe)
A	Greater than or equal to 1000 TEU
B	100 TEU to 1000 TEU
C	Less than or equal to 100 TEU

Appendix 2 Customer Information

Company 1 LY ELECTRIC

LY ELECTRIC is located in Shanghai, as a wholly foreign-owned enterprises, headquartered in China's Hong Kong, registered in 2005. The registered capital is HK$100 million, and plant area is over 20000 square meters, and the number of employees is 2000. The main products include the numerical control engine, automatic machine, etc. The company has attached great importance to the quality management system construction, has passed the ISO9001, ISO14001 system certification, some products through the UL, CQC, CE, VDE certification. Annual turnover are One Hundred Million Euros, with the annual shipments of 1500000 PCS, mainly in the form of container shipping exports. The average quantity of Hong Kong's exports by sea is 2500 TEU, mainly sold to Finland, Sweden, Spain and other European countries. Shanghai LY is Hong Kong companies R&D base, mainly for bulk shipping from Hong Kong imports some raw materials for the experiment, the annual import volume of about 100. 00 cubic meters. At present, LY has a total of three fixed suppliers in Hong Kong to provide import and export services. But there is only one fixed supplier to provide imported services in Shanghai. The four fixed suppliers have high quality of service. At the same time the basic logistics needs saturation. The company' s financial situation is good, and the settlement period is generally about 1 month.

Company 2 GM

GM branch, located in Shanghai, has its own processing plant in Suzhou and Nantong. It is a wholly foreign-owned enterprise and registered in Berlin 1945. The headquarter is in Berlin. The registered capital is One Billion Euros, existing plant area of 120000 square meters. The number of employees is about 50000 people. The main production is electromagnetic equipment. The company has a total of authorized and has been granted 28 patents. It has three scientific and technological achievements identified; all kinds of science and technology award project 22. Annual turnover is 8 Billion Euros. The amount of annual shipments is 3000000 PCS. China branch in the form of container shipping from the Shanghai port to Pakistan, Iran, Norway and Denmark. The average export volume is 6240 TEU. The existing international cooperation Logistics suppliers 20, of which Shanghai' s logistics providers have three, and its satisfaction in general. It is looking for new suppliers to meet the existing international logistics needs, and the settlement period is 3 months.

Company 3 Pearl Wine Co., LTD.

Mingzhu Wine Co. , Ltd. , located in Fenyang, China, is a private listed enterprise, registered in 1995, the registered capital of 320 million yuan, the existing plant area of 180000 square meters, the number of employees about 7000. It mainly produces wine. We take the lead in the domestic production in strict accordance with the "international wine making regulations", with "origin, variety, year" three models to take the high quality route, overall development of a full range of international standards. Its dry red wine is not only welcomed by the domestic market, but also exported to Indonesia, Sri Lanka, India, Egypt and other countries. In 1998, it was appraised as "China Export Famous Brand" by the State Commodity Inspection Bureau. Since 1994, it has been appraised as "Quality and Efficiency Advanced Enterprise" and won more than 30 awards at home and abroad. In 2000, it won the title of "China famous wine Protection Brand", and in 2002, it won the title of "China Famous Brand" and "China Well-known Brand" . The annual export of wine reached 22476000 bottles, with a turnover of 11. 238 billion yuan. Its products are transported by container from Taiyuan to Indonesia, Sri Lanka, India, Egypt and some other countries, and the export volume is 22476 TEU. There are 9 cooperative suppliers in Taiyuan, and the service quality is very high.

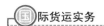

2. Freight Quotation

Hi Xiao Zhou,

Thank you for answering my questions. We decide to ship the goods by FCL in terms of CIF. Please give your best CNY quotation based on the following information.

Goods: F82 MESH

Australian Standards AS/NZS4671

Gross Weight: 37000.00 KGS

Net Weight: 36000.00 KGS

Measurement: 80 cm×70 cm×50 cm×510 cartons

POL: Qingdao

POD: Adelaide

Factory address: No. 44, Jiqi Road, Huaiyin District, Jinan, Shandong, China

The goods can be laid side, flat or inverted. The goods will be ready on December 22nd, and the latest shipment date is December 27th. Telex release bill of lading is required. We want to ship the goods at the lowest price, which kind and how many containers we need? Container packing will be done in CY. Land transportation will be done by us, and customs clearance will be done by you. Please send me the charge of each service, the total charge and details of the sailing.

Many thanks!

××××

××××@abc.com

Appendix 1 Shanghai Freight Forwarding Service Quotation

Shanghai Freight Forwarding Service Quotation Sheet

Cost project		Amount	Comment
VGM		¥170.00	Per CNTR
Handling charge		¥300.00	Per Shipment
Booking charge		¥150.00	Per Shipment
Stuffing charge	20GP	¥400.00	Per CNTR
	40GP	¥750.00	Per CNTR
	40HC	¥750.00	Per CNTR
Export customs clearance		¥150.00	Per Set
Export inspection fee		¥100.00	Per Set
Import customs clearance		¥300.00	Per Set
Import inspection fee		¥200.00	Per Set

Remark: The above quotation is the selling price.

Appendix 2 APL Ocean Freight Quotation Sheet

APL Ocean Freight Quotation Sheet

Cost project	Comment	Amount
O/F (USD/CTNR)	20GP	455. 00
	40GP/DC	900. 00
	40HQ/HC	900. 00
DOC (CNY/BL)		500. 00
PSC (CNY/CTNR)	20GP	105. 00
	40GP	165. 00
	40HQ	170. 00
Seal (CNY/CTNR)		60. 00
OTHC (CNY/CTNR)	20GP	550. 00
	40GP	830. 00
	40HQ	830. 00
DHC (CNY/SHIP)		50. 00
BAF (USD/TEU)		55. 00
PSS (USD/TEU)		50. 00
Amendment Charge (CNY/BL)		500. 00
Telex Release Charge (CNY/BL)		400. 00
LSS (USD/TEU)		20. 00
DTHC (USD/CTNR)	20GP	80. 00
	40GP	150. 00
	40HQ	150. 00
Free Detention (DAY)		7
Container Detention Charge (CNY/CTNR/DAY)		100. 00

Remark:

①The ocean freight shall be quoted to the customer with a profit of \$50/20GP, \$100/40GP, \$100/40HQ.

②Peak season surcharge is applicable from April to November.

③Exchange rate: 1 USD = 6. 9 CNY.

④Amendment Charge only when it occurs will be collected.

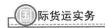

Appendix 3 Local Charge in Adelaide

Dear ×××,

I' ve received your inquiry about the charges in Adelaide. The local charges are as follows:

Import service fee USD30. 00/shipment

Customs clearance fee USD50. 00/shipment

Management service USD20. 00/shipment

Delivery USD800. 00/shipment

DOCUMENT TRANSFER FEE USD60. 00/shipment

Please note that the above quotation is the selling price. If you have any other questions, please feel free to contact me.

Best regards!

××× Freight Forwarding (Australia) CO., LTD.

3. 制作招投标报价单

上海某服装有限公司空运出口服装到日本大阪（OSAKA, JAPAN），CFR OSAKA，请根据以下招标信息以及上海国际货运代理有限公司空运报价单，填制国际空运货运出口投标报价单。

货物种类：服装

数量：每周 500 kgs 用 10 个箱子装

总体积：5. 152 m^3

上海国际货运代理有限公司空运报价单（人民币）

Dep.	M	N	+45	+100	+300	+500	+1000
Shanghai	577. 50	37. 75	12. 83	5. 78	5. 07	4. 05	3. 89

注：以上报价为空运 All In 价格，有效期从即日起至 8 月 20 日。

提货费：从工厂到上海机场 CNY2. 00/kg，最少 CNY1000. 00。

机场杂费：CNY180. 00/bl。

报关费：CNY250. 00/bl。

国际空运货运出口投标报价单

投标人名称：

序号	费用名称	运输路线	贸易条款	数量	单价	备注
1	空运费	上海—大阪	门到港	500 kg		
2	提货费					
3	机场杂费					
4	报关费					

02
PROJ

项目二 货运商务

◎知识目标

- 了解国际海洋运输运价体系。
- 了解各种附加运费的称谓。
- 掌握班轮运费和集装箱运输运费的计费标准和计算方法。
- 掌握向客户报价前的核算过程。
- 了解航空运费的概念。
- 掌握航空运价体系，包括商品分类、计价货币、体积及重量的计算方法。

※能力目标

- 具备根据国际水路运输的货物类型进行运费计算的能力。
- 具备根据国际航空运输的货物类型进行运费计算的能力。
- 具备正确填写航空运单运费栏的能力。

❈思政目标

- 培养学生的节约意识。
- 培养学生严谨细致、认真细心的工作态度。

知识图谱

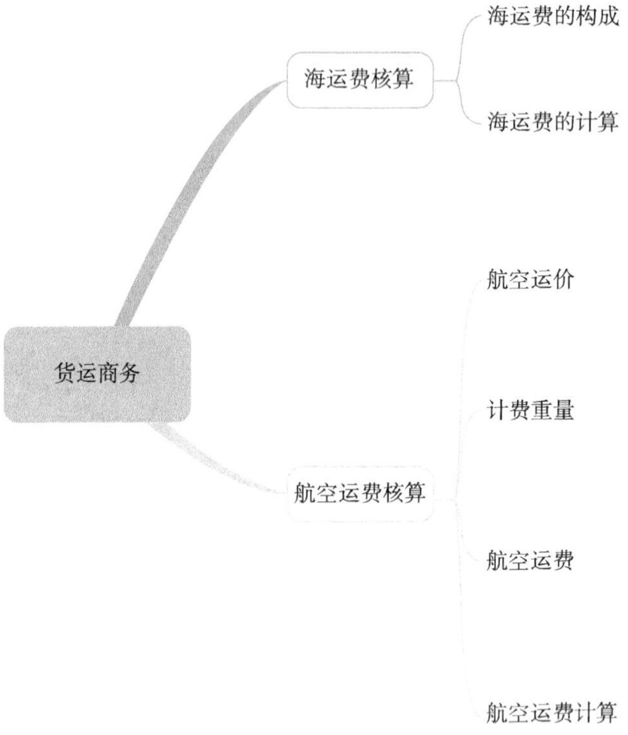
货运商务
海运费核算
海运费的构成
海运费的计算
航空运费核算
航空运价
计费重量
航空运费
航空运费计算

岗位分析

岗位 1：船务代理员

岗位职责：作为货主和船舶所有者之间的联系人，船务代理员负责处理与船舶业务相关的手续，确保货物可以顺利装卸。

典型的工作任务：安排船舶的进出港时间和航线，与供应商和客户协商货物的装卸计划；处理船舶运输相关的文件和手续；监督和协调船队的运行，处理运输中的问题和紧急情况；对国际海洋运输普通货物、指定商品和等级货物的运费进行计算。

职业素质：具备严谨的逻辑思维和工作态度；具备吃苦耐劳、恪尽职守、爱岗敬业的职业操守；具备服务意识、质量意识、安全意识、标准意识、成本意识。

职业能力：具备办理船舶进出港手续的能力；具备计算班轮运费和集装箱运费的能力；具备与港口、海关和其他相关机构进行协调，确保船舶顺利运行的能力。

可持续发展能力：能进行客户关系管理；能进行业务扩展。

岗位 2：航空货运员

岗位职责：负责新客户开发；能够对进出口货物进行报关、报检，熟练制作相关单证；根据货物类型，对国际航空运输普通货物、指定商品和等级货物的运费进行计算。

典型工作任务：开发新客户；维护老客户；跟踪货物运输过程；处理、完善运输后续的业务环节；与客户协商货物的运输需求，制定航班计划和货物装载计划，处理货物的报关手续，监督货物的运输过程，协调航空公司和其他相关部门，解决物流中的问题和紧急情况。

职业素质：具备服务意识、质量意识、安全意识、标准意识、成本意识。

职业能力：能够针对货物的运输要求及货物要求制订运输计划；具备运用大数据、智慧物流、物联网、自动化等先进技术提升物流运作效率的能力。

可持续发展能力：能进行客户关系管理；能进行业务扩展；具备全局协调能力。

项目导读

水运“十四五”发展规划

2022 年 1 月，中华人民共和国交通运输部制定发布了《水运“十四五”发展规划》（以下简称《水运规划》）。《水运规划》是根据《中华人民共和国国民经济和社会发展第十四个五年规划和 2035 年远景目标纲要》《交通强国建设纲要》《国家综合立体交通网规划纲要》，按照“十四五”综合交通运输体系发展规划总体要求制定的。在制定过程中，立足新发展阶段，完整、准确、全面贯彻新发展理念，服务构建新发展格局，紧紧围绕加快建设交通强国、构建现代化高质量综合立体交通网的目标，对标“四个一流”，以贯彻国家战略要求为导向，加强阶段特征分析、突出综合交通融合发展、提升管理和服务水平，切实指导“十四五”时期水运行业发展的各项工作。

（一）现状与形势。包括发展现状、形势要求和需求预测。海运“十三五”规划目标基本完成，构建新发展格局对水运行业发展提出了更高要求。“十四五”时期，预计海运需求将在高基数上保持中低速增长，2025 年水路货运量、港口吞吐量将分别达到 85 亿吨、164 亿吨，年均增长 2%~3%。

（二）总体要求。包括指导思想、基本原则和发展目标。基本原则有强化支撑保障、推进创新驱动、加强统筹协调、促进开放融合、坚持绿色安全。到 2025 年，新增国家高等级航道 2500 千米左右，基本连接内河主要港口。世界一流港口建设提质增效，保障能力适度超前。智慧绿色安全发展水平显著提升，支撑国家战略能力明显增强。我们展望 2035 年，安全、便捷、高效、绿色、经济的现代水运体系基本建成，为建设人民满意、保障有力、世界前列的交通强国做好支撑。

（三）重点任务。包括：一是集中攻坚，重点建设高等级航道；二是强基优能，打造高能级港口枢纽；三是统筹融合，推动联运高质量发展；四是降本增效，发展高水平水路运输；五是创新驱动，引领智慧水运新发展；六是巩固提升，推进绿色平安新发展；七是开放拓展，提升水运国际竞争力；八是深化改革，提升管理能力与水平。

任务一　海运费核算

任务描述

“红海危机”升级，对供应链构成新威胁

红海局势骤然紧张，85%的集运公司暂停航线，超800亿美元货物绕道而行。作为全球最重要海运航道之一，这条狭长的水道，到底面临什么样的困境？

红海危机

（一）红海袭击不断，航运“生命线”陷危机

作为全球海运线路上的重要航道，与苏伊士运河共同构成“欧亚水上通道”的红海，是世界上最繁忙的水道之一，全球近12%的贸易要经过这里。对于全球能源、物资等供应链来说，红海可谓是一条“生命线”。

但自2023年11月以来，这条“生命线”并不太平，商船频繁遭袭击，地中海航运公司、达飞海运集团、马士基集团、赫伯罗特公司等多家航运巨头，暂停了其集装箱船在红海及其毗邻海域的航行。同时，英国石油公司（BP）、挪威国家石油公司（Equinor）、油轮船东Euronav和CMB也宣布将避开红海地区。

目前正处于欧洲航线签订长期合同协议的关键期，欧洲航线运价已被推涨至较高水平。根据宁波出口集装箱运价指数（NCFI）的数据显示，12月15日欧洲航线40英尺集装箱的市场订舱价格为1755美元/TEU，较11月中旬上涨66.4%。

（二）全球运输成本骤升，“买单”的还是消费者

商船如果不走红海，就意味着不得不改道非洲好望角，这或将使每趟航程增加约6000海里，航行时间延长1~2周，增加数万美元的额外成本。而增加的成本很可能会转嫁给消费者，国际供应链也将受到严重冲击。

对于红海上的这场危机，市场的反应很快。伦敦海洋保险市场18日宣布扩大红海高风险区域。路透社报道称，根据市场估计，战争险费用已从12月上旬的占船舶价值约0.07%，极速攀升至0.5%~0.7%，这意味着一次航程（约7天），又将多出数万美元的额外成本。

航运公司变更航线，导致远洋运输运费上涨和长达数周的延误，扰乱了全球物流。据《日本经济新闻》报道，在连接欧美与亚洲的航线上，约有47%的玩具、40%的家电产品和服装的运输或将受到运费上涨和延期抵达的影响。工业原材料方面，24%的化学品和22%的车用钢板、22%的绝缘电线和电池将受到波及，部分原材料甚至难以交货。电动汽车制造商特斯拉、汽车制造商沃尔沃等公司近日表示，公司旗下的一些工厂已被迫暂停生

产。延误和成本增加正在累积。尽管企业正在探索替代运输方案，但不利的连锁效应仍在继续扰乱全球物流。

请以项目组为单位，思考并回答“任务实施”中的问题。

知识链接

✣ 知识点 1：海运费的构成

海运费主要由基本运费和附加费构成。

一、基本运费（Basic Freight）

基本运费是指从装运港到卸货港运输货物所需的基础费用，其计算基于货物的重量、体积或集装箱数量，并乘以相应的基本运费率得出。基本运费率是运价表中对货物收取的每单位（如每公吨、每立方米或每一集装箱）的运费单价，反映了承运人提供单位货物运输服务的成本和利润。

二、附加费（Surcharges）

为了使海运费既能在一定时期内保持稳定，又能准确反映各航线港口的航运成本，船公司在收取基本运费之外，还可能加收各种附加费，主要包括以下几种。

（1）THC（Terminal Handling Charge），即码头操作费，也叫码头处理费。这是指船舶在港口停泊时需要缴纳给码头经营者的费用，以支付码头经营者为了处理货物而产生的相关费用，是国际班轮公会和航线组织联合从 2002 年 1 月起向中国货主征收的附加费用。

（2）BS（Bunker Surcharge），即燃油附加费。这是由于燃油价格上涨，船公司在不调整原定运价的前提下，为补偿燃油费用的增加而加收的费用。

（3）CAF（Currency Adjustment Factor），即货币贬值附加费。这是因国际金融市场的汇率发生变动，计收运费的货币贬值，为了弥补船公司在货币兑换过程中的汇兑损失而加收的费用。

（4）PSS（Peak Season Surcharge），即旺季附加费。这是在每年运输旺季，船公司根据运输供求关系状况而加收的费用。这是目前在集装箱班轮运输中出现的较多的费用。

（5）自动舱单系统录入费（Automatic Manifest System Fee），即为了满足美国的反恐需求而设立的费用。自动舱单系统录入费是由国际货运代理在开船前 48 小时将货物等资料报给承运人，承运人在开船前 24 小时通过 AMS 向美国海关报送货物资料，并提供真正的货主和收货人信息而加收的费用。

（6）入境摘要报关单费（Entry Summary Declaration Fee），包括为了完成入境摘要申报而支付给相关服务提供商的费用，如支付给完成 ENS 申报的代理或服务提供商的费用。此外，为确保申报数据的安全传输，可能需要支付通信费用；如果需要附加服务，如快速通关或特殊处理，还可能需要额外支付费用。

（7）其他附加费，如港口拥挤附加费（Port Congestion Surcharge）、转船附加费（Transshipment Additional）、直航附加费（Direct Additional Charge）、选港附加费（Optional Surcharge）、绕航附加费（Deviation Surcharge）、变更卸货港附加费（Alteration of Discharging Port Additional）、超额责任附加费（Additional for Excess of Liability）、目的港交货费（Destination Delivery Charge）、破冰费（Ice Surcharge）、综合费率上涨附加费（General Rate Increase）、超重附加费（Heavy-Lift Additional）、超长附加费（Long Length Additional）等，这些附加费会在不同的时间、不同的场合、不同的航线上发生。

✣ 知识点 2：海运费的计算

一、班轮运费

班轮运费包括基本运费和附加费两部分。基本运费的计收标准不一，附加费名目繁多且时有变动。

1. 基本运费

基本运费是为在预定航线的各基本港口之间进行货物运输所收取的费用，是构成全程运费的主要部分。基本运费的计收方式，通常按不同货物分为下列几种。

（1）按货物毛重计收

货物的毛重在运价表中用 W 表示，即英文 Weight 的缩写。如以 1 公吨（1000 千克）、1 长吨（1016 千克）或 1 短吨（907.2 千克）为一个计算单位，也称重量吨。

（2）按货物尺码或体积计收

货物的尺码或体积在运价表中用 M 表示，即英文 Measurement 的缩写。如以 1 立方米（约合 35.3147 立方英尺）或 40 立方英尺为一个计算单位，也称尺码吨或容积吨。

（3）按货物重量或尺码两者中较高者计收

货物的重量或尺码（体积）在运价表中用 W/M 表示，选择其中收费较高者计算运费。在运价表中，重量吨及尺码吨统称为“运费吨”。如 100 个纸箱包装的纸制品，重 1.2 吨，体积为 15 立方米，它的运费吨按 15 吨计算。而 100 箱的铁钉，重 9 吨，体积为 2.6 立方米，它的运费吨按 9 吨计算。

（4）按货物的价格计收

按货物的价格计收运费又称从价运费，在运价表中用“AD. VAL”表示，一般按货物 FOB 价一定百分比收取，主要适用于高价值货物。

（5）按货物重量或尺码或价值三者中最高者计收

这种计收方式在运价表中用“W/M” or “AD. VAL”表示，选择其中收费较高者计算运费。

（6）按货物的件数计收

例如，汽车、火车按辆（Per Unit）计收，活牲畜如牛、羊等按头（Per Head）计收。

（7）大宗货物按议价运费计收

大宗货物如粮食、煤炭、矿砂等，一般在班轮费率表内规定具体费率，在订舱时，由托运人和船公司临时洽商议定。议价运费通常比按等级计算运费低廉。

（8）起码费率（Minimum Rate）

起码费率是在按每一提单所列的重量或体积所计算出的运费，尚未达到运价表中规定的最低运费额时，按最低运费计收。

应当注意，如果不同商品混装在同一包装内，则全部运费按其中较高者计收。同一票商品如包装不同，其计算标准及等级也不同。托运人应按不同包装分列毛重及体积后再分别计收运费，否则全部货物均按较高者收取运费。另外，同一提单内如有两种或两种以上不同货名，托运人应分别列出不同货名的毛重或体积，否则全部货物均将按价格较高者收取运费。

2. 附加费

为了保持在一定时期内基本费率的稳定，以及正确反映各港的各种货物的航运成本，班轮公司在基本运费之外又定了各种附加费（Surcharges）。班轮运费中的附加费名目繁多，如超重附加费（Heavy-Lift Additional）、超长附加费（Long Length Additional）、转船附加费（Transshipment Additional）等。

3. 运费计算公式及步骤

海运费计算

（1）根据货物名称，在货物分级表中查到运费计算标准和等级。

（2）在等级费率表中找到相应的航线、启运港、目的港，按等级查询基本运价。

（3）从附加费表中查出所有应收（付）的附加费项目和数额（或百分比）及货币种类。

（4）算出实际运费，公式为：总运费=（基本运费+附加费）×总运费吨。

其中，附加费可能是绝对数，也可能是相对数（百分比）。若运价表中某附加费为相对数，则其值应为：附加费=基本运费×附加费率之和。

此时，上述运费公式演变为：总运费=基本运费×（1+附加费率之和）×总运费吨，即

$$F = f \times (1 + \sum S) \times Q$$

【例1】 某轮船从上海装运10 t共计11.3 m^3的打火石，运往加拿大温哥华港，要求直航。除基本运费外，还需加收直航附加费，每运费吨为USD18，燃油附加费率为35%，港口附加费率为10%。试计算全部运费是多少。

解：

经查货物分级表，火石是10级，计算标准是W/M；经比对货物重量吨与体积吨，根据从重原则，确定使用体积吨计算运费。10级货物的基本运费为257 USD/t；考虑附加费因素，运费保留小数点后两位。

该批货物海运费计算如下：

$$F = [257 \times (1 + 35\% + 10\%) + 18] \times 11.3 = 4414.35(\text{美元})$$

所以该批货物海运费为4414.35美元。

二、租船运费

租船运费的高低主要取决于租船市场的供求关系，但也与运输距离、货物种类、装卸率、港口使用、装卸费用划分和佣金高低有关。

三、集装箱海上货运运费

目前，集装箱货物海上运价体系较内陆运价成熟，基本上有两种计算方法，一种是用件杂货运费计算，即以散货费率计算；另一种是以包箱费率计算。

1. 散货费率

（1）基本费率

基本费率参照传统件杂货运价，以运费吨为计费单位，多数航线采用等级费率。

（2）附加费

附加费是指除传统件杂货所收的常规附加费外，加收的一些与集装箱货物运输有关的费用。

2. 包箱费率

包箱费率是以每个集装箱为计费单位，常用于集装箱交货的情况，即CFS-CY或CY-CY条款。常见的包箱费率有以下三种形式。

（1）FAK包箱费率（Freight for All Kinds Rate）

FAK包箱费率是指对每一集装箱不细分箱内货类，不计货量（在重量限额之内），统一收取的运价。

（2）FCS包箱费率（Freight for Class Rate）

FCS包箱费率是按不同货物等级制定的包箱费率，分为1~20级。使用这种费率计算运价时，先要根据货名查到等级，然后按货物大类等级、交接方式和集装箱尺寸查得每个集装箱相应的运价。

（3）FCB包箱费率（Freight for Class and Basis Rate）

FCB包箱费率是按不同货物等级或货类及计算标准制定的费率。

【例2】某轮从广州港装载杂货人造纤维，体积为20 m^3，毛重为17.8 mts，运往欧洲某港口，出口公司要求卸货港为鹿特丹或汉堡，鹿特丹和汉堡都是基本港口，基本运费率为USD80.0/ft，三个以内选卸港的附加费率为每运费吨加收USD3.0，商品计费标准为W/M。

问：

①该出口公司应支付多少运费？

②如果改用集装箱运输，海运费的基本运费率为USD1100.0/TEU，货币附加费率为10%，燃油附加费率为10%。改用集装箱运输时，该出口公司应支付多少运费？

③若不计杂货运输和集装箱运输两种方式的其他费用，出口公司从节省海运费考虑，

是否应选择改用集装箱运输？

解：

$$①\ F=(80+3)\times 20=1660(\text{美元})$$

该出口公司应支付运费1660美元。

$$②\ F=1100\times(1+10\%+10\%)=1320(\text{美元})$$

根据题意，改用集装箱装运应支付1320美元。

③因为1660美元>1320美元。所以从节省海运费考虑，应选择改用集装箱运输。

【例3】 广州某国际货运代理企业的客户有一批法兰绒毯（Flannel Blanket）要出口到马来西亚，请为客户选择运输方案及最便宜的选项并计算运费，向客户提交报价。

货物名称：法兰绒毯（Flannel Blanket）

货物数量：4800张

货物包装：1张毯子装入1个无纺布袋，尺寸为250 mm×180 mm×150 mm；12张经包装的毯子装入一个纸箱，纸箱的尺寸为580 mm×380 mm×480 mm，纸箱装入1200 mm×1000 mm规格的托盘（托盘高度为150 mm），每个托盘装2层、10个纸箱。托盘装载货物的形式如图2-1所示。

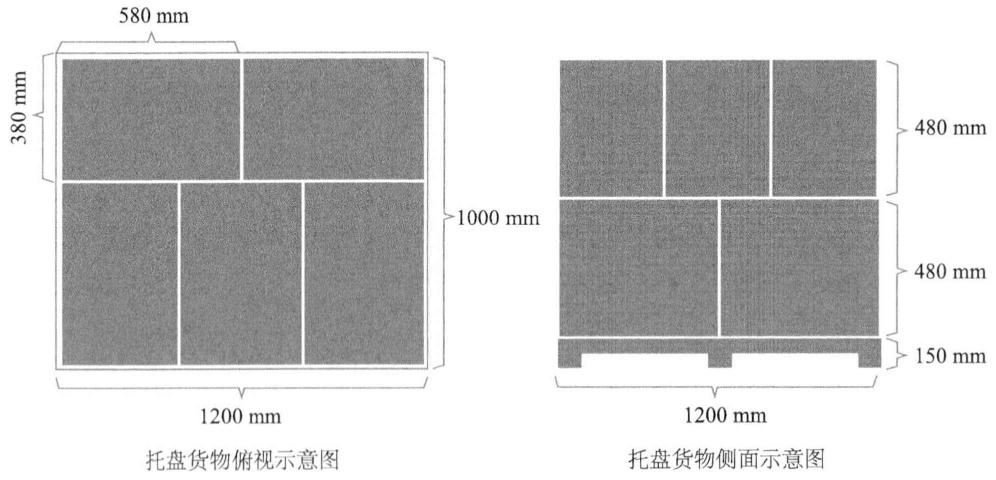

图2-1　托盘装载货物的形式

货物重量：一个纸箱的毯子毛重15 kg，一个托盘重量为10 kg。

出口商仓库所在地：佛山市南海区。

进口商所在地：吉隆坡。

贸易术语：CFR。

解：

第一步：算箱。

该票货物是先组托再装入集装箱。托盘规格为 1200 mm×1000 mm。可供选用集装箱箱体规格如表 2-1 所示。

表 2-1　　集装箱箱体规格

<table>
<tr><td>规格</td><td colspan="6">20 ft 标准箱</td><td colspan="6">40 ft 标准箱</td></tr>
<tr><td rowspan="2">内部尺寸</td><td colspan="2">长（mm）</td><td colspan="2">宽（mm）</td><td colspan="2">高（mm）</td><td colspan="2">长（mm）</td><td colspan="2">宽（mm）</td><td colspan="2">高（mm）</td></tr>
<tr><td colspan="2">5898</td><td colspan="2">2352</td><td colspan="2">2392</td><td colspan="2">12031</td><td colspan="2">2352</td><td colspan="2">2392</td></tr>
<tr><td rowspan="2">容积与载重</td><td colspan="3">容积（m^3）</td><td colspan="3">载重（kg）</td><td colspan="3">容积（m^3）</td><td colspan="3">载重（kg）</td></tr>
<tr><td colspan="3">33. 2</td><td colspan="3">21740</td><td colspan="3">67. 7</td><td colspan="3">26630</td></tr>
<tr><td rowspan="2">箱门尺寸</td><td colspan="3">宽（mm）</td><td colspan="3">高（mm）</td><td colspan="3">宽（mm）</td><td colspan="3">高（mm）</td></tr>
<tr><td colspan="3">2340</td><td colspan="3">2280</td><td colspan="3">2340</td><td colspan="3">2280</td></tr>
</table>

该票货物总共所需的纸箱数量为：4800÷12＝400（箱）

该票货物总共所需的托盘数量为：400÷10＝40（托）

一个托盘货物的高度为：480+480+150＝1110（毫米）

一个 40 英尺集装箱每层可装托盘数：20 托（见图 2-2）。

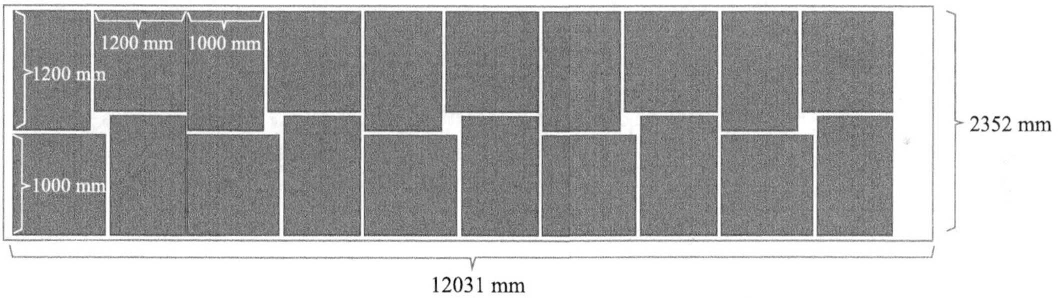

图 2-2　40 英尺集装箱每层可装托盘数

集装箱内托盘货物可堆放层数：2392÷1110≈2（层）；40 托用一个 40 英尺集装箱刚好装完。

第二步：确定运输方案。

该票货物的运输目的地是吉隆坡，离吉隆坡最近的港口是巴生港。巴生港位于马来半岛西海岸，在吉隆坡的西南方向，是马来西亚的海上门户，也是该国最大的港口。选择的运输方案：用集装箱拖车将货物从佛山南海的仓库运至深圳蛇口港，然后选择一家集装箱班轮公司将货物通过海运运至马来西亚巴生港。

第三步：从拖车公司、船公司处拿到报价，选择承运人。

拖车公司报价如表 2-2 所示，船公司报价如表 2-3 所示。

表 2-2　　拖车公司报价

蛇口港	20 ft		40 ft（20 t 以内）	
	15 t 以下	15 t 以上	BOX	HIGH
佛山南海	CNY1800	CNY2100	CNY2100	CNY2100

表 2-3　　船公司报价

项目					基本运费		附加费用					
船公司航线	装运港	截关/开船	目的港	航程	20 ft BOX（USD）	40 ft BOX（USD）	DOC（CNY）	EIR（CNY）	LSS（USD）	SEAL（CNY）	THC（CNY）	TLX（CNY）
COSCO KCM2	蛇口	星期六/星期一	巴生西	4 天	1650	3150	500/票	40/箱	100/20 ft BOX 200/40 ft BOX	30/箱	680/20 ft BOX 1050/40 ft BOX	500/票
EMC CIX	蛇口	星期二/星期三	巴生北	4 天	1800	3600	450/票	40/箱	57/20 ft BOX 115/40 ft BOX	65/箱	840/20 ft BOX 1428/40 ft BOX	

注：
①DOC：文件费，按货物票数收取，以人民币计价：
②EIR：设备交接单费，按箱收取，不论集装箱规格，以人民币计价；
③LSS：低硫附加费，按箱收取，不同规格集装箱费用不同，以美元计价；
④SEAL：封条费，按箱收取，不论集装箱规格，以人民币计价；
⑤THC：码头操作费，按箱收取，不同规格集装箱费用不同，以人民币计价；
⑥TLX：电放费，按货物票数收取，以人民币计价；
⑦汇率：1 USD=7.2 CNY。

根据以上报价可知，将一个 40 英尺集装箱从佛山南海运至深圳蛇口港的拖车价格是 2100 元。

①根据 COSCO KCM2 的报价计算将一个 40 英尺集装箱运至巴生港的海运费用。

基本运费：3150 美元；

附加费：人民币费用为 500+40+30+1050=1620（元），美元费用为 200 美元；

全部换算成人民币总费用为 3150×7.2+200×7.2+1620=25740（元）。

注：电放的费用要看客户是否有电放的需求，暂不计算在内，可与客户另外说明。

②根据 EMC CIX 的报价计算将一个 40 英尺集装箱运至巴生港的海运费用。

基本运费：3600 美元；

附加费：人民币费用为 450+40+65+1428 = 1983（元），美元费用为 115 美元；

全部换算成人民币总费用为 $3600 \times 7.2 + 115 \times 7.2 + 1983 = 28731$（元）。

根据以上计算，选择费用更低的 COSCO KCM2。

第四步：其他费用。

向客户提交报价时，除了运费还有其他与国际货物运输相关的费用要向客户说明，如装箱费、代理报关服务费、海关查验费、电放费等。这些费用取决于客户是否委托国际货运代理企业来完成相关操作，如有，则要收取。

第五步：向客户报价。

根据以上分析和计算结果，根据本公司的报价方式、佣金、利润政策，国际货运代理企业销售人员可通过邮件、电话、传真或其他方式向客户报价。

任务实施

阅读“任务描述”，回答以下问题。

1. “红海危机”对于航运市场产生了哪些影响？尤其是对海运费产生了哪些不利的影响？

____

____

____

2. 海运费的项目构成是什么？除了基本运费，还包含哪些附加费？

____

____

____

3. “红海危机”造成航线绕道好望角，从货运成本的角度分析，可能会产生哪些额外的费用？

____

____

____

4. 各组派 1 名代表上台进行分享。

任务评价

在完成上述任务后，教师组织三方评价，并对学生的任务执行情况进行点评。学生完成考核评价表（见表 2-4）的填写。

表 2-4　　考核评价表

班级		团队名称				
团队成员						
考核项目		要求	分值	学生自评（30%）	团队互评（30%）	教师评定（40%）
知识能力	海运费构成	掌握清晰	20 分			
	海运费核算	结果准确	20 分			
	海运费核算	过程完整	30 分			
职业素养	文明礼仪	形象端庄 文明用语	10 分			
	团队协作	相互协作 互帮互助	10 分			
	工作态度	严谨认真	10 分			
合计			100 分			

任务二 航空运费核算

任务描述

中国航空物流行业价格新动向

航空物流业作为现代服务业的重要构成部分，是物流流通方式转型，促进消费升级的现代化先导性产业。航空货运量仅占全球贸易总量的1%，货值却能占到36%，航空货运是各国重要的战略性资源，具有承运货物的附加值高、快捷高效等特点。近年来，随着我国居民生活水平的提高，居民消费能力不断增强，快件、特种货物、跨境电商的货物持续高速增长，航空物流市场需求日益增大。

航空运价类别

（一）航空货运需求旺盛，“一仓难求”

每年的9月到年底是航空货运的传统旺季，此时正值海外年底购物季，国际航空运力持续紧张，运价也再次创出历史新高。2021年，中美航线一架波音747的包机价为200多万美元，约合人民币1300万元，并且中美航线的货运价格创出历史的极值，达到了13.62美元每千克，与2019年之前相比，涨了3~4倍，中欧航线的运价也持续上涨，相较于年初基本已经翻倍。

（二）全球运力增加国际需求减少，空运运价高位回落

空运运价的回落是由于供需关系发生转变，2022年空运运力明显增加，外国航空公司把富余运力投放中国，这是由于2021年中国创下有史以来的最高运价。此外，欧美通货膨胀导致海外需求下降，其中电子产品、汽车零部件品类出货量减少明显。

（三）国际航空运价理性回归，促进国内国际双循环

2023年以来，我国货运航线布局逐步完善，航空货运供给加大，中国民航局最新数据显示，截至2023年11月，全行业货机机队规模增至255架，机场货运设施保障能力为3100万吨，其中国际航站利用率约80%，我国航空保障能力显著提升。2023年国内航线货运需求保持稳定，但受国内运力持续释放、燃油成本高等因素影响，国内航线运价水平整体呈下降趋势，国际航空运价回归正常，为国内国际双循环发挥了促进作用。

请以项目组为单位，思考并回答“任务实施”中的问题。

知识链接

✣ 知识点 1：航空运价

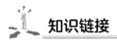

航空运价指承运人对所承运的每一重量单位的货物所收取的航空运费。航空运价按制定途径不同，分为协议运价和 IATA① 运价。

一、协议运价

协议运价是指航空公司与托运人签订协议，托运人保证每年向航空公司交运一定数量的货物，航空公司则向托运人提供一定幅度的运价折扣。协议运价分类如表 2-5 所示。

表 2-5　　协议运价分类

协议运价	长期协议运价	签订一年期限协议的运价
	短期协议运价	签订半年或半年以下期限的运价
	包舱运价	对租用的全部或部分舱位或集装器签订的运价
	销售返还	对已完成的销售量（额）给予一定比例的运费返还
	自由销售	除签订过协议的货物外，一票货物商议一个定价

二、IATA 运价

IATA 运价是指 IATA 和 IAP 合作出版的 TACT（The Air Cargo Tariff），即《国际航空货物运价及规则手册》中公布的运价。运价按照公布的形式划分，可分为公布直达运价和非公布直达运价。公布直达运价指航空公司在运价本上直接注明从始发站到目的站的货物运价；若没有适用的公布直达运价，采用比例运价或分段相加运价。IATA 运价如表 2-6 所示。

表 2-6　　IATA 运价

公布直达运价	普通货物运价	45 千克以下普通货物运价（N）
		45 千克及以上普通货物运价（Q）
	等级货物运价	等级货物附加运价（S）
		等级货物附减运价（R）
	指定商品运价（C）	
	集装箱货物运价	
非公布直达运价	比例运价	
	分段相加运价	

① IAIA 是 The International Air Transport Association 的缩略词，意为“国际航空运输协会”。

1. 公布直达运价

公布直达运价，是指公共航空运输企业对公众公开发布和销售的货物运价，包括普通货物运价、等级货物运价、指定商品运价和集装箱货物运价。

（1）普通货物运价

普通货物运价（General Cargo Rate，GCR），是指在始发地与目的地之间运输货物时，根据货物的重量或者体积计收的基准运价。普通货物运价根据货物重量不同，分为若干个重量等级分界点运价。

（2）等级货物运价

等级货物运价（Commodity Classification Rate，CCR），是指适用于某一区域内或者两个区域之间运输某些特定货物时，在普通货物运价基础上附加或者附减一定百分比的运价。

（3）指定商品运价

指定商品运价（Specific Commodity Rate，SCR），是指适用于自指定始发地至指定目的地之间运输某些具有特定品名编号货物的运价。

（4）集装箱货物运价

集装箱货物运价（Unit Load Device Rate），是指适用于自始发地至目的地使用集装设备运输货物的运价。

2. 非公布直达运价

如果货物运输的始发地至目的地没有公布直达运价，则可以采用比例运价和分段相加运价的方法构成全程运价，计算全程运费。

（1）比例运价

参照运价手册上公布的一种不能单独使用的运价附加数，构成非公布直达运价。

（2）分段相加运价

对于相同运价种类，当货物运输的始发地至目的地没有公布直达运价，也无法采用比例运价时，只能使用分段相加的办法，组成运输起讫地点间的运价，一般采用最低组合运价。

三、国际航空货物运价使用的一般规定

使用顺序为：优先使用协议运价；如果没有协议运价，使用公布直达运价；如果没有协议运价和公布直达运价，使用比例运价；最后采用分段相加运价（最低组合运价）。

货物运价应为填开货运单当日，承运人公布的有效货物运价。

货物运价的使用必须严格遵守货运路线的方向性，不可反方向使用运价。

使用货物运价时，必须符合货物运价注释中的要求和规定的条件。

指定商品运价与普通货物运价同时公布在《国际航空货物运价及规则手册》中。等级货物运价计算规则在该手册的 TACT Rules 部分，需结合《国际航空货物运价及规则手册》

一起使用。

✣ **知识点 2：计费重量**

计费重量是指用以计算货物航空运费的重量。它可以是货物的实际毛重或体积重量，或较高重量分界点的重量。

一、实际毛重

实际毛重（Actual Gross Weight），是指包括外包装在内的货物重量。

二、体积重量

1. 体积重量的定义

IATA 规定，将货物的体积按一定比例折合成的重量称为体积重量（Volume Weight）。由于货舱空间的限制，一般对于低密度货物（Low Density Cargo），即轻泡货物，考虑其体积重量为计费重量。

2. 体积重量的计算规则

无论货物的形状是否为规则的长方体或正方体，计算货物体积时，均应以最长、最宽、最高的三边长度为准，长、宽、高的小数部分按四舍五入取整。体积重量按每 6000 立方厘米折合 1 千克计算，即体积重量 = 货物体积 ÷ 6000 cm^3/kg

【**例 4**】一批货物的总毛重为 500 kg，总体积为 3817800 cm^3，计算体积重量。

体积重量 = 货物体积 ÷ 6000
= 3817800 ÷ 6000
= 636.3（千克）

计费重量为货物的实际毛重与体积重量比较，取其高者。根据 IATA 的规定，国际货物的计费重量以 0.5 千克为最小单位，重量尾数不足 0.5 千克的按 0.5 千克计算，0.5 千克以上不足 1 千克的按 1 千克计算。所以上述计费重量为 636.5 千克。

【**例 5**】一件货物尺寸为 82 cm×48 cm×32 cm，计算其体积重量。

体积重量 = 货物体积 ÷ 6000
= 82×48×32 ÷ 6000
= 125952 ÷ 6000
= 20.992（千克）

根据 IATA 的规定，计费重量应为 21 千克。

三、较高重量分界点的重量

当使用同一份运单，收运两件或两件以上可以采用同样的运价计算运费的货物时，其计费重量规定为：计费重量为货物总的实际毛重与总的体积重量相比取较高者。综上所述，较高重量分界点的重量也可能成为货物的计费重量。

✣ 知识点 3：航空运费

一、航空运费

航空运费是指承运人将一票货物自始发地机场运至目的地机场所收取的航空运输费用。该费用根据每票货物所适用的运价和货物的计费重量计算而得。每票货物是指使用同一份航空运单的货物。

二、其他费用

其他费用，是指由承运人、代理人或其他部门收取的与航空货物运输有关的费用。在组织一票货物自始发地至目的地运输的全过程中，除了航空运输外，还包括地面运输、仓储、制单、国际货物的清关等环节，提供这些服务的部门所收取的费用即为其他费用。

1. 货运单费

货运单费又称为航空运单工本费，是为填制航空运单而产生的费用。按 IATA 的规定，由航空公司填制航空运单，货运单费归航空公司所有；由航空货运代理填制航空运单，货运单费归航空货运代理所有。

2. 地面运输费和目的站地面运输费

地面运输费（Surface Charge，SU）是从托运人处将货物运至始发站机场的运输费用。

目的站地面运输费（Surface Charge Destination，SD）是指从目的地机场将货物送至收货人的陆路运输费用。

3. 保管费及停运费

始发站保管费（Storage Origin，SO）是指货物在始发站机场产生的保管费。

目的站地面保管费（Storage Destination，SR）是指货物在目的地机场产生的保管费。

中途停运费（Stop in Transit，SI）是指在中途停运产生的相关费用。

4. 报关费

始发站报关费（Clearance and Handling，CH）是指始发站清关处理费。

目的站报关费（Clearance and Handling-Destination，CD）是指目的站清关处理费。

5. 服务费

集中货物服务费（Assembly Service Fee，AS）是指始发站集中货物产生的费用。

押运员服务费（Attendant，AT）是指派人押运产生的费用。

分发服务费（Distribution Service Fee，DF）是指目的站分发货、配货产生的费用。

代办保险服务费（Insurance Premium，IN）是指国际货运代理代办保险业务的服务费。

包装服务费（Packaging，PK）是指包装货物产生的费用。

6. 手续费

手续费分为运费到付手续费（Charges Collect Fee，CC Fee）和垫付款手续费（Disbursement Fee，DB）两种。

（1）运费到付手续费

运费到付手续费是指在运费到付的情况下支付的手续费。其计算公式为：（货物航空运费+声明价值附加费）×2%，并且最低收费标准为 100 元。

（2）垫付款手续费

垫付款手续费是指为垫付款支付的手续费。垫付款手续费是由垫付款的数额而确定的费用，其计算公式为垫付款×10%。每票货物的垫付费不得低于 20 美元或其等值货币。

7. 特殊货物费用

特殊货物费用包括尸体和骨灰附加费（Human Remains，HR）、危险品处理费（Dangerous Goods Surcharge，RA）、动物处理费（Live Animals，LA）、动物容器租费（Animal Container，AC）、集装设备操作费（Container Handling Charges，CHC）等。

8. 税费

税费主要包括政府捐税（Government Tax，GT）和捐税（Taxes，TX）。

9. 杂项费用

杂项费用包括代理人收取的杂项费用（Miscellaneous-Due Agent，MA）（如无其他代码可用）、承运人收取的杂项费用（Miscellaneous-Due Carrier，MC）（如无其他代码可用）等。

三、最低运费

最低运费（Minimum Charge）是指一票货物自始发地机场至目的地机场航空运费的最低限额。货物按其适用的航空运价与计费重量计算所得的航空运费，应与货物最低运费相比，取高者。在航空运价表中，最低运费用英文字母 M 表示。

四、航空运价、运费的货币进整

航空运价及运费的货币进整因货币的币种不同而不同，详细规则可参考《国际航空货物运价及规则手册》中的货币进位表（Currency Table）。

运费进整时，需将航空运价或运费计算到进整单位的下一位，然后按半数进位法进位，计算所得的航空运价或运费，达到进位单位一半则进，否则舍去。

进整单位的规定主要用于填制航空运单。填制航空运单时，使用运输始发地货币，按照进整单位的规定计算航空运价及运费。

✣ 知识点 4：航空运费计算

一、计算步骤

航空运费的计算步骤：先计算货物的体积，再将体积换算成重量，最后根据查询适用的运价计算航空运费。

二、常用运费计算

航空运费计算

1. 普通货物运价

（1）定义、代码及一般规则

普通货物运价是指除了等级货物运价和指定商品运价以外的适用于普通货物运输的运价。该运价公布在《国际航空货物运价及规则手册》中。

普通货物运价根据货物重量的不同，分为若干个重量等级分界点运价。例如，N 表示标准普通货物运价（Normal General Cargo Rate），指的是 45 千克以下的普通货物运价（如无 45 千克以下运价时，N 表示 100 千克以下普通货物运价）。同时，普通货物运价还公布有 Q45、Q100、Q300 等不同重量等级分界点的运价。这里，Q45 表示 45 千克以上（包括 45 千克）的普通货物运价，依此类推。对于 45 千克以上的不同重量分界点的普通货物运价均用 Q 表示。普通货物运价及运价等级代码如表 2-7 所示。

表 2-7　普通货物运价及运价等级代码

普通货物运价	运价等级代码
45 千克以下的普通货物运价	N
Q45 表示 45 千克及以上的普通货物运价	
Q100 表示 100 千克及以上的普通货物运价	Q
Q300 表示 300 千克及以上的普通货物运价	

用货物的计费重量及其适用的普通货物运价计算而得的航空运费不得低于运价表上公布的航空运费的最低收费标准（用 M 表示）。

在航空运单的销售工作中，代码 N、Q、M 主要用于填制航空运单运费计算栏中的 Rate Class 一栏。

（2）运费计算

【例 6】 由北京运往阿姆斯特丹两箱鞋子，毛重 21.2 kg，体积尺寸为 72 cm×58 cm×22 cm，计算该票货物的航空运费。运价表（北京—阿姆斯特丹）如表 2-8 所示。

表 2-8　运价表（北京—阿姆斯特丹）

BEIJING Y. RENMINBI	CN CNY		BJS KGS
AMSTERDAM	NL	M	630.00
		N	63.36
		45	45.78

解：

①按实际重量计算。

体积：72×58×22×2＝183744（立方厘米）

体积重量：183744÷6000＝30.624（千克）

毛重：21.2×2＝42.4（千克）

计费重量：42.5千克

适用运价：63.36 CNY/KGS

航空运费：63.36×42.5＝2692.80（元）

②采用较高重量分界点的较低运价计算。

计费重量：45.0千克

适用运价：45.78 CNY/KGS

航空运费：45.78×45＝2060.10（元）

①与②相较，取运费较低者，即航空运费为2060.10元。

根据上述信息，填写表2-9航空运单运费计算栏。

表2-9　航空运单运费计算栏

No. of Pieces RCP	Gross Weight	kg/lb	Rate Class	Chargeable Weight	Rate/Charge	Total	Nature and Quantity of Goods
2	42.4	K	Q	45.0	45.78	2060.10	SHOES 72 cm×58 cm×22 cm×2

【例7】由北京运往大阪一箱玩具，毛重5.6 kg，体积尺寸为40 cm×28 cm×22 cm，计算该票货物的航空运费。运价表（北京—大阪）如表2-10所示。

表2-10　运价表（北京—大阪）

SHANGHAI Y. RENMINBI	CN CNY		BJS KGS
OSAKA	SG	M	200.00
		N	30.22
		45	22.71

解：

体积：40×28×22＝24640（立方厘米）

体积重量：24640÷6000≈4.11（千克）

毛重：5.6千克

计费重量：6.0千克

适用运价：30.22 CNY/KGS

航空运费：30.22×6.0=181.32（元）

最低运费：200.00 元

此票货物的航空运费应为 200 元。

根据上述信息，填写表 2-11 航空运单运费计算栏。

表 2-11　　航空运单运费计算栏

No. of Pieces RCP	Gross Weight	kg/lb	Rate Class	Chargeable Weight	Rate/ Charge	Total	Nature and Quantity of Goods
1	5.6	K	M	6.0	200.00	200.00	TOY 40 cm×28 cm×22 cm

2. 指定商品运价

（1）定义及代码

指定商品运价是指适用于自规定的始发地至规定的目的地运输特定品名货物的运价。使用指定商品运价计算航空运费的货物，其航空运单的 Rate Class 一栏，用字母“C”表示。

（2）指定商品运价传统的分组和编号

在《国际航空货物运价及规则手册》中，根据货物的性质、属性及特点将货物分为十个大组，每一个大组又分为十个小组。同时，其分组形式用四位阿拉伯数字进行编号，该编号即为指定商品的品名编号。指定商品大组编号及所属货物类别如表 2-12 所示。

表 2-12　　指定商品大组编号及所属货物类别表

编号	所属货物
0001-0999	可食用动物和植物产品
1000-1999	活动物及非食用动物和植物产品
2000-2999	纺织品、纤维以及相关制品
3000-3999	金属及其制品，包括机器、车辆和电器设备
4000-4999	机器、车辆和电器设备
5000-5999	非金属矿物和产品
6000-6999	化工及有关产品
7000-7999	纸张、芦苇、橡胶和木材制品
8000-8999	科学、专业和精密仪器、器械及配件
9000-9999	其他

（3）指定商品运价的使用规则

只要所运输的货物满足下述 3 个条件，运输始发地和运输目的地就可以直接使用指定商品运价。

①运输始发地至目的地之间有公布的指定商品运价。

②托运人所交运的货物品名与有关指定商品运价的货物品名相吻合。

③货物的计费重量满足指定商品运价使用时的最低重量要求。

（4）运费计算

①先查询运价表，如有指定商品编号，则考虑使用指定商品运价。

②查找《国际航空货物运价及规则手册》中的品名表，找出与运输货物品名相对应的指定商品编号。

③如果货物的计费重量超过指定商品运价的最低重量，则优先使用指定商品运价。

④如果货物的计费重量没有达到指定商品运价的最低重量，则需要比较计算。

【例 8】 由北京运往大阪 20 箱新鲜苹果，毛重 18 kg，体积尺寸为 60 cm×45 cm×25 cm，计算该票货物的航空运费。运价表（北京—大阪）如表 2-13 所示。

表 2-13　　运价表（北京—大阪）

BEIJING Y. RENMINBI	CN CNY		BJS KGS
OSAKA	JP	M	230. 00
		N	37. 51
		45	28. 13
	0008	300	18. 80
	0300	500	20. 61
	1093	100	18. 43
	2195	500	18. 80

解：

通过查询《国际航空货物运价及规则手册》中的品名表可知，可以使用“0008”的指定商品运价。由于货主交运的货物重量符合“0008”指定商品运价使用时的最低重量要求，运费计算如下。

体积：$60\times45\times25\times20=1350000$（立方厘米）

体积重量：$1350000\div6000=225$（千克）

毛重：$18\times20=360.0$（千克）

计费重量：360.0 千克

适用运价：18.80 CNY/KGS

航空运费：18.80×360.0=6768.00（元）

此票货物的航空运费应为6768.00元。

如果直接使用指定商品运价的条件不能完全满足，如货物的计费重量没有达到指定商品运价使用的最低重量要求，使得按指定商品运价计得的运费高于按普通货物运价计得的运费，此时应按低者收取航空运费。

3. 等级货物运价

等级货物运价是指在规定的业务区内或业务区之间运输特别指定的等级货物的运价。IATA规定，等级货物包括以下各种货物：活动物，贵重货物，书报杂志类货物，作为货物运输的行李，灵柩、骨灰，汽车等。等级货物运价以在普通货物运价基础上附加或附减一定百分比的形式表示，附加或附减规则公布在《国际航空货物运价及规则手册》中，运价的使用须结合《国际航空货物运价及规则手册》。

通常，附加或不附加也不附减的等级货物用代码S（Surcharged Class Rate）表示；附减的等级货物用代码R（Reduced Class Rate）表示。下述两种等级货物运价均为运输始发地至运输目的地之间公布的直达运价，并且可以直接使用该情况下的运价计算。

（1）航空运输的航空区域划分

为了制定国际航空运输中运价的计算规则，国际航空运输协会（IATA）把世界划分为3个区域及一些下属次区。这样划分出的区域被称为“航协区”（IATA Traffic Conference Areas），简称IATA区域。

①IATA一区（TC1）

TC1主要包括南北美洲大陆及附近岛屿，如格陵兰、百慕大群岛、西印度群岛、加勒比岛屿以及夏威夷群岛等。

②IATA二区（TC2）

TC2由整个欧洲大陆（包括俄罗斯的欧洲部分）及毗邻岛屿，冰岛、亚速尔群岛，非洲大陆和毗邻岛屿，伊朗及伊朗以西地区组成。

③IATA三区（TC3）

TC3由整个亚洲大陆及毗邻岛屿（已包括在二区的部分除外）、大洋洲（包括澳大利亚、新西兰及毗邻岛屿）、太平洋岛屿（已包括在一区的部分除外）组成。

（2）活动物运费计算

活动物（Live Animals）运费计算参考表2-14。

表 2-14　　活动物运价表

	IATA AREA（see Rule 1. 2. 2 Definitions of Areas）					
ALL LIVE ANIMALS EXCEPT：Body poultry less than 72 hours old	Within TC1	Within TC2 (see also Rule 3. 7. 1. 3)	Within TC3	Between TC1&TC2	Between TC2&TC3	Between TC3&TC1
	175% of Normal GCR	175% of Normal GCR	150% of Normal GCR Except：TC1 below	175% of Normal GCR	150% of Normal GCR Except：TC1 below	150% of Normal GCR Except：TC1 below
	Normal GCR	Normal GCR	Normal GCR Except：TC1 below	Normal GCR	Normal GCR Except：TC1 below	Normal GCR Except：TC1 below

注：

①Within and from the South West Pacific Sub-area：200% of the applicable GCR；

②最低运费（Rules 3. 7. 7/2）（不包括 ECAA 国家之间）活体动物的最低运费标准为 200%M。

【例 9】由斯图加特运往巴塞罗那一条狗，毛重 40 kg，体积尺寸为 90 cm×50 cm×68 cm，计算该票货物的航空运费。运价表（斯图加特—巴塞罗那）如表 2-15 所示。

表 2-15　　运价表（斯图加特—巴塞罗那）

STUTTGART RURO	DE EUR		STR KGS
BARCELONA	ES	M	76. 69
		N	5. 47
		45	4. 45
		100	3. 86
		300	3. 73

解：

通过查询活动物运价表可知，IATA 二区内运输一般活体动物，运价为 175% of the Normal GCR，运费计算如下。

体积：90×50×68＝306000（立方厘米）

体积重量：306000÷6000＝51. 0（千克）

毛重：40. 0 千克

计费重量：51. 0 千克

适用运价：175%×5.47=9.5725≈9.57 EUR/KGS

航空运费：9.57×51.0=488.07（欧元）

此票货物的航空运费应为488.07欧元。

根据上述信息，填写表2-16航空运单运费计算栏。

表2-16 航空运单运费计算栏

No. of Pieces RCP	Gross Weight	kg/lb	Rate Class		Chargeable Weight	Rate/Charge	Total	Nature and Quantity of Goods
1	40.0	K	S	Commodity Item No. N175	51.0	9.57	488.07	DOG 90 cm×50 cm×68 cm×1 LIVE ANIMAL

注：
①运价类别栏（Rate Class）：填入活体动物运价代码“S”；
②商品编号栏（Commodity Item No.）：填写“N175”，表示使用了175%的N运价；
③运价/运费栏（Rate/Charge）：填写按照活体动物规则计算出的运价“9.57”；
④货物品名和数量栏（Nature and Quantity of Goods）：要求注明“LIVE ANIMAL”（活体动物）字样。

（3）书报、杂志等印刷品航空运费的计算

等级货物的印刷品特指报纸、杂志、期刊、书籍、图书目录和盲人读物。印刷品的运价如表2-17所示。

表2-17 印刷品的运价

区域	运价
Within IATA Area 1 Between IATA Area 1 and 2	67% of the Normal GCR
All other areas	50% of the Normal GCR

当使用普通货物运价计算的结果低于使用印刷品运价计算的结果时，应取普通货物运价的计算结果。

【例10】由北京运往伦敦20箱图书，毛重49 kg，体积尺寸为70 cm×50 cm×40 cm，计算该票货物的航空运费。运价表（北京—伦敦）如表2-18所示。

表2-18 运价表（北京—伦敦）

BEIJING	CN	BJS
Y. RENMINBI	CNY	KGS

续 表

LONDON	GB	M	320.00
		N	63.19
		45	45.22
		100	41.22
		500	33.42
		1000	30.71

解：

查找书报杂志类货物运价表可知，从北京运往伦敦，属于自IATA三区运往IATA二区，运价的构成形式是50% of the Normal GCR，运费计算如下。

体积：70×50×40×20=2800000（立方厘米）

体积重量：2800000÷6000≈466.67（千克）

毛重：49×20=980.0（千克）

计费重量：980.0千克

适用运价：50%×63.19=31.595≈31.60 CNY/KGS

航空运费：31.60×980.0=30968.00（元）

由于重量接近下一个较高重量点1000千克，运费计算如下。

计费重量：1000.0千克

适用运价：30.71 CNY/KGS

航空运费：30.71×1000.0=30710.00（元）

此票货物的航空运费应为30710.00元。

根据上述信息，填写表2-19航空运单运费计算栏。

表2-19 航空运单运费计算栏

No. of Pieces RCP	Gross Weight	kg/lb	Rate Class		Chargeable Weight	Rate/Charge	Total	Nature and Quantity of Goods
20	980.0	K	Q	Commodity Item No.	1000.0	30.71	30710.00	BOOKS 70 cm×50 cm×40 cm×20

（4）贵重货物航空运费计算

贵重货物的运价如表2-20所示。

表 2-20 贵重货物的运价

区域	运价	
所有 IATA 区域（除 ECAA 国之间）	200% of the Normal GCR	
从法国到所有区域	250% of the Normal GCR	
从俄罗斯到所有区域（除加拿大和美国）	300% of the Normal GCR	
从俄罗斯到加拿大和美国	1000 kg 以下	300% of the Normal GCR
	1000 kg 以上	200% of the Normal GCR

贵重货物最低运费为 200%M；同时不得低于 50 美元或等值货币。从法国出发，贵重货物最低运费标准为 400%M。

【例 11】由北京运往波士顿一箱金表，毛重 32 kg，体积尺寸为 61 cm×51 cm×42 cm，计算该票货物的航空运费。运价表（北京—波士顿）如表 2-21 所示。

表 2-21 运价表（北京—波士顿）

BEIJING Y. RENMINBI	CN CNY		BJS KGS
BOSTON	US	M	630. 00
		N	79. 79
		45	60. 16
		100	53. 19
		300	45. 80

解：

金表属于贵重货物，应使用贵重货物运价。查找运价表可知，从北京运往波士顿，属于自 IATA 三区运往 IATA 二区，运价的构成形式是 200% of the Normal GCR，运费计算如下。

体积：61×51×42＝130662（立方厘米）

体积重量：130662÷6000≈21. 78（千克）

毛重：32. 0 千克

计费重量：32. 0 千克

适用运价：200% of the Normal GCR＝79. 79×200%＝159. 58 CNY/KGS

航空运费：32. 0×159. 58＝5106. 56（元）

此票货物的航空运费应为 5106. 56 元。

根据上述信息，填写表 2-22 航空运单运费计算栏。

表 2-22　　　　航空运单运费计算栏

No. of Pieces RCP	Gross Weight	kg/lb	Rate Class		Chargeable Weight	Rate/Charge	Total	Nature and Quantity of Goods
1	32.0	K	S	Commodity Item No. N200	32.0	159.94	5106.56	GOLD WATCH 61 cm×51 cm×42 cm VALUABLE CARGO

注：

①运价类别栏（Rate Class）：填入贵重货物运价代码“S”；

②商品编号栏（Commodity Item No.）：填写“N200”，表示使用了200%的N运价；

③货物品名和数量栏（Nature and Quantity of Goods）：要求注明“VALUABLE CARGO”（贵重货物）字样。

（5）灵柩、骨灰航空运费计算

灵柩、骨灰运价表如表2-23所示。

表 2-23　　　　灵柩、骨灰运价表

Area（区域）	Ashes（骨灰）	Coffin（灵柩）
All IATA Areas	Applicable	Normal GRC
Within IATA Area 2	300% of the Normal GCR	200% of the Normal GCR

运输灵柩、骨灰等最低运费按运价表公布最低运费，即M收取；若整个运输在TC2内，则最低运费为200%M，且不低于65美元或其等值货币。

【例12】由北京运往东京一箱棺材，毛重215 kg，体积尺寸为230 cm×70 cm×50 cm，计算该票货物的航空运费。运价表（北京—东京）如表2-24所示。

表 2-24　　　　运价表（北京—东京）

BEIJING Y. RENMINBI	CN CNY		BJS KGS
TOKYO	JP	M	230.00
		N	37.51
		45	28.13

解：

体积：230×70×50＝805000（立方厘米）

体积重量：805000÷6000≈134.17（千克）

毛重：215.0千克

计费重量：215.0 千克

适用运价：Normal GCR = 37.51 CNY/KGS

航空运费：215.0×37.51 = 8064.65（元）

此票货物的航空运费应为 8064.65 元。

根据上述信息，填写表 2-25 航空运单运费计算栏。

表 2-25　航空运单运费计算栏

No. of Pieces RCP	Gross Weight	kg/lb	Rate Class		Chargeable Weight	Rate/Charge	Total	Nature and Quantity of Goods
1	215.0	K	S	Commodity Item No.	215.0	37.51	8064.65	HUMAN REMAINS IN COFFIN 230 cm×70 cm×50 cm
				N100				

注：

①运价类别栏（Rate Class）：填入贵重货物运价代码"S"；

②商品编号栏（Commodity Item No.）：填写"N100"，表示使用了 100%的 N 运价。

（6）作为货物运输的行李航空运费计算

作为货物运输的行李是指旅客本人的衣物及其他私人物品（包括手提打字机、小型轻便乐器、小型体育用品。不包括机器零件、货币、证券、珠宝、表、餐具、镀金属器皿、毛皮、影片及胶片、照相机、票证、文件、酒类、香水、家具、商品和销售样品）。

货物运输的行李运价如表 2-26 所示。

表 2-26　货物运输的行李运价

区域	运价
All IATA Areas	50% of the Normal GCR

注：

运价的适用范围：

①在 IATA 二区内（全部航程为欧洲分区例外）；

②在 IATA 三区内（至或从美国领地除外）；

③在 IATA 二区与三区之间（至或从美国领地除外）；

④在 IATA 一区与二区之间（至或从美国领地、美国领地至或从格陵兰岛除外）。

由此项规则可知，中国至 IATA 一区运输的此类货物不属于该等级货物的范畴，不能使用上述等级折扣运价，而应采用普通货物运价或指定商品运价。

作为货物运输的行李最低运费为：以 10 千克为最低计费重量、适用运价计算的运费与公布的最低运费 M 比较，取高者。

【例 13】 由上海运往新加坡一件私人物品，毛重 25 kg，体积尺寸为 70 cm×47 cm×35 cm，计算该票货物的航空运费。运价表（上海—新加坡）如表 2-27 所示。

表 2-27　　运价表（上海—新加坡）

SHANGHAI Y. RENMINBI	CN CNY		SHA KGS
SINGAPORE	SG	M	230. 00
		N	34. 15
		45	25. 56
		300	21. 86

解：

旅客旅程：SHA→TYO→SIN

客票：781-4259307841

MU523/26APR SHA→TYO

JL715/29APR TYO→SIN

体积：70×47×35=115150（立方厘米）

体积重量：115150÷6000≈19. 19（千克）

毛重：25. 0 千克

计费重量：25. 0 千克

适用运价：50% of the Normal GCR=34. 15×50%=17. 075≈17. 08（元/千克）

航空运费：25. 0×17. 08=427. 00（元）

此票货物的航空运费应为 427 元。

根据上述信息，填写表 2-28 航空运单运费计算栏。

表 2-28　　航空运单运费计算栏

<table>
<tr><th>No. of Pieces RCP</th><th>Gross Weight</th><th>kg/ lb</th><th colspan="2">Rate Class</th><th>Chargeable Weight</th><th>Rate/ Charge</th><th>Total</th><th>Nature and Quantity of Goods</th></tr>
<tr><td rowspan="2">1</td><td rowspan="2">25. 0</td><td rowspan="2">K</td><td rowspan="2">R</td><td>Commodity Item No.</td><td rowspan="2">25. 0</td><td rowspan="2">17. 08</td><td rowspan="2">427. 00</td><td rowspan="2">PERSONAL EFFECTS
70 cm×47 cm×35 cm</td></tr>
<tr><td>N50</td></tr>
</table>

三、各种计价法的使用顺序

在相同运价种类、相同航程、相同承运人的条件下，公布直达运价应按下列顺序使用。

（1）优先使用指定商品运价

如果指定商品运价条件不完全满足，则可以使用等级货物运价和普通货物运价。

（2）其次使用等级货物运价

等级货物运价优先于普通货物运价使用。

①如果货物可以按指定商品运价计费，但又因其重量未满足指定商品运价的最低重量要求，则用指定商品运价计费与普通货物运价计费的结果相比较，取低者；如果该指定商品同时属于附加的等级货物，则只允许采用附加的等级货物运价和指定商品运价的计费结果比较，取低者，不能与普通货物运价比较。

②如果货物属于附减的等级货物，即书报杂志类货物、作为货物运输的行李等，其等级货物运价计费结果则可以与普通货物运价计费的结果相比较，取低者。

③如果货物无法满足使用指定商品运价和等级货物运价计费的条件，则依据普通货物运价计算运费。

任务实施

阅读“任务描述”，回答以下问题。

1. 中国航空货运量发生了什么变化？航空运价又发生了什么变化？

2. 了解近五年航空运价变化，分析影响航空运价变化的因素。

3. 国际航空运价高位回归，对物流行业会产生哪些影响？

4. 航空运价的构成是怎样的？航空货运是如何进行定价的？

任务评价

在完成上述任务后，教师组织三方评价，并对学生的任务执行情况进行点评。学生完

成考核评价表（见表 2-29）的填写。

表 2-29　　考核评价表

班级		团队名称				
团队成员						
考核项目		要求	分值	学生自评（30%）	团队互评（30%）	教师评定（40%）
知识能力	航空运费构成	掌握清晰	20 分			
	航空运费核算	结果准确	20 分			
	航空运费核算	过程完整	30 分			
职业素养	文明礼仪	形象端庄 文明用语	10 分			
	团队协作	相互协作 互帮互助	10 分			
	工作态度	严谨认真	10 分			
合计			100 分			

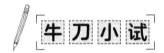

牛刀小试

参考答案

一、单项选择题

1. 某出口商品每件净重 30 kg，毛重 34 kg，体积每件 40 cm×30 cm×20 cm，如果班轮运价计费标准为 W/M10 级，则船公司计收运费时应按（　　）。

A. 毛重计收　　B. 净重计收

C. 体积计收　　D. 价值计收

2. 出口商品共 100 箱，每箱的体积为 30 cm×60 cm×50 cm，毛重为 40 kg，查运费表得知该货为 9 级，计费标准为 W/M，每运费吨基本运费为 HK$109，另收燃油附加费 20%，港口拥挤费 20%，货币贬值附加费 10%。该批货物的运费是（　　）。

A. HK$1471. 5　　B. HK$654　　C. HK$1177. 2　　D. HK$1373. 4

3. 航空货物运价基础运价是（　　）。

A. N　　B. S　　C. C　　D. M

4. 航空运输中货物的种类分界点不含（　　）。

A. 45 kg　　B. 150 kg　　C. 300 kg　　D. 100 kg

5. 有一圆柱体形状的货物，底面直径为 40 cm，高为 100 cm，实际重量 35 kg。该货物计费重量是（ ）。

A. 35 kg B. 27 kg C. 29 kg D. 37 kg

6. 从上海运往东京的一票航空货物，品名是报纸，计费重量是 65 kg，适用运价是（ ）。

A. Normal GCR B. 50% of the Normal GCR

C. 45KG D. 100KG

7. 航空运输指定商品品名编号中 0008 代表的产品是（ ）。

A. 科学仪器 B. 活动物及非食用的动植物产品

C. 新鲜的水果、蔬菜 D. 鱼（可食用的）、海鲜、海产品

8. 根据 IATA 的规定，下列货物中不是等级货物的有（ ）。

A. 活动物 B. 贵重货物

C. 书报杂志类货 D. 非金属材料

二、多项选择题

1. 某公司出口货物共 200 箱，对外报价为每箱 USD438CFR 马尼拉，已知该批货物每箱的体积为 45 cm×35 cm×25 cm，毛重为 30 kg，计费标准为 W/M，每运费吨基本运费为 USD100，到马尼拉港需加收燃油附加费 20%，货币附加费 10%，港口拥挤费 20%。菲律宾商人要求将价格改报为 FOB 价。下列说法正确的是（ ）。

A. 货物的计费吨（运费吨）是 0.0394 m^3

B. 每箱货物运费 USD5.91

C. FOB 价是 USD432.09

D. 总运费为 USD1182

2. 某公司出口商品 1200 箱到某国，每箱体积为 40 cm×30 cm×20 cm，毛重为 30 kg，经查该商品货物分级表规定计算标准为 W/M，等级为 10 级，运费率为 222 美元/运费吨，另外加收港口附加费 5 美元/运费吨，燃油附加费为 15%，下列说法正确的是（ ）。

A. 计费重量为 36 t B. 燃油附加费为 USD1198.8

C. 港口附加费为 USD180 D. 总运费为 USD9370.8

3. 货物的航空运费主要由两个因素组成，即（ ）。

A. 货物适用的运价 B. 货物的实际重量

C. 货物的计费重量 D. 货物的等级运价

4. 航空货物的计费重量可以是（ ）。

A. 货物的实际净重 B. 货物的实际毛重

C. 货物的体积重量 D. 较高重量分界点的重量

5. 按照 IATA 货物运价公布的形式划分，国际航空货物运价分为（ ）。

A. 公布直达运价 B. 协议运价

C. 国际航协运价　　D. 非公布直达运价

6. 根据 TACT，公布直达运价包括（　　）。

A. 普通货物运价　　B. 指定商品运价

C. 等级货物运价　　D. 集装货物运价

7. 运输始发地和运输目的地可以直接使用指定商品运价的航空运输货物必须满足的条件有（　　）。

A. 运输始发地至目的地之间有公布的指定商品运价

B. 托运人所交运的货物，其品名与有关指定商品运价的货物品名相吻合

C. 货物的计费重量满足指定商品运价使用时的最低重量要求

D. 货物的计费重量大于 45 kg

8. 根据 TACT，非公布直达运价包括（　　）。

A. 比例运价　　B. 指定商品运价

C. 等级货物运价　　D. 分段相加运价

9. 在航空运输中属于附减的等级货物包括（　　）。

A. 活动物　　B. 贵重货物

C. 书报、杂志　　D. 作为货物运输的行李

三、判断题

1. 某商品每箱体积为 30 cm×40 cm×50 cm，毛重为 62 kg，如果班轮运费计收的标准为 W/M，则船公司按照尺码吨计算运费有利。（　　）

2. 由天津运往埃及塞得港小五金共 150 箱，每箱体积为 20 cm×30 cm×40 cm，每箱毛重为 25 kg。经查运费表计收费标准为 W/M，等级为 10 级，基本运费为每吨 388 港元，另外加收燃油附加费 30%，拥挤费 10%，应付运费 HK$1956。（　　）

3. 各国货物的航空运价一般以美元公布。（　　）

4. 航空国际货物的计费重量以 0.5 千克为最小单位，重量尾数不足 0.5 千克的，按 0.5 千克计算；0.5 千克以上不足 1 千克的，按 1 千克计算。（　　）

5. 航空货物按其适用的航空运价与其计费重量计算所得的航空运费，应与货物最低运费相比，取低者。（　　）

6. 随着运输重量的增大，运价越来越高，这实际上是使用定价原则中的数量折扣原则。（　　）

7. 通常情况下，指定商品运价高于相应的普通货物运价。（　　）

8. 航空等级货物运价是在普通货物运价的基础上附加一定的百分比的形式构成。（　　）

9. 航空运输中运输动物所用的笼子等容器、饲料、饮用水等重量应包括在货物的计费重量内。（　　）

四、考证知识训练

1. 某公司出口兔毛 10 t 至意大利，每件净重 50 kg，机器紧压包装，每件体积为 0. 198 m^3，兔毛按 15 级收取运费，计收标准为 W/M，中国至热那亚 15 级货物基本运费为 HK$151，另加燃油附加费 25%，货币贬值附加费 20%。试计算该批货物运费。(运费保留小数点后两位)

2. 航空运费计算

Routing: BEIJING, CHINA (BJS) to TOKYO, JAPAN (TYO)

Commodity: Sample

Gross Weight: 37. 4 kgs

Dimensions: 90 cm×60 cm×42 cm

计算该票货物的航空运费并填制航空运单的运费计算栏。

BEIJING		CN		BJS
Y. RENMINBI		CNY		KGS
TOKYO	JP		M	230
			N	30. 51
			45	28. 13

No. of Piece	Gross Weight	kg/lb	Rate Class	Chargeable Weight	Rate Charge	Total	Nature and Quantity of Goods

五、技能大赛训练

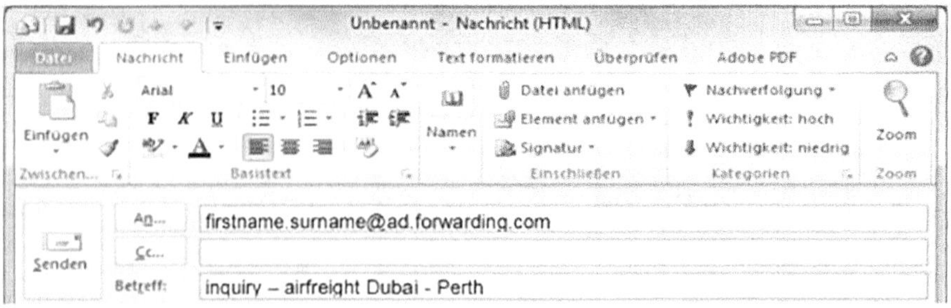

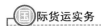

Hello...,
Thank you for the last air freight form Tokyo to Auckland which was organized perfect.

We have got a new inquiry and ask for your quotation:

15 cartons sports clothing
Measurements per carton: 40 cm × 32 cm × 30 cm/5.4 kgs

Airport of loaing: Dubai/UAS
Airport of destination: Perth/Australia

Incoterms: CPT Perth, Australia

We need the official rate as per a direct AWB offer and by loading via your weekly consolidation.
Goods will be delivered at your airport office by ourselves. Please offer in USD.

Best regards.

Mrs. Paula Ming
Singapore Sports Inc.
2 Changi South Avenue 1
486149 Singapore
phone: +656 425-0789
e-mail: p.ming@singapore.sports.com

Gateway rates Dubai/Abu Dhabi							AD Forwarding L.L.G.
Valid 01.10.-31.12.2017							
Destination	Code	Rate	Delivery at Airport	Airline	Flight No.	Flight/Day	max.height /cm
AUSTRALIA, NEW ZEALAND							
Auckland	AKL	1.60 $	THU	Emirates	EK12	SAT	80 cm
Brisbane	BNE	1.35 $	THU	Etihad	EY71	SAT	80 cm
Melborune	MEL	1.25 $	THU	Emirates	EK15	SAT	180 cm
Perth	PER	1.55 $	THU	Etihad	EY86	SAT	80 cm
Sydney	SYD	1.25 $	THU	Emirates	EK13	THU	180 cm
NORTH AMERICA							
New York	JFK	0.90 $	WED	Emirates	EK19	FRI	80 cm
	JFK	0.90 $	TUE	Etihad	EY88	THU	80 cm
	JFK	0.90 $	TUE	Emirates	EK20	THU	180 cm
Toronto	YYZ	1.00 $	TUE	Air Canada	AC0898	THU	80 cm
ASIA, FAR EAST							
Hong Kong	HKG	0.60 $	TUE	Emirates	EK23	THU	150 cm
Mumbai	BOM	0.50 $	TUE	Emirates	EK46	THU	150 cm
Seoul	ICN	0.80 $	TUE	Emirates	EK55	THU	150 cm
Singapore	SIN	0.70 $	MON	Emirates	EK34	WED	150 cm
		0.70 $	MON	Etihad	EK76	WED	150 cm
		0.72 $	TUE	Singapore Airlines	SG978	WED	150 cm
Bangkok	BKK	0.654	TUE	Emirates	OS	WED	150 cm
Surcharges:							
Cargo · Screening(X-Ray):			$0.15/kg chargeable weight				
Fuel Surcharge:			$1.40/kg chargeable weight				
Security Surcharge:			$0.25/kg chargeable weight				
Rates in USD							
Air freight rates are buying rates!							

All rates are agent rates and include forwarder's profit.

Chargeable weight is 1/6000 cm^3.

DATA SHEET-ONLY

03 PROJ 项目三 海运货运

◎知识目标

- 了解国际海上货物运输的基本特点。
- 熟悉世界主要船公司，以及集装箱班轮运输的主要航线和基本港。
- 熟悉海运集装箱的类型、规格、标志。
- 掌握集装箱装箱量的计算方法。
- 了解海运出口货物操作规范。
- 掌握集装箱班轮货运程序及国际货运代理操作流程。

※能力目标

- 具备根据货物的具体情况选择合适的装货港、卸货港及航线的能力，利用各大船公司网站查询班轮航线的能力。
- 具备根据货物性质选择集装箱的能力，能够根据不同的货物及不同的货物装载方式，进行集装箱装箱量计算。
- 具备读懂船期表、运价表的能力。
- 具备独立完成集装箱验货的能力。
- 具备完成海运出口货运代理操作流程的能力，具备为客户提供优质服务的能力。

❖思政目标

- 培养学生的社会主义核心价值观，增强学生社会责任感。

知识图谱

海运货运
海运知识认知
海洋运输概述
班轮运输概述
租船运输概述
海运货物概述
海运集装箱概述
玻璃器皿集装箱班轮出运业务处理
揽货接单
安排订舱
报关、报检
货物收货
箱管操作
场站收据
落实舱单及抵运报告
缮制舱单
货物出运与换取提单
费用结算与提单交付

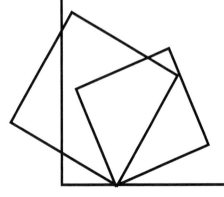

岗位分析

岗位1：海运货运员

岗位职责：负责海运货物的订舱、排载、报关、报检等相关工作；跟踪货物的运输状态，确保货物按时起航、到达，并及时处理运输途中的突发问题；与船公司、国际货运代理、港口等相关方进行日常沟通，协调货物运输过程中出现的各项事宜；负责海运单据的制作、审核和归档，确保单据的准确性和完整性；参与海运费用的核算与结算，确保费用的合理性和合规性。

典型工作任务：根据货物的性质、数量、目的地等因素，选择合适的船公司和航线，进行订舱操作；准备报关、报检所需的文件，与海关、检验检疫等部门进行沟通，确保货物顺利通关；定期跟踪货物的运输状态，与船公司、港口等相关方保持密切联系，及时处理运输途中的延误、破损等问题；制作海运提单、装箱单、发票等单据，确保单据内容准确、完整，符合相关法规要求；与财务部门配合，核对海运费用并进行结算，确保费用的准确性和合规性。

职业素质：具备良好的沟通能力，能够清晰地表达自己的想法和意图，善于倾听他人的意见和建议；具备较强的组织协调能力，能够协调各方资源，解决运输过程中的问题。

职业能力：熟悉海运物流流程和相关法规；能够根据海运物流的基本流程和相关法规要求，确保货物合规运输；具备一定的数据分析能力，能够对运输过程中的数据进行统计和分析，为优化运输方案提供依据。

可持续发展能力：持续学习的能力，要关注行业动态和技术发展，不断提升自己的专业素养和技能水平。

岗位2：国际货运代理操作员

岗位职责：负责接收、审核和处理客户的订舱委托，确保订舱信息的准确性和完整性；与船公司、航空公司等运输供应商保持密切联系，及时获取运输价格、舱位等信息，为客户提供优质的运输方案；负责制作货物运输单证，如提单、装箱单、发票等，确保单证的准确性和合规性；跟踪货物的运输状态，及时与客户、运输供应商沟通，解决运输过程中出现的问题；负责货物的报关、报检等事宜，确保货物顺利通关；结算运输费用，与客户、运输供应商进行费用核对和结算。

典型工作任务：与客户沟通，了解客户的运输需求，接收并审核客户的订舱委托；根据客户的运输需求，与运输供应商协商，安排合适的运输方式和舱位；根据货物的实际情况和运输要求，制作相关的货物运输单证；通过物流系统或运输供应商提供的信息，实时跟踪货物的运输状态；与客户、运输供应商保持密切沟通，解决运输过程中出现的问题；核对运输费用，与客户、运输供应商进行费用结算。

职业素质：具备高度的诚信和责任感，能够保守客户的商业机密；以客户为中心，提供优质的服务，满足客户的合理需求；具备良好的团队合作精神，能够与其他部门协同工作。

职业能力：具备货物运输单证的制作、货物的跟踪查询、费用的结算等操作技能。

可持续发展能力：持续学习的能力，要关注行业动态，不断更新自己的知识和技能；较强的抗压能力，要能够在繁忙的工作环境中保持高效的工作状态。

项目导读

与100多个国家和地区建立航线联系 中国海运连接度全球领先

截至2023年9月，我国水路货运量、货物周转量在综合交通运输体系中占比分别达到16.9%和53.5%，海运承担了我国约95%的对外贸易运输量，在保障进口粮食、能源资源等重点物资运输和国际国内物流供应链安全稳定畅通中发挥了重要作用。

我国已与100多个国家和地区建立了航线联系，航线覆盖共建"一带一路"所有沿海国家和地区，服务网络不断完善，海运连接度全球领先。中国船东拥有的船队规模达到2.492亿总吨，从总吨上已超越希腊成为世界最大船东国。

我国港口货物吞吐量和集装箱吞吐量连续多年位居世界第一，世界港口吞吐量、集装箱吞吐量排名前十位的港口中，我国分别占8席和7席。2022年全国港口货物吞吐量达156.85亿吨，集装箱吞吐量2.96亿标箱。

我国水运重大工程积极推进，固定资产投资保持快速增长。2022年我国完成水运建设投资1679亿元，同比增长10.9%；2023年上半年完成水运建设投资936亿元，同比增长26.7%，固定资产投资保持高位运行。我国还加快水路运输结构调整，大力发展铁水联运。2022年，铁水联运量874.7万标箱，同比增长16%；2023年上半年，集装箱铁水联运量完成477.8万标箱，同比增长9.4%。

我国积极推进新能源清洁能源船舶发展，全国LNG（液化天然气）动力船舶达到约450艘、电动船舶约150艘。智慧港口、智慧航道建设深入推进，已建成自动化集装箱码头16座，在建10余座，已建和在建规模均居世界首位。全国电子航道图发布里程超过5700千米，航道运行监测、梯级船闸联合调度、服务区功能提升等数字化、智能化转型发展加快。

我国还积极推动航运数字化转型，基于区块链的海运进口集装箱、大宗散货电子放货平台应用不断拓展，海运电子提单探索应用。国际海运业全面对外开放，与66个国家和地区商签了70个双边和区域海运协定，上海国际航运中心基本建成，海运国际影响力显著提升。我国连续17年当选国际海事组织A类理事国，参与全球海运治理能力稳步增强。

（资料来源：中国网，有改动。）

任务一　海运知识认知

任务描述

上海洋山港成为港口低碳新标杆

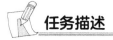

智慧转型、提升效率降能耗正在成为港口高质量发展的必由之路。在茫茫的大海之中，漂浮着一座繁忙的“小岛”，这里就是全球最大的自动化集装箱码头——洋山港。在这里，一个昼夜能够完成2.6万个标准集装箱的装卸能力。

上海洋山港

洋山港不仅是全球航运的“晴雨表”，也是港口效率的“风向标”。码头94.5万平方米的自动化堆场“空无一人”，自动导引小车装载着集装箱来回穿梭。一艘21万吨的大型船舶，可以装载2万个标准集装箱。传统的配载方式需要工作2个小时，而全自动配载系统不超过20分钟就能完成全部任务。驱动这一切的是拥有完全自主知识产权的“中国芯”——自动化码头智能生产管理控制系统。一个工班只需要40几个人就能远程操控，完成码头的装卸任务。人工成本降低70%的同时，工作效率比2017年开港之初提升了30%。

目前，上海洋山港四期自动化码头使用的桥吊、轨道吊、自动导引小车全部采用电力驱动，使得码头装卸、水平运输、堆场装卸环节的尾气排放问题完全消除，环境噪声也得到极大改善。另外，港口建设岸边供电系统，使得大型货船靠岸后可以自动切换到电能系统，而不用继续耗费燃油，节能新光源、太阳能辅助供热等技术都让这里成为港口低碳新标杆。

（资料来源：中国青年网，有改动。）

请以项目组为单位，认真阅读案例，分别从网上查阅资料、观看视频短片，思考并回答“任务实施”中的问题。

知识链接

✣ 知识点1：海洋运输概述

国际海洋货物运输是指使用船舶（或其他水运工具）通过海上航道在不同国家和地区的港口间运送货物的一种方式。它是国际物流运输中使用最广泛的一种运输方式。国际物流运输总量的80%以上、中国进出口货运量的90%左右都是通过海洋运输完成的。

一、海洋运输的基本要素

（一）船舶

船舶是海上运输主要工具，主要分为三大类，即货船、客船和客货船。货船的主要类别有干散货船、杂货舱、冷藏船、木材船、原油船、集装箱船、滚装船、液化气运输船和载驳船。

1. 干散货船

干散货船是用以装载无包装的大宗单一货物的船舶，一般多为单甲板船。干散货船如图 3-1 所示。

2. 杂货船

杂货船是用于装载一般包装、袋装、箱装和桶装的普通货物的船舶。杂货船如图 3-2 所示。

3. 冷藏船

冷藏船是用于冷藏并运输鱼、肉、果蔬等货物的船舶。冷藏船设有货舱，该货舱是一个大冷库；四周隔热，设有制冷装置；舱内的温度、湿度、二氧化碳含量等受到严格控制。冷藏船如图 3-3 所示。

图 3-1　干散货船

图 3-2　杂货船

图 3-3　冷藏船

4. 木材船

木材船专门用于装载木材或原木的船舶，其结构特点是舱口大，舱内无梁柱和其他妨碍装卸的设备，船舱及甲板均可装载木材，船两侧设有 1 米以上的船舷。木材船如图 3-4 所示。

5. 原油船

原油船是专门用于运载原油的船舶，其特点是装载量大，一般为单层底（发展方向为双层底）；甲板无大的舱口，用泵和管道装卸原油；舱内设有加热设备。原油船如图 3-5 所示。

6. 集装箱船

集装箱船是专门用于载运集装箱的船舶。集装箱船按箱数的不同，大致分为 1000TEU、2000TEU、3000TEU，现已发展到 6000TEU 以上。集装箱船如图 3-6 所示。

图 3-4 木材船

图 3-5 原油船

图 3-6 集装箱船

7. 滚装船

滚装船是主要用于运输汽车和集装箱的船舶。这种船本身无须装卸设备，一般在船侧或船的首、尾有开口斜坡用以连接码头，装卸货物时，汽车或集装箱（装在拖车上）直接开进或开出船舱。滚装船如图 3-7 所示。

8. 液化气运输船

液化气运输船是专门运输液化气体（液化石油气、天然气等）的船舶。液化气运输船按液化气贮存方式的不同，可分为压力式液化气船、低温压力式液化气船和低温式液化气船。液化气运输船如图 3-8 所示。

9. 载驳船

载驳船是专门运载货驳的船舶，又称子母船，用于河海联运。载驳船的特点是不需要码头和堆场，装卸效率高，便于海河联运；但造价高，货驳的集散组织复杂。载驳船如图 3-9 所示。

图 3-7 滚装船

图 3-8 液化气运输船

图 3-9 载驳船

（二）航线

船舶在两个或多个港口之间从事货物运输的线路称为航线。海上运输的路线相对于其他各种运输路线具有投资少、自然形成的特点，更多地受到自然条件的影响和制约。

（三）港口

中华人民共和国国家标准《物流术语》（GB /T 18354—2021）对港口的定义：位于江、河、湖、海或水库等沿岸，由一定范围的水域和陆域组成的且具有相应的设施设备和条件开展船舶进出、停靠，货物运输、物流等相关业务的区域。

二、国际海洋运输的特点

1. 运量大

目前船舶正在向大型化方向发展，由于造船技术的不断提高，巨型油轮、巨型客轮、一般杂货船等运输船舶的运载能力，远远大于铁路运输和公路运输。

2. 运费低

海运运价低廉。因为海运航道天然形成，港口以及相关的基础设施一般为政府投资修建，并且货船运载量大，使用时间长，运载里程较远，所以分摊到每吨货物上的运输成本低。有数据统计，一吨货物的海洋运费仅相当于铁路运费的 1/5，汽车运费的 1/10，航空运费的 1/30。

3. 通过能力大

海洋运输利用天然航道，四通八达，不受道路和轨道限制，通过能力比火车和汽车大。

4. 对货物适应性强

货船可以适应多种货物运输需要，对超重、超长的货物也有较强的适应性，并易于改进运输工艺，适应国际货物运输的需要等。

5. 航速较低

商船体积大，水流阻力大，所以航速较低，大约每小时 35 海里，因而航行周期较长，不适合对运输速度要求高的产品及客户。

6. 风险较大

货船航行时间长，受气候和自然条件影响较大，有时世界局势变动也会给海洋运输带来风险。

✣ 知识点 2：班轮运输概述

一、班轮运输的概念

中华人民共和国国家标准《物流术语》（GB /T 18354—2021）对班轮运输的定义为“在固定的航线上，以既定的港口顺序，按照事先公布的船期表航行的水上运输经营方式。”

二、班轮运输的特点

（1）货主分散且不确定，货物一般是件杂货和集装箱，对货量没有要求，货主按需订舱，特别适合小批量货物的运输需要。

（2）船舶技术性能较好，设备较齐全，船员技术素质较高并且管理制度较完善，既能满足普通件杂货的运输要求，又能满足危险货物、超限货物、鲜活易腐货物等特殊货物的运输需求，并且能较好地保证货运质量。

（3）承运人和货主之间在货物装船之前通常不书面签订运输合同，而是将货物装船后，以承运人签发的提单作为两者之间运输的合同，即承运人与货主之间的权利、义务和责任豁免通常以提单背面条款为依据并受国际公约制约。

（4）通常要求托运人送货至承运人指定的码头仓库交货，收货人在承运人指定的码头仓库提货，承运人负责货物装卸作业及理舱作业。

（5）“四固定”。一是固定船期表，二是固定航线，三是固定港口，四是固定运费率。

三、班轮公司的优势航线

每家船公司经营的海运航线不相同，每家船公司都有其优势航线。评价航线的优劣通常包括 5 个维度：速度（天数）、中转（挂靠）、舱位（TEU）、目的港服务及调度能力。部分班轮公司的优势航线如表 3-1 所示。

表 3-1　　部分班轮公司的优势航线

班轮公司	优势航线
EMC	中南美、南美东、中国台湾、北美、欧洲
COSCO	日本、澳新、北美、欧洲、西北欧
MSK	北美、非洲
OOCL	日本、东南亚、澳新、北美、中东
WHL	中国台湾、日本、北美西、东南亚、中东
MSC	欧洲、地中海、红海、美国、中东印巴
HMM	西北欧、东南亚、中东印巴、澳大利亚
YML	西北欧、地中海、中东、印巴
CMA	欧洲、地中海、非洲、美国
ZIM	加勒比、中东

四、班轮公司航线查询

班轮公司会在官网上公布所运营的航线，可以登录其网站进行查询。

例如，在长荣海运的官网上查询到“亚洲至欧洲—地中海航线”从高雄出发，依次经青岛、上海、宁波、台北、盐田，然后经南海入马六甲海峡，在马来西亚的丹戎帕拉帕斯挂靠，接着进入印度洋，驶向红海，再经过苏伊士运河，进入地中海，出直布罗陀海峡往西北欧，在荷兰鹿特丹、英国费里克斯托、德国汉堡挂靠之后，返回鹿特丹，经地中海、苏伊士运河、红海、科伦坡、丹戎帕拉帕斯，回到高雄。这样一个来回，预计整个航程用时 75 天。亚洲至欧洲—地中海航线所经港口列表如表 3-2 所示。

表 3-2　　亚洲至欧洲—地中海航线所经港口列表

EM	KAOHSI-UNG	QING-DAO	SHAN-GHAI	NINGBO	TAIPEI	YANTIAN	TANJUNG PELEPAS	SUEZ CANAL	ROTTE-RDAM	FELIXS-TOWE
ETA	SUN	THU	SUN	TUE	THU	SUN	THU	MON	WED	SAT
ETD	TUE	FRI	MON	WED	FRI	MON	FRI	TUE	FRI	MON
TS/TIME	0	2	5	7	9	12	16	27	36	39

CEM	HAMBURG	ROTTERDAM	SUE CANAL	COLOMBO	TANJUNG PELEPAS	KAOHSIUNG
ETA	WED	SUN	TUE	THU	WED	SUN
ETD	FRI	TUE	WED	FRI	THU	TUE
TS/TIME	43	47	56	65	71	75

✣ 知识点 3：租船运输概述

一、租船运输的概念

中华人民共和国国家标准《物流术语》（GB /T 18354—2021）对租船运输的定义为“船舶出租人把船舶租给承租人，根据租船合同的规定或承租人的安排来运输货物的运输方式。”

二、租船运输的特点

①采用租船运输的货物主要是低价值的大宗货物，如煤炭、矿砂、粮食、化肥、水泥、木材、石油等。

②一般都是整船装运，运量大，租船运输的运量占全部海上货运量的 80%左右。

③运价比较低，并且运价随市场行情的变化波动。

✣ 知识点 4：海运货物概述

一、海运货物的概念

海运货物则是特指经由海上运输部门承运的货物。了解不同种类货物的分类、成分、结构及其物理、机械、化学和生物性质，货物的包装、标志、丈量与衡重以及货物的积载因数，是货运代理行业从业人员对运输过程中的货物科学地进行配积载、装卸和保管，保证货运质量所需的基础性知识。

二、海运货物的分类

1. 按货物的装运形态分类

（1）件杂货

件杂货通常是一种按计件形式装运和交接的货物。件杂货包括包装货物（Packed Cargo）、裸装货物（Unpacked Cargo）和成组化货物（Unitized Cargo）。

（2）散装货

散装货通常是一种按计量形式装运和交接的货物。散装货包括干质散装货（Solid Bulk Cargo）和液体散装货（Liquid Bulk Cargo）。在海运货物中最常见的干质散装货有矿石、煤炭和粮食等，液体散装货有石油、液体化学品等。

2. 按货物的性质分类

（1）普通货物

①清洁货物（Clean Cargo）是指清洁、干燥的货物，也称精细货物（Fine Cargo）。如运输保管中不能混入杂质或被玷污的棉纺织品，供人们食用的食品（糖、粮食、茶叶等），不能受压、易于损坏的易碎品（陶瓷器具、玻璃制品等），还有各种日用工业品等。

②液体货物（Liquid Cargo）是指盛装于桶、瓶、坛等容器内的流质或半流质货物，如油类、酒类、普通饮料等。

③粗劣货物（Rough Cargo）是指具有油污、水湿、扬尘和散发异味等特性的货物，如生皮、骨粉、鱼粉、烟叶、大蒜等。

（2）特殊货物

①危险货物（Dangerous Cargo）是指具有易燃、易爆、毒害、腐蚀、放射射线和污染等性质，在运输过程中可能引起人身伤亡和财产毁损，必须按有关危险货物运输规则进行运输的货物。

②冷藏货物（Reefer Cargo）是指在常温条件下易腐烂变质和其他需按指定的某种低温条件运输的货物，如需处于冷冻状态运输的肉、鱼、鸡等，需处于低温状态运输的药品、疫苗等。

③贵重货物（Valuable Cargo）是指价值昂贵的货物，如金、银等贵金属及其制品，高价商品，精密仪器等。

④活的动植物（Livestock and Plants）是指具有正常生命活动，在运输中需要特别照顾的动物和植物，如牛、马、猪等家畜，树木、花苗等植物。

⑤长大、超重货物（Bulky and Lengthy Cargo，Heavy Cargo）是指单件货物体积过大或过长，重量超过一定界限的货物。按照港口收费规定和运价本规定，通常将单件重量为5吨以上的货物称为超重货物，将长度超过9米的货物视为长大件货物。

3. 按货物在船上的装载场所分类

（1）甲板货

甲板货（On Deck Cargo）是指固定在船舶露天甲板上的货物。

（2）舱内货

舱内货（Hold Cargo）是指运输时装载在船舱内的货物，货物受损风险较小，如茶叶、棉布等。

(3) 舱底货

舱底货（Bottom Cargo）是指由于其相对密度高，装在别处可能会对其他货物造成损坏而将其放在货舱底部的货物，如钢材等。

(4) 衬垫货

衬垫货（Dunnage Cargo）是指装载于舱内可用作衬垫的货物，如旧轮胎等。

(5) 填空货

填空货（Short Stowage Cargo 或 Filler Cargo）是指用作填补舱内空位的小件货物，如耐火砖等。

4. 按货物载运状况分类

(1) 大宗货物

大宗货物（Lot Cargo）是指同批票货物运量很大的货物，如粮食、化肥等。大宗货物通常采用租船方式进行运输。

(2) 零星货物

零星货物（Parcel Cargo）是指同票货物运量很小的货物，如生丝、贵重皮毛等。

(3) 满载货物

满载货物（Full and Complete Cargo）是指承租人提供的船舶的货物载重能力应达到了一定的货物数量，即货物装船后，应使船舶的吃水达到允许的最大限度。

(4) 部分满载货物

部分满载货物（Part Cargo）是指运输中只占用货仓部分容积，需与其他货物混装的货物。

(5) 直达货物

直达货物（Direct Cargo）是指从装运地直接到达目的地的货物。

(6) 过境货物

过境货物（Through Cargo）是指以某种运输工具从一国的境外启运，在该国边境不论是否换装运输工具，都通过该国陆路运输，继续运往境外的货物。

(7) 挂港货物

挂港货物（Local Cargo）是指船舶中途靠港时卸下的货物。

(8) 转船货物

转船货物（Transshipment Cargo）是指船舶到中途港卸下后再由其他船舶运往目的港的货物。

(9) 联运货物

联运货物（Combined Transport Cargo）是指采用水陆、水水等不同方式联运的货物。

(10) 选港货物

选港货物（Optional Cargo）是指装船前指定两个或两个以上的卸货港，货主在一定的时限前确定在其中某一港口卸下的货物。

（11）变更卸货港货物（Cargo Changed Destination）是指装货后原定卸货港有所变更的货物，也就是由货主决定在提单上记载卸货港以外的其他港口卸货的货物。

三、货物的计量和积载因数

1. 货物的计量

货物的计量包括货物的丈量和货物的衡重。

（1）货物的丈量是指测量货物的外形尺寸和计算体积。货物的丈量原则是按货件的最大方形进行丈量和计算，在特殊情况下，某些奇形货物可按实际体积酌情考虑其计费体积。因此，货物的丈量体积是指货物外形最大处的长、宽、高的乘积：

$$V=L\times W\times H$$

其中：V——货物的丈量体积（m^3）；

L——货物的最大长度（m）；

W——货物的最大宽度（m）；

H——货物的最大高度（m）。

（2）货物的衡重是指衡定货物的重量。货物的重量可分为净重、皮重和毛重。货物的衡重应以毛重计算。

2. 货物积载因数

货物积载因数（Stowage Factor，SF）是指每一吨货物在正常堆装时实际所占的容积（包括货件之间正常空隙及必要的衬隔和铺垫所占的空间），单位为 m^3/t（英制为 ft^3/t）。货物包装规格不同或品质等级不同，它的积载因数数值也不同。

货物积载因数的计算方法有不包括亏舱损失和包括亏舱损失两种，其计算公式如下。

①不包括亏舱（亏箱）损失时：

$$\text{货物积载因数（SF）}=\frac{\text{货物体积}}{\text{货物重量}}\ (m^3/t)$$

式中，货物体积包括货件间隙及正当衬垫所占容积（下同）。

②包括亏舱（亏箱）损失时：

$$\text{货物积载因数（SF）}=\frac{\text{装载所用区域包装舱容积}}{\text{货堆重量}}\ (m^3/t)$$

✣ 知识点 5：海运集装箱概述

一、集装箱的概念

中华人民共和国国家标准《物流术语》（GB /T 18354—2021）对集装箱的定义为"具有足够的强度，可长期反复使用的适于多种运输工具而且容积在 1 立方米以上（含 1 立方米）的集装单元器具"。

二、集装箱规格尺寸

目前使用的国际集装箱规格尺寸主要是第一系列的 4 种箱型，即 A 型、B 型、C 型和 D 型。第一系列集装箱的规则尺寸和总重量如表 3-3 所示。

表 3-3　　第一系列集装箱的规则尺寸和总重量

规格（ft）	箱型	长 mm	长 ft in	宽 mm	宽 ft in	高 mm	高 ft in	最大总重量 kg	最大总重量 lb
40	1AAA	12192	40′	2438	8′	2896	9′6″	30480	67200
	1AA					2591	8′6″		
	1A					2438	8′		
	1AX					<2438	<8′		
30	1BBB	9125	29′11. 25″	2438	8′	2896	9′6″	25400	56000
	1BB					2591	8′6″		
	1B					2438	8′		
	1BX					<2438	<8′		
20	1CC	6058	19′10. 5″	2438	8′	2591	8′6″	24000	52900
	1C					2438	8′		
	1CX					<2438	<8′		
10	1D	2991	9′9. 75″	2438	8′	2438	8′	10160	22400
	1DX					<2438	<8′		

三、集装箱的类型

1. 通用集装箱

通用集装箱（General Purpose Container）也称为干货集装箱、杂货集装箱。无须控制温度，通常为封闭式，在一端或侧面设有箱门，如图 3-10 所示。

2. 冷藏集装箱

冷藏集装箱（Reefer Container），专为运输要求保持定温度的冷冻货物或低温货物而设计的集装箱，适用于装载肉类、水果等货物，如图 3-11 所示。

3. 敞顶集装箱

敞顶集装箱（Open-top Container）没有刚性箱顶，但有可转动或可拆卸的顶梁来支撑的柔性顶棚或可移动的刚性顶棚，如图 3-12 所示。敞顶集装箱适合于装载体积高大的大型物和需吊装的重物，如玻璃板、钢制品、机械等。

图 3-10　通用集装箱

图 3-11　冷藏集装箱

图 3-12　敞顶集装箱

4. 框架集装箱

框架集装箱（Flat Rack Container）没有箱顶和两侧，其特点是从集装箱侧面进行装卸，如图 3-13 所示。框架集装箱以超重货物为主要运载对象，还便于装载牲畜，以及诸如钢材之类可以免除外包装的裸装货。

5. 平台集装箱

平台集装箱（Platform Container）是具有高承载能力的底板而无上部结构的一种集装箱，适用于装载超高货物、超重货物、清洁货物、长件货物、易腐货物等。

6. 罐式集装箱

罐式集装箱（Tank Container）是用于装运酒类、油类、液体食品、化学药品等液体货物的集装箱，主要由液罐和框架构成，如图 3-14 所示。

7. 干散货集装箱

干散货集装箱（Dry Bulk Container）是顶部设有装货口，底部设有出货口，主要用于装运无包装的固体颗粒状和粉状货物的集装箱，如图 3-15 所示。干散货集装箱常用于装载粮食，也可装载各种饲料、树脂、硼砂、水泥、砂石等货物。

图 3-13　框架集装箱

图 3-14　罐式集装箱

图 3-15　干散货集装箱

8. 牲畜集装箱

牲畜集装箱（Pen Container）是装运家禽和牲畜的集装箱。牲畜集装箱的箱顶和侧壁是由玻璃钢制成的，能遮蔽阳光照射，便于清扫和保持卫生，侧壁安装有上折页的窗口，窗下备有饲养槽，可以定时给家禽或牲畜喂养食物，如图 3-16 所示。

9. 汽车集装箱

汽车集装箱（Car Container）是专门用来运输各种类型汽车的集装箱，其结构简单，通常只设有框架与箱底，根据汽车的高度，可装载一层或两层，如图 3-17 所示。

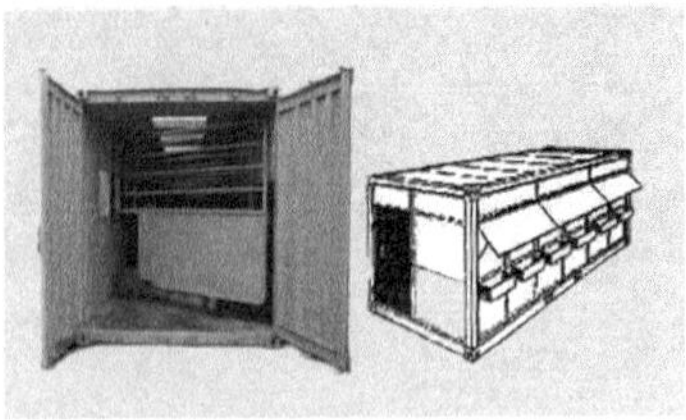

图 3-16　牲畜集装箱

图 3-17　汽车集装箱

四、集装箱的标志

为了方便集装箱的运输管理，国际标准化组织（ISO）拟定了集装箱标志方案。集装箱应在规定的位置上标出相关内容。集装箱标志如图 3-18 所示。

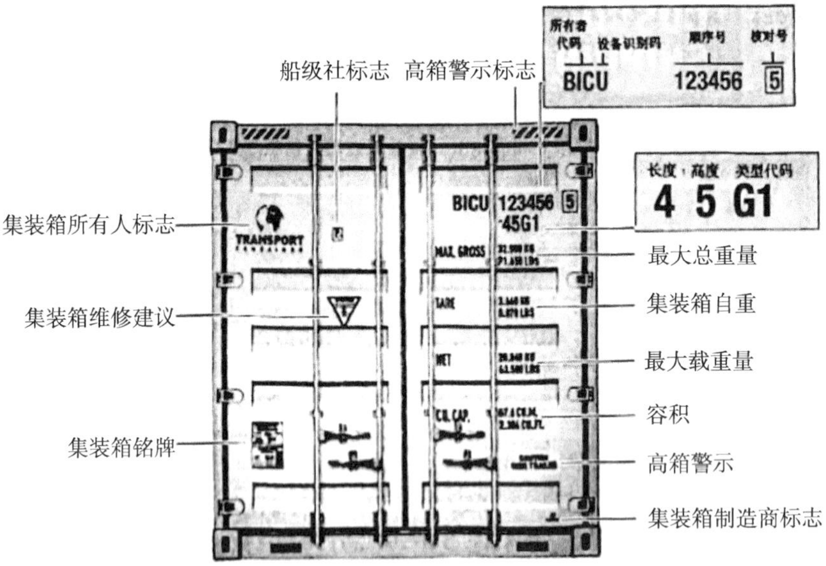

图 3-18　集装箱标志

五、集装箱装箱量计算

在货物装箱前，需根据货物的种类、性质、形状、包装、体积、重量等确定使用何种集装箱，然后考虑集装箱的规格，这取决于货物积载因数，以及在集装箱中的装载方式等。

1. 货物积载因数对集装箱装箱量的影响

每一个集装箱都有额定的最大装载重量和最大容积，装入集装箱内的货物不可超过这一额定值。以最常使用的 20 英尺集装箱和 40 英尺集装箱来说，两者的宽度和高度相同，40 英尺集装箱的长度是 20 英尺集装箱的两倍，其内容积亦是 20 英尺集装箱的两倍，但两者的最大装载重量相差不多。20 英尺集装箱（见图 3-19）最大装载重量（NET）为 28290 千克，内容积为 33.2 立方米。40 英尺集装箱（见图 3-20）最大装载重量（NET）为 26780 千克，内容积为 67.7 立方米。

图 3-19　20 英尺集装箱

图 3-20　40 英尺集装箱

【例 1】 某货主托运一票货，该货的积载因数是 0.8 m^3/t。如将该票货装于 20 英尺集装箱中，已知该集装箱计算亏箱后最大总容积为 29 m^3。问：这个集装箱中最多可装多少吨该票货物？

解：

该集装箱最大装载重量为：28290 千克＝28.29 吨

28.29 吨该货物的体积为：28.29×0.8＝22.632（立方米）

22.632 立方米小于该集装箱的计算亏箱后最大总容积 29 立方米，因此，这个集装箱中最多可装该票货物 22.632 吨。

【例 2】 某货主托运一票货，该货的积载因数是 1.6 m^3/t。如将该票货装于 20 英尺集装箱中，已知该集装箱计算亏箱后最大总容积为 29 m^3。问：这个集装箱中最多可装多少吨该票货物？

解：

该集装箱最大装载重量为：28290 千克＝28.29 吨

28.29 吨的该货物体积为：28.29×1.6＝45.264（立方米）

45.264 立方米大于该集装箱的计算亏箱后最大总容积 29 立方米。因此，这个集装箱中最多可装该票货物：29÷1.6＝18.125（吨）。

例 1 中的货物为重货（积载因数 0.8<1），最终可装货物的数量为该集装箱的最大装载重量，从体积上来说只有 22.632 立方米，并未达到其最大容积。例 2 中的货物为轻货（积载因数 1.6>1），最终可装货物的数量为该集装箱计算亏箱后最大总容积，重量只有 18.125 吨，并未达到该集装箱的最大装载重量。

在海运集装箱实践中，集装箱货物的运费是按箱型计收的。表 3-4 为欧洲航线上海至德国汉堡的运价。

表 3-4　　欧洲航线上海至德国汉堡的运价

启运港/目的港	船公司	截关/开船	航程	大船启运港	中转	20GP	40GP
YANGSHAN，SHANGHAI（洋山，上海）→HAMBURG（汉堡）	OOCL	5/7 LL4	34	YANGSHAN，SHANGHAI	DIR	7450	14000
YANGSHAN，SHANGHAI（洋山，上海）→HAMBURG（汉堡）	CMA	5/7 FAL1	34	YANGSHAN，SHANGHAI	DIR	10400	14300

从以上运价可以看出 40 英尺集装箱的运价小于两倍的 20 英尺集装箱的运价，这也是海运市场的常态。因此，从经济角度来看，对于轻货而言，在货量大于 1 个 20 英尺集装箱可装载量的情况下应尽量选择 40 英尺集装箱。例 2 中的货物，若现有该货物 25 吨，则其体积应为 25×1.6=40（立方米），选用 20 英尺集装箱需 2 个，而选用 40 英尺集装箱只需 1 个，从运费上来说低于 20 英尺集装箱。而对于重货而言，则应选 20 英尺集装箱。例 1 中的货物，若现有该货物 50 吨，则其体积应为 50×0.8=40（立方米），选用 20 英尺集装箱需 2 个，若选用 40 英尺集装箱也需 2 个（因为 50 吨已经超出 1 个 40 英尺集装箱的最大装载重量），因此，从运费上来看选 20 英尺集装箱更经济。

2. 集装箱货物装箱量的计算示例

集装箱货物装箱量的计算是国际货运代理必须掌握的技能。对一票货物的海运费用的计算，要基于所需集装箱的规格及数量。如果货主只给了货物的数量和尺寸，国际货运代理就要进行集装箱数量的计算。

除了一些特殊货物（如钢卷、大型机械设备等），包装货物的装箱主要有两种方式：一是直接以货物包装装入集装箱；二是先将货物组托盘再装入集装箱。

【例 3】 现有 20 英尺集装箱（内部尺寸为：长 5898 mm，宽 2352 mm，高 2392 mm）两个，分别装载 1200 mm×800 mm 和 1200 mm × 1000 mm 两种规格的托盘所组装的货物，高度均为 800 mm，应如何装箱使箱内空间利用率最高？

解：

①放置 1200 mm×800 mm 托盘。

放置方法一如表 3-5 所示。

表 3-5　　放置方法一

方式	尺寸（mm）		
集装箱	长 5898	宽 2352	高 2392
托盘	长 1200	宽 800	高 800
排、列、层数	4	2	2
可装托盘数：4×2×2=16（个）			

放置方法二如表 3-6 所示。

表 3-6　　放置方法二

方式	尺寸（mm）		
集装箱	长 5898	宽 2352	高 2392
托盘	长 800	宽 1200	高 800
排、列、层数	7	1	2
可装托盘数：7×1×2＝14（个）			

放置方法三的装载俯视图如图 3-21 所示。

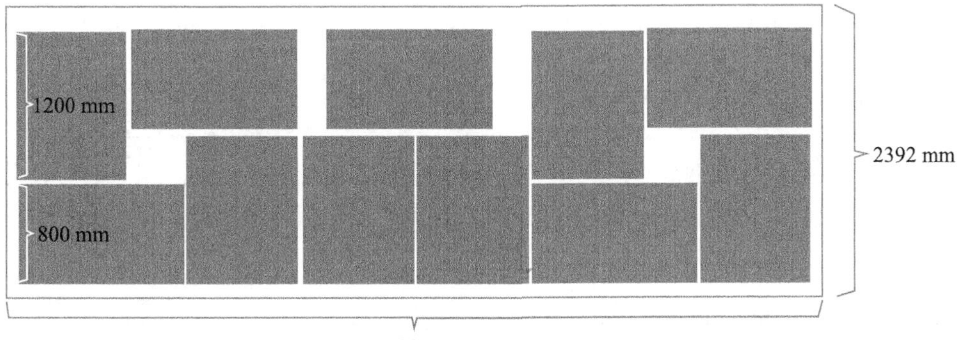

图 3-21　放置方法三的装载俯视图

可堆放层数：2392÷800＝2（层），每层可装托盘数为 11 个，可装托盘数：11×2＝22（个）。由上述计算结果可知，20 英尺标准集装箱装载 1200 mm×800 mm 规格的托盘所组装的高度为 800 mm 的货物，按方法三进行装箱，最多可装 22 个托盘，箱内空间利用率最高。

②放置 1200 mm×1000 mm 托盘。

箱内空间利用率最高的装箱方式同上述方法三，装载俯视图如图 3-22 所示。

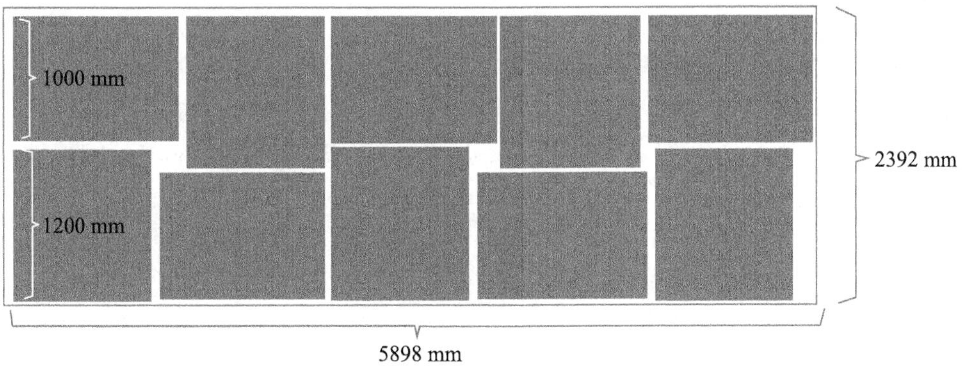

图 3-22　装载俯视图

可堆码层数：$2392 \div 800 = 2$（层），每层可装托盘数为 10 个，可装托盘数：$10 \times 2 = 20$（个）。20 英尺标准集装箱装载 1200 mm×1000 mm 规格的托盘所组装的高度为 800 mm 货物，按此方法进行装箱，最多可装该托盘 20 个，箱内空间利用率最高。

六、集装箱货物交接地点和方式

在海上货运实践中，班轮公司通常承运整箱货，而拼箱货则经常由集拼经营人（Consolidator，通常是无船承运人）承办。相应地，CY to CY 就成为班轮公司通常采用的交接方式，而 CFS to CFS 则是集拼经营人通常采用的交接方式。

任务实施

阅读“任务描述”，回答以下问题。

1. 上海洋山港是如何打造低碳中国港口的？

2. 在建设上海洋山港运用了哪些新技术、新装备？它们发挥了什么作用呢？

3. 基于上海洋山港经验，请为中国其他港口的未来发展建设出谋划策。

4. 各组派 1 名代表上台进行分享。

任务评价

在完成上述任务后，教师组织三方评价，并对学生的任务执行情况进行点评。学生完成考核评价表（见表 3-7）的填写。

表 3-7　　考核评价表

班级		团队名称				
团队成员						
考核项目		要求	分值	学生自评（30%）	团队互评（30%）	教师评定（40%）
知识能力	国际海洋运输	利用各大船公司网站查询班轮航线，选择合适的装货港、卸货港	20 分			
	海运货物	具备根据货物性质，选择合适的集装箱	20 分			
	海运集装箱	根据不同的货物装载方式进行集装箱装箱量计算	30 分			
职业素养	文明礼仪	形象端庄 文明用语	10 分			
	团队协作	相互协作 互帮互助	10 分			
	工作态度	严谨认真	10 分			
合计			100 分			

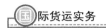

任务二　玻璃器皿集装箱班轮出运业务处理

任务描述

中远集运：助力交通强国——航运业的新航程

海运是国内经济融入国际市场的先导，是连通全球的重要纽带和桥梁，是国际贸易的主要载体。中国远洋海运集团有限公司（以下简称中远集运）加快全球航线网络布局和港口布局，先后入股国内外多个港口码头，持续做强做优做大航运主业，已成为全球最大的综合航运公司和全球最大的码头运营商。

中远集运

（一）坚持优化全球布局

截至 2020 年，中远集运已初步形成全球领航的实力规模，以综合运力 10592 万载重吨船舶/1310 艘排名世界第一，干散货运力、油气运力、特种船队运力、集装箱码头吞吐量、全球船舶燃料销量均达到世界第一。

（二）坚持推动全球收购

中远集运收购东方海外货柜航运公司后，成为全球第三大班轮公司。另外，中远集运集装箱租赁业务保有量世界第二，集装箱制造产能世界第二，海洋工程装备制造接单规模、船舶代理业务等均稳居世界前列。

（三）坚持践行"一带一路"

中远集运以码头为支点，以航线为纽带，以综合物流为延伸，逐步构建了"点、线、面"全球网络运输体系，为"一带一路"共建国家和地区经贸交往搭建起一座桥梁。截至 2021 年 2 月，中远集运为"一带一路"建设累计投资 608 亿元人民币，投资码头 18 个，航线 189 条，箱位达到 200 万标箱，占比 65%。

（四）强化数字化变革

中远集运通过强化数字化变革，不断提升赋能全球化发展能力：加强 GSBN（全球航运业务网络）在港航业的深度应用，加大 5G 港口推广力度，不断提升全球化发展效率；利用 GSBN 作为航运区块链发展的载体，将为供应链上各个利益相关方提供安全可信任的数据交换平台，为港航业数字化转型升级提供新思路。

（资料来源：人民论坛网，有改动。）

请以项目组为单位，认真阅读案例，分别从网上查阅资料、观看视频短片，思考并回答"任务实施"中的问题。

知识链接

✣ 知识点 1：揽货接单

A 物流有限公司的销售人员张小姐接手的第一项业务是将一个 20 英尺集装箱的玻璃器皿通过集装箱班轮运往美国纽约港，该如何操作呢？以下内容对此案例进行分析。

一、揽货接单的概念

揽货接单是指海运货运代理接受货主委托订舱的过程，实质上是货主与国际货运代理签署货运代理合同的过程。

二、揽货接单的步骤

在实践中，对于签署长期代理协议的货主，在具体托运时，可直接向海运货运代理递交托运单作为托运指示；至于其他货主，揽货接单需经过货主电话简单询问→国际货运代理报价→货主填写委托书/订舱联系单以示确认→国际货运代理接单表示确认等步骤。

1. 接受货主的询盘

询盘一般应包括如下内容。

（1）托运货物的说明，包括货物的品名、重量、尺寸、性能、积载因素、每件/每捆重量等。

（2）运输要求，包括目的地、出运日期、交货地点、交接方式、运输方式及运输要求、付费条款、是否需要安排接运与转运等。

（3）其他服务，包括是否需要代为报关、报检，代办仓储等业务。

（4）运输单证的发放形式，在实际业务中，对于运输单证的签发、流转等，货主可能提出有违常规的要求，比如提单电放、预借提单、倒签提单、转换提单、提单拆分与合并（拆单、分单）及异地放单等。

2. 审核询盘是否符合收运条件

一般应从海关、承运人及海运货运代理自身等方面确定该询盘是否符合收运条件。

（1）海关方面主要审核货主是否具有进出口经营权，所要进口或出口的货物是否在其经营范围之内，能否向海关提供有效的全套报关单据。

（2）承运人方面主要审核货物是否符合承运人规定，不符合承运人规定的货物不能办理托运。

（3）海运货运代理自身方面无法操作，或因货主提供的文件资料不全，以及成本太高、无法承受的货物，海运货运代理不能收运。

3. 向有关承运人询价、询问有无舱位

在实践中，海运货运代理应掌握以下内容。

（1）发货港至各大洲、各大航线常用港口的基本情况。

（2）主要船公司班期信息及有关航线的运价。

（3）主要内陆运输承运人及其运价。

（4）各港区货运站及内陆装箱点的情况及其装拆箱价格。

（5）各挂靠港的报关、报检要求及其收费标准等。

（6）使用船公司集装箱是否需要押金以及押金的数额等。

4. 向货主报价

海运货运代理根据自己与承运人签署的服务协议或根据承运人的报价，并结合本公司的收费标准等情况定价后，应及时向货主报价，供货主确认。

5. 货主确认报价

如果货主同意其报价，则应要求货主提交委托书，以便代为办理报关、报检，提取空箱，装箱，拖车运输，装船等各种手续。

6. 海运货运代理接受委托

海运货运代理签署委托书或通过接单、制单以示确认。

天津 B 贸易有限公司有一批玻璃器皿出口至美国，经 A 物流有限公司销售人员前期宣传及报价，天津 B 贸易有限公司拟将出运工作委托给 A 物流有限公司。这天，张小姐接到天津 B 贸易有限公司李先生的电话，要求其安排尽快出运，并收到李先生通过传真发来的相关单证，商业发票如图 3-23 所示，装箱单如图 3-24 所示。

COMMERCIAL INVOICE

To: F.L.SMIDTH CO., LTD.
77 VIGERSLEV ALLE, DK-2500, VALBY
NEW YORK, NY10017, USA
Port of Dispatch: Tianjin, China

Invoice No.: IN2022-002
Invoice Date: Dec. 25th, 2022
S/C No.: IN2022-033
S/C Date: Oct. 14th, 2022
Port of Destination: New York, USA

Marks & No.	Number and kind of packages Description of goods	Quantity	Unit Price	Amount
FLS 971100 NEW YORK 1-500	GLASSWARE ART.No.TY-0098 2 grosses per carton	1000 GRS	CIF NEW YORK @USD25.20/GRS	USD25,200.00
TOTAL:		1000 grosses in 500 cartons		USD25,200.00

图 3-23　商业发票

<table>
<tr><td colspan="7">PACKING LIST
装箱单
To: F.L.SMIDTH CO., LTD.
77 VIGERSLEV ALLE, DK-2500, VALBY
NEW YORK, NY10017, USA
Invoice No.: IN2022-002
S/C No.: IN2022-033
LOAD PORT: Tianjin, CHINA
PAYMENT: D.F
INVOICE DATE(CHINA DATE): Dec. 25th, 2022
S/C Date: Oct. 14th, 2022
DESTINATION: NEW YORK, USA
Date of Shipment: Before 31, Dec 2022</td></tr>
<tr><td>标记唛码
Marks&Nos</td><td>货品名称及规格
Commodities & Specifications</td><td>箱数
Packages</td><td>数量
Quantity</td><td>毛重
G.W.（KGS）</td><td>净重
N.W.（KGS）</td><td>体积
Meas.（CBM）</td></tr>
<tr><td>FLS
971100
NEW YORK
1-500</td><td>GLASSWARE ART. No. TY-0098
2 GRS Per Carton
Totally packed in 500 cartons</td><td>500 CTNS</td><td>1000 GRS</td><td>24/12000</td><td>22/11500</td><td>44 cm×36 cm×33 cm</td></tr>
<tr><td colspan="2">TOTAL</td><td>500 CTNS</td><td>1000 GRS</td><td>12000 KGS</td><td>11500 KGS</td><td>26.14 CBM</td></tr>
</table>

图 3-24 装箱单

张小姐通过与李先生沟通联系，办理了出口货物托运单，如图 3-25 所示。

<table>
<tr><td colspan="6">出口货物托运单</td></tr>
<tr><td colspan="2">SHIPPER:TIANJIN B TRADING CO., LTD.
No.1008 WEST BELJING ROAD, HEXI DISTRIC TIANJIN, CHINA
TEL : 86-22-88381××× FAX : 88381×××</td><td colspan="4">托运条款：1.货物的各项资料，包括唛码、件数、货名、熏装、重量、尺码、运输条款等由托运人认真填写，并对其填写内容的准确性负责。2.运费与附加费栏，按双方协定的金额填写。3.货物可否转船，不填写的，一律视做可转船；运费预付/到付栏不填的，一律视做预付；运输条款不填的，可视做CY/CY等条款。4.特殊柜种托运需填写清楚特殊要求。5.托运单必须有经办人签名及盖章。6.货物经订舱后，由于托运单填写错误或资料不全等而产生的一切责任、费用概由托运人承担。7.托运人填报本托运单，即表示已接受以上条款</td></tr>
<tr><td colspan="2">CONSIGNEE: TO ORDER</td><td colspan="4">运输条款：□CY/CY□CY/HK□CY/FO□CY/DR☑DR/DR□DR/CY</td></tr>
<tr><td colspan="2">NOTIFY PARTY:F.L.SMIDTH CO.， LTD.
77 VIGERSLEV ALLE, DK-2500, VALBY NEW YORK, NY10017,USA</td><td colspan="4"></td></tr>
<tr><td colspan="2">VESSEL:</td><td colspan="4">☑需正本提单□电放</td></tr>
<tr><td colspan="2">SHIPPING ORDER:</td><td colspan="4" rowspan="5">海运费：☑预付□到付 文件费： 报关费： 电放费： 拖车费： 其他：</td></tr>
<tr><td colspan="2">CLOSING DATE:</td></tr>
<tr><td colspan="2">LOADING: TIANJIN</td></tr>
<tr><td colspan="2">VIA:</td></tr>
<tr><td colspan="2">FINAL DESTINATION: NEW YORK</td></tr>
<tr><td>标记唛码
Marks & Nos</td><td>件数
Packages</td><td>货物品名及规格
Description of Goods</td><td>箱量
Containers</td><td>毛重
G.W(KGS)</td><td>体积
Meas.(CBM)</td></tr>
<tr><td>FLS 971100
NEW YORK
1-500</td><td>500 CTNS</td><td>GLASSWARE ART. No. TY-0098</td><td>1×20GP</td><td>12000</td><td>26.14</td></tr>
<tr><td colspan="2">拖车行名称：</td><td colspan="2">电话：</td><td colspan="2">联系人：</td></tr>
<tr><td colspan="6">如委托我司拖车、报关，请填写：装货时间：2022-12-20 装货地点：天津市津南开发区玻璃制品厂 联系人：电话：586666666</td></tr>
<tr><td colspan="6">特别事项：备注/Note:美国货物限重：17.2T/20GP 19.9T/40GP 19.9T/40HQ；其他地区限重：21.7T/20GP 26.6T/40GP 26.6T/40HQ</td></tr>
</table>

图 3-25 出口货物托运单

✣ 知识点 2：安排订舱

一、订舱的含义

订舱是指海运货运代理代表货主向承运人或其代理提出托运申请，承运人或其代理对这种托运申请予以承诺的行为。海运出口货运代理委托书如图 3-26 所示。

<table>
<tr><td>业务员</td><td colspan="2">手机</td><td colspan="3">编号</td></tr>
<tr><td>托运人</td><td colspan="5"></td></tr>
<tr><td rowspan="3">提单项目要求</td><td colspan="2">发货人
(Shipper)</td><td colspan="3"></td></tr>
<tr><td colspan="2">收货人
(Consignee)</td><td colspan="3"></td></tr>
<tr><td colspan="2">通知人
(Notify Party)</td><td colspan="3"></td></tr>
<tr><td>运输方式</td><td>运费支付</td><td colspan="2">船公司</td><td>可否分批</td><td>可否转船</td></tr>
<tr><td></td><td></td><td colspan="2"></td><td></td><td></td></tr>
<tr><td>装运港(Port of Loading)</td><td></td><td>目的港(Port of Discharge)</td><td></td><td>船期</td><td></td></tr>
<tr><td>集装箱数量</td><td colspan="2"></td><td>装箱时间及地点</td><td colspan="2"></td></tr>
<tr><td>唛头Marks/Nos</td><td colspan="2">货物件数及包装No./Kind of Packages</td><td>货物品名
Description of Goods</td><td>毛重
Gross Weight (KGS)</td><td>体积
Measurement (CBM)</td></tr>
<tr><td></td><td colspan="2"></td><td></td><td></td><td></td></tr>
<tr><td rowspan="4">声明事项</td><td colspan="3">是否需要代理报关</td><td colspan="2" rowspan="4">托运人地址及联系方式：</td></tr>
<tr><td colspan="3">是否需要电放</td></tr>
<tr><td colspan="3">是否需要投保</td></tr>
<tr><td colspan="3">其他事项</td></tr>
<tr><td>部门经理签字</td><td colspan="3"></td><td>托运人签字</td><td></td></tr>
<tr><td colspan="6">托运人声明：
1.我司承诺：所有出口产品无违反国家法律法规规定的违禁产品，如果装箱中夹带国家法律法规规定的违禁产品，如毒品、易燃、易爆等危险品，我公司及本人愿意承担一切法律责任，与受托方无关。
2.我司全权承担货物出口运输的海运费、内陆运输费用及其他额外操作费；海运费及内陆运输费用以受托方的书面报价为准，其他额外操作费按双方书面确认结算。
3.其他未尽事宜以双方协议为准。</td></tr>
</table>

图 3-26　海运出口货运代理委托书

二、安排订舱的步骤

（1）货主将货物的详细信息、启运港、目的港等资料告知海运货运代理。

（2）海运货运代理根据货物的实际情况和船期信息，给出最合适的价格和船期。

（3）货主根据价格、船期等因素选择合适的船公司，并向海运货运代理下订舱指令。

（4）海运货运代理确认订舱信息，并给货主提供入仓单（SO）或订舱确认单。

（5）货主按照入仓单（SO）或订舱确认单的要求，按时将货物送至指定仓库或港口。

（6）货主支付海运费和相关杂费，并提供必要的单证资料，如提单、发票、装箱单等。

（7）海运货运代理根据货物的实际情况和船公司的要求，安排货物的装船、报关、运输等事宜。

（8）货主收到开船通知后，与海运货运代理结算费用，并确保货物安全、准时地到达目的地。

三、订舱的注意事项

1. 船舶舱位的分配

船公司会参考过去的实际情况，预先对航线上各船舶的舱位适当地进行分配，定出限额。

2. 订舱货物的性质、包装和重量

承运人承揽货物时，必须考虑各票货物的性质、包装和每件货物的重量及尺码等因

素，例如，重大件货物可能会受到船舶及装卸港口的起重机械能力影响和船舶舱口尺寸的限制等。

3. 装卸港及过境港的法规

在承揽货物时，应对有关国家法律和港口规章或管理办法做充分了解。国际货运代理公司与委托人就承运人、船期及运费等事宜沟通并达成一致后，在货物出运之前的一段时间内，填制订舱委托书，并向船公司或其代理人申请订舱。出口货物订舱委托书如图 3-27 所示。

<table>
<tr><td colspan="6">出口货物订舱委托书</td></tr>
<tr><td colspan="2">装运港：TIANJIN</td><td>目的港：NEW YORK</td><td colspan="2">合同号：</td><td>国别：USA</td></tr>
<tr><td>唛头及号码</td><td>件数及包装</td><td>货名及型号</td><td>重量（KGS）</td><td colspan="2">体积（CBM）</td></tr>
<tr><td></td><td>500箱</td><td>GLASSWARE ART. NO. TY-0098
玻璃器皿</td><td>12000</td><td colspan="2">26.14</td></tr>
<tr><td colspan="3">SHIPPER:</td><td colspan="3">需正本提单3份，副本3份</td></tr>
<tr><td colspan="3" rowspan="4">TIANJIN B TRADING CO. , LTD. NO. 1008 WEST BEIJING ROAD, HEXI DISTRIC TIANJIN, CHINA</td><td colspan="3">信用证号：</td></tr>
<tr><td colspan="3">核销单号：</td></tr>
<tr><td colspan="3">可否转船：可　　可否分批：否</td></tr>
<tr><td colspan="3">装期：2022年12月25日前</td></tr>
<tr><td colspan="3">CONSIGNEE:</td><td colspan="3"></td></tr>
<tr><td colspan="3">TO ORDER</td><td colspan="3">箱量volume 20GP（1） 40GP（ ） 40GP HQ（ ） CFS（ ）</td></tr>
<tr><td colspan="3">NOTIFY:</td><td colspan="3">请配：</td></tr>
<tr><td colspan="3" rowspan="2">F.L. SMIDTH CO., LTD.
77 VIGERSLEV ALLE, DK-2500, VALBY
NEW YORK. NY10017, USA</td><td colspan="3">运费结算：预付</td></tr>
<tr><td colspan="3">装箱：产地</td></tr>
<tr><td colspan="3">委托人要求：</td><td colspan="3">委托单位：</td></tr>
<tr><td colspan="3"></td><td colspan="3">天津B贸易有限公司　联系人：张××　电话：××</td></tr>
</table>

图 3-27 出口货物订舱委托书

需要注意的是，在安排订舱时，货主或货运代理需要提前了解船公司的船期表和价格信息，以便更好地选择合适的船期和价格。下面提供两份船期表，以供学习。某班轮公司中国地区船期表盐田—欧洲航线（CEM 直航）如表 3-8 所示，某国际货运代理公司船期信息如表 3-9 所示。

表 3-8 某班轮公司中国地区船期表盐田—欧洲航线（CEM 直航）

船名	航次	盐田			鹿特丹	费利克斯托	汉堡
		VGM 截止时间 纸本传送 EDI/网络/手机	结关	预计到港 预计离港			
EVER GRADE 长准轮	1172-013W （CEM）	01/05 17：00	01/06 09：00	01/10 01/12	02/06	02/11	02/15

续 表

船名	航次	盐田			鹿特丹	费利克斯托	汉堡
		VGM 截止时间 纸本传送 EDI/网络/手机	结关	预计到港 预计离港			
EVER GOLDEN 长富轮	1173-017W (CEM)	01/11 12: 00	01/11 12: 00	01/13 01/14	02/09	02/18	02/22
EVER GOODS 长资轮	1174-016W (CEM)	01/15 10: 00	01/15 12: 00	01/21 01/22	02/16	02/21	02/25
EVER ACE 长范轮	1175-003W (CEM)	01/22 10: 00	01/22 12: 00	01/23 01/24	02/19	02/26	03/03
EVER GLOBE 长宇轮	1176-011W (CEM)	01/31 10: 00	01/31 12: 00	02/03 02/05	02/23	03/05	03/09

表 3-9　　　　某国际货运代理公司船期信息

船名	航次	船公司	截单时间	装期	开航时间	码头	箱位	神户 JPKOB	釜山 KRBUS	横滨 JPYOK	洛杉矶 USLSA	长滩 USLGB
洛巴河 LUOBAHE	V048E	中远集运	1202	1203	1204	外二	3400			1207		1219
海陆保卫 SEALAND DEFNDER	V0218	马士基海陆	1128	1204	1204	外二	1000		1207			1219
中海神户 CSCL KOBE	V0031E	中海集运	1129	1205	1205	外二	2000		1211		1220	
易泽 TRADE ZALE	V0005E	中外运箱运	1125	1203	1205	外二	2526		1207			1217
以星香港 ZIM HONGKONG	V039E	以星轮船	1125	1205	1205	外二	3351		1207			
地中海蔚山 MSC ULSAN	V1A	地中海航运	1129	1205	1205	外二	600		1213	1215	1228	
达飞美摩莎 VILLE DE MIMOSA	V458W	法国达飞	1201	1207	1207	外二	600				1222	
凌云河 LING YUN HE	V042E	中远集运	1206	1208	1208	外二	3400			1216		

续 表

船名	航次	船公司	截单时间	装期	开航时间	码头	箱位	神户 JPKOB	釜山 KRBUS	横滨 JPYOK	洛杉矶 USLSA	长滩 USLGB
纽波特桥 NEWPORT BRIDGE	V80E	川崎汽船	1207	1208	1209	宝山	3456	1210				1221
意宇 LT GLOBE	V103E	意邮	1208	1209	1209	外二	1600				1226	
商船三井坚强 MOL STRENGTH	V018E	商船三井	1203	1209	1209	外一	1000	1211			1220	
圣巴巴拉 SANTA BARBARA	V29E50	日本邮船	1203	1209	1209	外一	900	1212				
中海热那亚 CSCL GENOA	V0034E	中海集运	1207	1208	1211	外二	2000				1224	
聪河 RIVER WISDOM	V117E	中远集运	1209	1210	1211	外二	3400			1214		1226
韩进大阪 HANJIN OSAKA	V0080E	韩进海运	1201	1209	1211	外二	2692		1213			1224
海陆创新 SEALAND INNOVATOR	V0302	马士基海陆	1205	1211	1211	外二	1000		1214			1226
易虹 TRADE RAINBOW	V0005E	中外运箱运	1202	1210	1211	外二	2570		1214			1224
地中海马里兰 MSC MARYLAND	V2A	地中海航运	1206	1212	1212	外二	600		1220	1222	0104	
以星日本 ZIM JAPAN	V039E	以星轮船	1202	1212	1212	外二	3351		1214			

四、接受订舱

经过联系，张小姐为货主选定某集装箱运输有限公司 7 天后开往纽约港的“新星/V858”航次，并将场站收据联单传递给船公司。

✣ 知识点3：报关、报检

一、出口货物海关申报

出口货物的发货人应当在货物运抵海关监管区后、装货的24小时以前（除海关特准的外），向海关申报。按照《中华人民共和国海关进出口货物报关单填制规范》的要求向海关传送报关单电子数据及随附单证。随附单证包括：①合同、发票、运输单据、装箱单等商业单据；②进出口所需的许可证件及随附单证；③海关总署规定的其他进出口单证。

电子数据报关单经过海关计算机检查接受申报。

二、货物查验

货物查验是指海关为确定进出口货物收发货人向海关申报的内容是否与进出口货物的真实情况相符，或者为确定商品的归类、价格、原产地等，依法对进出口货物进行实际核查的行为。海关在特殊情况下对进出口货物予以免验，具体办法由海关总署制定。

货物查验结束后，海关查验人员会填写货物查验记录并签名。在场的进出口货物收发货人或者其代理人也应签名确认。

三、缴纳关税

出口的货物如需缴纳出口关税，发货人要在海关填发税款缴款书之日起15日内缴纳税款。

四、海关放行

货物经海关审核有关单证，查验货物无误并缴纳关税后，由海关在装货单上加盖放行章，在海关监管下出境。

✣ 知识点4：货物收货

当每票货物装船后，现场理货人员即核对理货计数单的数字，并在装货单上签注实装数量、装舱位置和装船日期，再由理货组长在装货单的规定位置上签名，证明该票货物如数装船无误，然后连同收货单一起交给大副，大副审核属实后在收货单上签字，留下装货单，将收货单退给理货组长转交托运人或其国际货运代理。收货单格式如图3-28所示。

托运人 Shipper											
编号 No.			船名 S/S						收货单 MATE' S RECEIPT		
目的港 For											
下列完好状况之货物已收妥无损 Receive on board the following goods apparent in good order and condition.											
标记及号码 Mark/Numbers		货物件数及包装 No./Kind of Packages		货物品名 Description of Goods					毛重 Gross Weight（KGS）		体积 Measurement（CBM）
共计件数（大写）Total Number of Packages in Writing											
日期 Date		日期 Date			时间 Time						
装入何舱 Stowed											
实收 Received											
理货员签名 Tallied by					大副 Chief Officer						

图 3-28 收货单格式

承运人对货物承担的责任是在货物装船时开始的。因此，在货物装船时，大副必须认真核对货物的实际情况是否与装货单上记载的情况相符合，货物的外表状况是否良好，有无标志不清、水渍污渍等情况，数量（件数）是否短缺，货物损坏的情况与程度等。如有不良情况，应明确、具体地记载在收货单上。

✣ 知识点 5：箱管操作

对于提取空箱、装箱、安排重箱进码头等操作，如果是整箱货，这些操作应由发货人或其代理完成；反之，如果是拼箱货，这些操作应由货运站完成。

一、集装箱选择

集装箱选择是指海运货运代理根据托运货物的情况，确定使用的集装箱类型、规格及数量的过程。集装箱选择时通常需要综合考虑诸如货物的性质、轻重、箱利用率等因素。

二、用箱申请

在整箱货物运输的情况下，船公司或其代理在接受订舱、承运货物后，签发集装箱并将设备交接单交给托运人或国际货运代理，托运人或国际货运代理凭此到集装箱堆场或内陆站提取空箱。而在拼箱货物运输的情况下，则由集装箱货运站提取空箱。

三、集装箱交接

1. 设备交接单的内容

设备交接单分为进场设备交接单和出场设备交接单，各有三联，分别为箱管单位（或船公司）留底联，码头、堆场联，用箱人、运箱人联。

设备交接单一式六联，前三联用于出场，印有“OUT”字样，如图 3-29 所示。第一联盖有船公司或其代理的图章，集装箱空箱堆场凭以发箱，第一、第二联由堆场发箱后留存，第三联由提箱人留存。

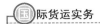

集装箱发放/设备交接单　　OUT 出场

EQUIPMENT INTERCHANGE RECEIPT

No.

用箱人/运箱人（CONTAINER USER/HAULIER）	提箱地点（PLACE OF DELIVERY）

发往地点（DELIVERED TO）	返回/收箱地点（PLACE OF RETURN）

船名/航次（VESSEL/VOYAGE NO.）	集装箱号（CONTAINER NO.）	尺寸/类型（SIZE/TYPE）	营运人（CNTR. OPTR.）

提单号（B/L NO.）	铅封号（SEAL NO.）	免费期限（FREE TIME PERIOD）	运载工具牌号（TRUCK，WAGON，BARGE NO.）

出场目的/状态（PPS OF GATE-OUT/STATUS）	进场目的/状态（PPS OF GATE-IN/STATUS）	出场日期（TIME-OUT）
		月　日　时

出场检查记录（INSPECTION AT THE TIME OF INTERCHANGE）

普通集装箱（GP CONTAINER）	冷藏集装箱（RF CONTAINER）	特种集装箱（SPECIAL CONTAINER）	发电机（GEN SET）
□正常（SOUND） □异常（DEFECTIVE）	□正常（SOUND） □异常（DEFECTIVE）	□正常（SOUND） □异常（DEFECTIVE）	□正常（SOUND） □异常（DEFECTIVE）

损坏记录及代号（DAMAGE & CODE）　BR 破损（BROKEN）　D 凹损（DENT）　M 丢失（MISSING）　DR 污箱（DIRTY）　DL 危标（DG LABEL）

左侧（LEFT SIDE）

右侧（RIGHT SIDE）

前部（FRONT）

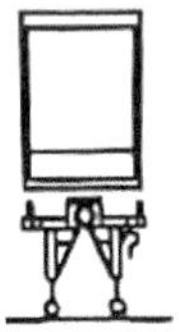

集装箱内部（CONTAINER INSIDE）

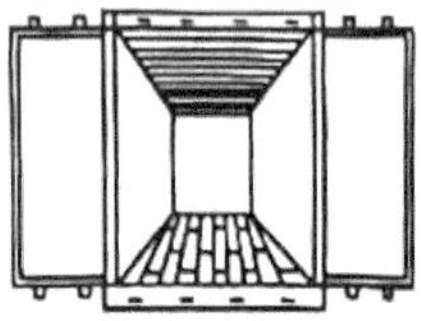

顶部（TOP）

底部（FLOOR BASE）

箱门（REAR）

如有异状，请注明程度及尺寸（REMARK）

图 3-29　设备交接单（前三联）

设备交接单的后三联用于进场，印有“IN”字样，如图 3-30 所示。该三联在货物装箱后送到港口作业区堆场时，重箱交接使用，第一、第二联由送货人交付港区道口，其中第二联留港区，第一联转给船公司用来掌握集装箱的去向，送货人自留第三联作为存根。

集装箱发放/设备交接单　IN 进场
EQUIPMENT INTERCHANGE RECEIPT

No.

用箱人/运箱人（CONTAINER USER/HAULIER）	提箱地点（PLACE OF DELIVERY）
来自地点（WHERE FROM）	返回/收箱地点（PLACE OF RETURN）

船名/航次（VESSEL/VOYAGE NO.）	集装箱号（CONTAINER NO.）	尺寸/类型（SIZE/TYPE）	营运人（CNTR. OPTR.）

提单号（B/L NO.）	铅封号（SEAL NO.）	免费期限（FREE TIME PERIOD）	运载工具牌号（TRUCK，WAGON，BARGE NO.）

出场目的/状态（PPS OF GATE-OUT/STATUS）	进场目的/状态（PPS OF GATE-IN/STATUS）	进场日期（TIME-IN）
		月　日　时

进场检查记录（INSPECTION AT THE TIME OF INTERCHANGE）

普通集装箱（GP CONTAINER）	冷藏集装箱（RF CONTAINER）	特种集装箱（SPECIAL CONTAINER）	发电机（GEN SET）
□正常（SOUND） □异常（DEFECTIVE）	□正常（SOUND） □异常（DEFECTIVE）	□正常（SOUND） □异常（DEFECTIVE）	□正常（SOUND） □异常（DEFECTIVE）

损坏记录及代号（DAMAGE & CODE）　BR 破损（BROKEN）　D 凹损（DENT）　M 丢失（MISSING）　DR 污箱（DIRTY）　DL 危标（DG LABEL）

左侧（LEFT SIDE）　右侧（RIGHT SIDE）　前部（FRONT）　集装箱内部（CONTAINER INSIDE）

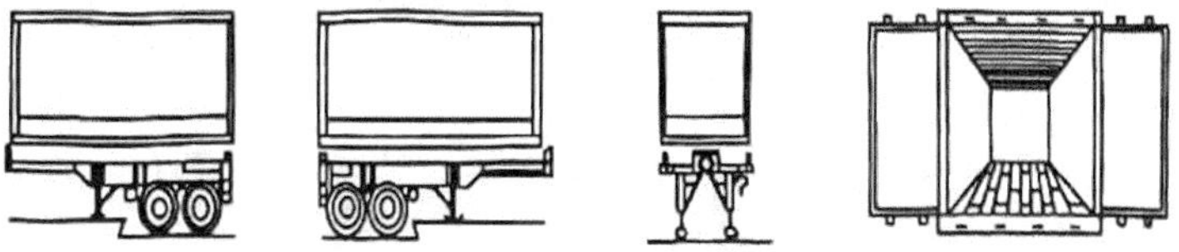

顶部（TOP）　底部（FLOOR BASE）　箱门（REAR）

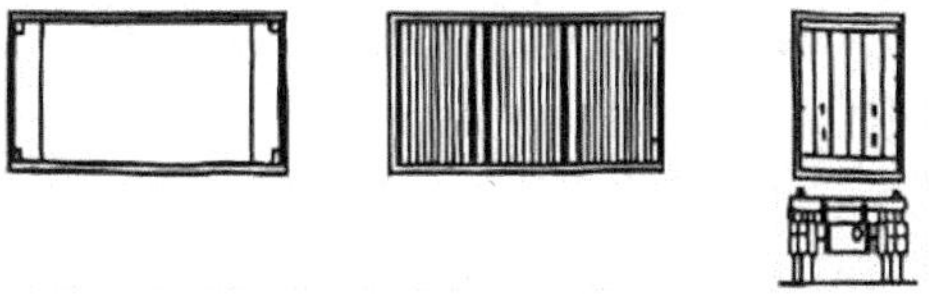

如有异状，请注明程度及尺寸（REMARK）

图 3-30　设备交接单（后三联）

2. 设备交接单填制

设备交接单的各栏分别由作为箱管单位的船公司或其代理，用箱人、运箱人，码头、堆场的经办人员填写。

3. 设备交接单的流转过程

设备交接单流转过程如图 3-31 所示。

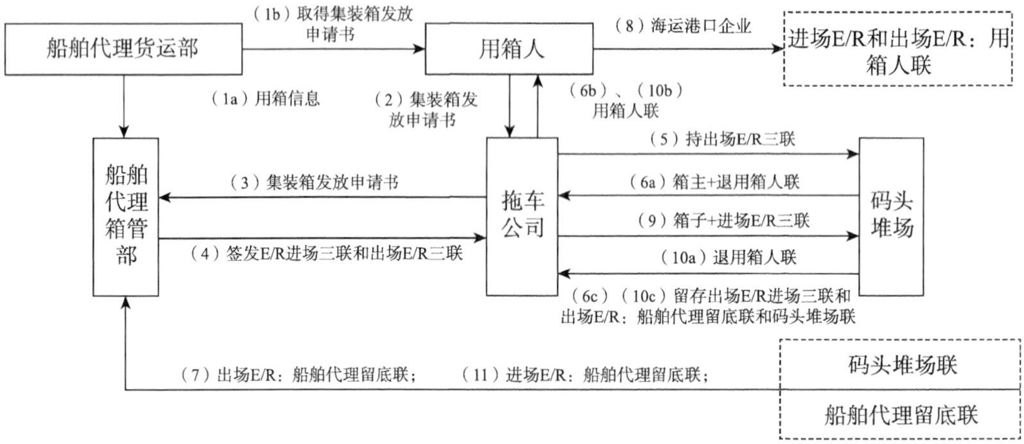

图 3-31　设备交接单流转过程

四、提取空箱

托运人或国际货运代理需要委托某家内陆运输承运人（拖车公司）完成空箱拖运事宜。内陆承运人（集卡司机）驾车至集装箱码头检查口，向检查口业务员交验提运空箱作业的“提箱凭证”和“设备交接单”等提空箱文件。检查口业务员收下提箱文件，核对所提空箱的集装箱经营人，打印空箱“提箱小票”，将其带到堆场提箱。

五、装箱集港

根据此批货物的属性和工厂距离港口仅 85 千米，天津 B 贸易有限公司选择在产地装箱，张小姐在完成订舱，安排好车队提取空箱后，又与工厂商定装货地址和装箱时间，并制发了集装箱装箱单，如图 3-32 所示。

<table>
<tr><td colspan="6" rowspan="2">装箱单
CONTAINER LOAD PLAN</td><td>集装箱号
Container No.</td><td colspan="3">集装箱规格
Type of Container 20 40</td></tr>
<tr><td>铅封号
Seal No.</td><td colspan="3">冷藏温度°F
Reefer Temp. Required</td></tr>
<tr><td colspan="2">船名
Ocean Vessel</td><td>航次
Voy No.</td><td colspan="2">收货地点
Place of Receipt
□场CY □站CFS
□门Door</td><td>装货港
Port of Loading</td><td>卸货港
Port of Discharge</td><td colspan="3">交货地点
Place of Delivery
□场CY □站CFS □门Door</td></tr>
<tr><td>箱主
Owner</td><td>提单号码
B/L No.</td><td>发货人 收货人 通知人
Shipper Consignee Notify</td><td>标志和号码
Marks&Number</td><td colspan="2">件数及包装种类
No./Kind of pkgs</td><td>货名
Description of Goods</td><td>重量（千克）
Weight（KGS）</td><td colspan="2">体积（立方米）
Measurement（CBM）</td></tr>
<tr><td></td><td></td><td></td><td></td><td colspan="2"></td><td>总件数
Total Number of Packages
重量与体积总计
Total Weight&Measurement</td><td></td><td colspan="2"></td></tr>
<tr><td rowspan="3" colspan="2">危险品要注明危险品标志分类及闪点
In case of dangerous goods, please enter the label classfication and flash point of the goods</td><td>重新铅封号
New Seal No.</td><td>开封原因
Reason for Breaking Seal</td><td colspan="2">装箱日期Date of Vanning
装箱地点at
（地点及国名Place&Country）</td><td></td><td></td><td colspan="2">皮重
Tare Weight</td></tr>
<tr><td>出口
Export</td><td>驾驶员签收
Received by Drayman</td><td colspan="2">堆场签收
Received by CY</td><td rowspan="2">装箱人
Packed by:
发货人/货运站
（Shipper CFS）</td><td></td><td colspan="2">总毛重
Gross Weight</td></tr>
<tr><td>进口
Import</td><td>驾驶员签收
Received by Drayman</td><td colspan="2">货运站签收
Received by CFS</td><td colspan="3">发货人或货运站留存
1shipper/CFS
（1）一式十份，此栏每份不同</td></tr>
</table>

图 3-32　集装箱装箱单

六、VGM 申报

根据《国际海上人命安全公约》（SOLAS），托运人必须在 VGM 截止日期前向承运商和/或港口码头代表提供经过验证的总质量（VGM）声明，否则装箱完毕的集装箱一律不予装船。货物的总重量，包括垫板和支撑，以及装载货物的集装箱皮重。纸质版 VGM 申报格式单如图 3-33 所示。

V/V船名/航次						POL/POD启运港、卸货港		
No.序号	Booking No. 订舱号	Container No. 集装箱号	Cargo Gross Weight（KG）货物总毛重	Container Tare Weight（KG）集装箱皮重	VGM Weight（KG）集装箱箱货总重	SOLAS VGM Weight Method 集装箱总重获取方式（注明1或2）	VGM Certification Date 集装箱总重获得日期	Authorised Signatory 授权人签名
1								
2								
3								
4								
5								
6								
7								
8								

集装箱总重获取方式：

Method 1整体称重法

在完成集装箱装箱后，托运人可自行或委托第三方使用经过校验和认证的设备对载货集装箱（包括空柜重量）进行整体称重。

本托运人申明：该文件资料所含载货集装箱重最信息系按照《1974年国际海上人命安全公约》第VI/2.4.1条所述方法获得，称重点的衡器已取得计量技术机构颁发的计量检定证书，且获得重量的日期在证书的有效期范围内。

Method 2累加计算法

托运人可自行或委托第三方用经过集装箱所在国家主管机关认可的称重方法对集装箱内所有货物组件及其包装进行重量验证（包括集装箱箱内的托盘、衬垫和其他包装及系固材料），并将这些重量与集装箱的空柜重量相加，计算出载货集装箱的整体重量。

本托运人申明：该文件资料所含载货集装箱重量信息系按照《1974年国际海上人命安全公约》第VI/2.4.2条所述方法获得，该方法符合主管机关制定并公布的《载货集装箱累加计算法重量验证指南》的要求。

货主或委托人签章相关责任义务声明：

本公司，在此保证上述集装箱及其所装载货物加总后的重量正确无误，并同意支付贵司因申报上述集装箱及其所装载货物加总后的重量不实所产生或有关的任何成本与费用。此外，本公司亦承担赔偿贵司因上述集装箱及其所装载货物加总后的重量不实所产生任何毁损及(或)灭失的责任，且应使费可免于被任有人求偿以及替贵司对抗因此所产生任何求偿并承担所有的后果。

本声明由 ________________（托运人公司）授权________________（声明人姓名）负责提交

声明人签名及公司盖章

日期：

图 3-33　纸质版 VGM 申报格式单

✣ 知识点 6：场站收据

集装箱运输的订舱单证称为场站收据（Dock Receipt），通常制成联单形式，包括托运单（Booking Note）、装货单（Shipping Order）、收货单及其副本等。

场站收据一套十联，船公司或其代理接受订舱后在托运单上加填船名、航次及编号（此编号俗称关单号，与该批货物的提单号基本保持一致），并在第五联装货单上加盖签载章，以表示确认订舱，然后将第二至第四联留存，第五联以下全部退还国际货运代理。国际货运代理将第五联、第五联附页、第六联、第七联共计 4 联拆下，作为报关单证使用，第九联或第十联交货主或国际货运代理做配舱回执，其余供内部各环节使用。

场站收据格式如图 3-34 所示。

Shipper（发货人）	D/R No.（编号）
Consignee（收货人）	场站收据 DOCK RECEIPT
Notify Party（通知人）	Received by the Carrier the total number of containers or other packages or units stated below to be transported subject to the terms and conditions of the Carrier's regular form of Bill of Lading (for Combined Transport of Port to Port shipment) which shall be deemed to be incorporated herein. Date（日期）： 场站章
Pre-carriage by（前程运输）　Place of Receipt（收货地点）	
Ocean Vessel（船名）Voy. No.（航次）　Port of Loading（装货港）	
Port of Discharge（卸货港）　Place of Delivery（交货地点）	

第六联

Particulars Furnished by Merchants

Container No.（集装箱号）	Seal No.（封志号）Marks&Nos.（标记与号码）	No. of Containers of Packages（箱数或件数）	Kind of Packages; Description of Goods（包装种类与货名）	Gross Weight 毛重（千克）	Measurement 体积（立方米）

TOTAL NUMBER OF CONTAINERS OR PACKAGES (IN WORDS)
集装箱数或件数合计（大写）

FREIGHT&CHARGES（运费与附加费）	Revenue Tons（运费吨）	Rate（运费率）Per（每）	Prepaid（运费预付）	Collect（到付）
Exchange Rate（兑换率）	Prepaid at（预付地点）	Payable at（到付地点）	Place of Issue（签发地点）	
	Total Prepaid（预付总额）	No. of Original B(s)/L（正本提单份数）		

图 3-34　场站收据格式

由于这套单证的第一联为托运单，所以有时又称托运单。在实践中，不同地区、不同班轮公司采用的联数不等，有五联、七联、十联等。场站收据各联的名称、颜色与主要用途如表 3-10 所示。

表 3-10　场站收据各联的名称、颜色与主要用途

顺序	名称	颜色	主要用途
1	集装箱货物托运单——货主留底	白色	系托运合同，托运人留存备查
2	集装箱货物托运单——船舶代理留底	白色	系托运合同，据此编制装船清单等
3	运费通知（1）	白色	计算运费
4	运费通知（2）	白色	运费收取通知

续 表

顺序	名称	颜色	主要用途
5	装货单——场站收据副本（1）	白色	又称下货纸，关单，是报关单证之一，并作为海关放行的证明
	缴纳出口货物港杂费申请书	白色	港方计算港杂费
6	场站收据副本（2）——大副联	粉红色	报关单证之一，并证明货已装船等
7	场站收据	淡黄色	报关单证之一，船公司或其代理凭此签发提单
8	国际货运代理留底	白色	缮制货物流向单
9	配舱回单（1）	白色	国际货运代理缮制提单等
10	配舱回单（2）	白色	根据回单批注修改提单

场站收据的流转如图 3-35 所示。

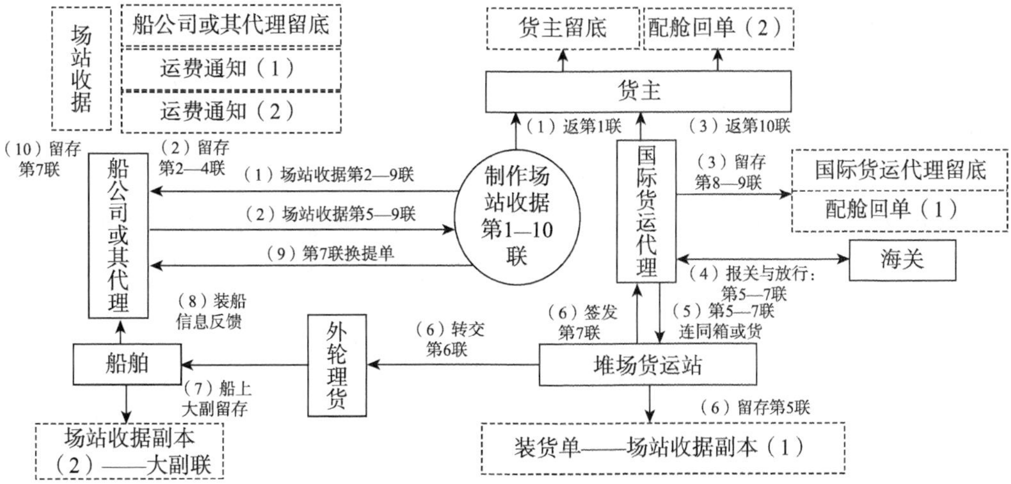

图 3-35 场站收据的流转

✣ 知识点 7：落实舱单及运抵报告

舱单是指进出境船舶、航空器、铁路列车、公路车辆等运输工具负责人或其代理向海关递交或传输的真实、准确反映运输工具所载货物、物品情况的纸质载货清单及电子数据。舱单包括原始舱单、预配舱单和装（乘）载舱单。原始舱单是指舱单传输人向海关传输的反映进境运输工具装载货物、物品或者乘载旅客信息的舱单。预配舱单是指反映出境运输工具预计装载货物、物品或者承载旅客信息的舱单。装（乘）载舱单是指反映出境运输工具实际配载货物、物品或者承载旅客信息的舱单。运抵报告是指进出境货物运抵海关监管场所，海关监管场所经营按规定格式向海关发送的出口货物进入监管场所有关信息的电子数据。舱单及运抵的状态，可以很方便地在各地电子口岸网站进行信息查询。

✣ 知识点 8：缮制舱单

载货清单亦称“舱单”，如图 3-36 所示，是船公司或其代理根据全船所载货物编制的清单。

中国××代理公司 CHINA ×× SHIPPING AGENCY	MANIFEST								
	NAME OF SHIP		NATIONALITY OF SHIP		NAME OF MASTER		DATE OF SAILING FROM PORT OF LOADING		
	PORT OF LOADING		PORT OF DISCHARGE						
SHIPPER(SH): CONSIGNEE(CO): NOTIFY PARTY(NF)	B/L NO.	MARKER NO.(MN) CONTAINER NO.(CN) SEAL NO.(SN)	NUMBER AND KIND OF PACKAGES DESCRIPTION OF GOODS	GROSS WEIGHT (KGS)	MEASUREMENT (CBM)	RATE	FREIGHT		REMARKS
							PREPAID	COLLECT	

图 3-36 载货清单

按照海关的有关规定，载货清单由船公司或其代理根据装货单填制，用于海关进行验货放行及监督装卸工作。其主要内容包括船名、托运人和收货人的姓名、提单号码、唛头、箱号、铅封号、货物的明细和运费情况等。

✣ 知识点 9：货物出运与换取提单

待货物全部装船完毕，船公司或其代理在向有关部门申报放行后，就可离港出运。

国际货运代理或发货人凭签署的场站收据，在支付了预付运费后，可以向船公司或其代理换取提单。发货人取得提单后，可以和其他商业票据一起递交银行等待结汇。

货物提单如图 3-37 所示。

1. Shipper Insert Name. Address and Phone TIANJIN TRADING CO.，LTD. NO.1008 WEST BEIJING ROAD, HEXI DISTRIC TIANJIN, CHINA					B/L No.CSL 86456 566
2.Consignee Insert Name Address and Phone TO ORDER				Port to Port Combined Transport BILL OF LADING	
3.Notify Party Insert Name. Address and Phone (It is agreed that no responsibility that attach to the Carrier or his agents for failure to notify) F.L.SMIDTH CO.，LTD 77,VIGERSLEV ALLE.DK-2500,VALBY NEWYORK,NY10017,USA			RECEIVED in external apparent good order and condition except as otherwise noted. The total number of packages or unites stuffed in the container. The description of the goods and the weights shown in this Bill of Lading are furnished by the Merchants, and which the carrier has no reasonable means of checking and is not a part of this Bill of Lading contract.The carrier has issued the number of Bills of Lading stated below, all of this tenor and date. One of the original Bills of Lading must be surrendered and endorsed or signed against the delivery of the shipment and where upon any other original Bills of Lading shall be void. The merchants agree to be bound by the terms. And conditions of this Bill of Lading as if each had personally signed this Bill of Lading. See clause 4 on the back of this Bill of Lading（Terms continued on the back hereof, please read carefully）. Applicable Only When Document Used as a Combined Transport Bill of Lading.		
4.Combined Transport Pre-carriage by	5.Combined Transport Place of Receipt				
6.Ocean Vessel Voy.No. XINXING V858	7.Port of Loading TIANJIN				
8.Port of Dischange New York	9.Combined Transport Place of Delivery				
Marks&Nos. Container/Seal No. FLS 971100 1-500 CSLU7438241/021237	No.of Containers of Packages 500 CTNS 1×20′ GP	Description of Goods (If Dangerous Goods, See Clause 20) GLASSWARE TY-0098 Shipper’s Load and Count Description of Contents for Shipper's Use Only (Not part of this B/L Contract)		Gross Weight（KGS） 12000	Measurement（CBM） 26.14
10.Total Number of Containers and/or Packages（in words） Subject to Clause 7 Limitation					
11.Freight&Charges AS ARRANGEMENT Declared Value Charge	Revenue Tons	Rate	Per	Prepaid	Collect
Ex.Rate	Prepaid at TIANJIN	Payable at		Place and Date of Issue TIANJIN，Aug.15.2010	
	Total Prepaid	No. of Original B（s）/L THREE		Signed for the Carrier, COSCO CONTAINER LINES	

图 3-37 货物提单

✣ 知识点 10：费用结算及提单交付

一、费用结算

1. 国际货运代理费用的构成

（1）货运服务费

货运服务费是指国际货运代理因提供国际货运代理服务而向委托人（货主或承运人）收取的费用，主要包括操作服务费、签单费等。

（2）代收/代付费用

代收/代付费用与委托人及委托业务有关。代收费用主要发生在货物转运和货主委托的其他代办收款事宜上；代付费用主要包括代付运杂费、代付关税和海关手续费、代办银行赎单费用，以及发生在货物出口和进口过程中的与委托事项有关的费用。

2. 国际货运代理费用的计收方法

（1）包干计收法

它是指以总费用包干或一揽子费用形式向委托人计收费用。

（2）部分包干计收法

它是指部分项目费用实行包干计收，其余项目费用照实计收。

（3）照实计收法

它是指对垫付费用凭原始单据向委托人进行实报实销，而代理报酬则按双方约定标准计收。

3. 国际货运代理费用的结算

国际货运代理费用的结算是指国际货运代理公司的财务部门对业务相关费用与税收进行整理、汇总、核实、确认和结清的整个过程。

4. 相关事宜处理

在货物装船后，除了结算国际货运代理费用外，国际货运代理还需要邮寄相关单证以及处理货物的退关、短装、溢装等问题（如发生的话）。货物顺利出运，国际货运代理公司从承运人处获取提单后，应尽快与托运人确认。费用明细确认单如图 3-38 所示。

<table>
<tr><td colspan="3">海运费：USD1500</td></tr>
<tr><td>港杂费</td><td>RMB450</td><td rowspan="9">人民币开户行：
××××××
收款单位（发票抬头）
××××××
人民币账号：
××××××</td></tr>
<tr><td>THC</td><td>RMB900</td></tr>
<tr><td>船公司文件费</td><td>RMB200</td></tr>
<tr><td>MSK 提箱费</td><td>RMB50</td></tr>
<tr><td>预配舱单费</td><td>RMB100+100</td></tr>
<tr><td>保安费</td><td>RMB30</td></tr>
<tr><td>熏蒸费</td><td></td></tr>
<tr><td>报关费</td><td>RMB135</td></tr>
<tr><td>商检换证费</td><td></td></tr>
<tr><td>装箱费</td><td>RMB800</td><td rowspan="5">美元开户行：
××××××
收款单位：
××××××
美元账号：
××××××</td></tr>
<tr><td>港捷操作费</td><td>RMB200</td></tr>
<tr><td>验货费</td><td>RMB750</td></tr>
<tr><td>转船费</td><td>RMB255</td></tr>
<tr><td>滞箱费</td><td>RMB150</td></tr>
<tr><td>费用合计</td><td>RMB4120</td><td>关税账户：（3 月 30 日启用）
户名：天津××物流有限公司
开户行：××××××
账号：××××××</td></tr>
<tr><td colspan="3">注：该文件之传真件及复印件与正本具有同等法律效力。
开发票抬头：
开发票款项：港杂费 RMB4120
代表人签字：______</td></tr>
</table>

图 3-38　费用明细确认单

待双方核实确认无误后，国际货运代理公司开具发票，收取运费及一切代垫费用后，将全套正本提单交予托运人。

除海运费外，一票货物的出运还涉及许多其他费用，特别是一些港口费用。各项费用因港口和时期的不同而各异，各地港口收费一览表（节选）如表 3-11 所示，具体收费金额以实际操作中的数据为准。

表 3-11　各地港口收费一览表（节选）

序号	港口名称	收费描述
1	上海	订舱费 RMB200/300；报关费 RMB100/票；商检换证凭单 RMB100；装箱费 RMB500/800；单证费 115/票；THC370/560；电放费、改单费等费用根据船公司标准收取。欧洲（含经欧洲中转）航线，其费用在海运费基础上加收 BAF USD205/410、CAF O/Fx8.6%，美线加收 AMS USD25/单，AMS/ENS USD25/票

续　表

序号	港口名称	收费描述
2	深圳	文件费 RMB120 或 USD15（报关费一柜一票，RMB250/票；一票多柜，第一柜 RMB250，每加一柜 RMB100）；商检费 RMB150/票；THC RMB370/560 或 USD45/68；ORC USD141/269；电放费、改单费等费用根据船公司标准收取。 欧洲（含经欧洲中转）航线，其费用在海运费基础上加收 BAF USD205/410、CAF O/F×8.6%，美线加收 AMS USD25/单，AMS/ENS USD25/票
3	宁波	订舱费 RMB250/350；报关费 RMB100/票；商检费 RMB100；装箱费 RMB550/750；THC RMB370/560；AMS/ENS USD25/票；电放费、改单费等费用根据船公司标准收取。 欧洲（含经欧洲中转）航线，其费用在海运费基础上加收 BAF USD205/410、CAF O/F×8.6%，美线加收 AMS USD25/票
4	青岛	场站费 RMB200/20GP，RMB400/40GP，港杂费 RMB105/20GP、RMB165/40GP；单证费 RMB100/票；THC RMB370/20GP RMB560/40GP；报关费 RMB150/票；商检费 RMB100/票；场站装箱 RMB160/320。 欧洲（含经欧洲中转）航线，其费用在海运费基础上加收 BAF USD199/398、CAF O/F×6.4%，美线加收 AMS USD25/票

至此，此笔玻璃器皿出口货运业务顺利完成。一个月后，张小姐收到报关行退回的报关单核销联和退税联。在确认 B 贸易有限公司确已付清全部海运费及内陆运费后，张小姐及时将报关单送达 B 贸易有限公司，供其办理外汇核销及出口退税。

二、提单交付

根据客户委托，依据完船数及客户委托书、信用证等缮制提单，经客户确认无误后，送达船公司或其代理人处签单、取单。

任务实施

阅读案例“任务描述”，回答以下问题。

1. 中远集运是如何发展航运业的？取得了哪些新成就？

2. 中远集运是如何利用智能运载设备和技术，提高运作效率的？

3. 登录中远集运官网，查询上海至费利克斯托的船期表和运价表。

4. 了解国际货运代理操作与报关行、堆场、船公司、货主之间如何衔接的？

5. 调研国际货运代理公司，拼箱操作有什么原则，有哪些技巧？

6. 各组派 1 名代表上台进行分享。

任务评价

在完成上述任务后，教师组织三方评价，并对学生的任务执行情况进行点评。学生完成考核评价表（见表 3-12）的填写。

表 3-12　　考核评价表

班级		团队名称				
团队成员						
考核项目		要求	分值	学生自评（30%）	团队互评（30%）	教师评定（40%）
知识能力	安排订舱	查询船期表	20 分			
	箱管操作	科学合理安排集装箱装箱	20 分			
	单证填制	单证填写准确无误	30 分			
职业素养	文明礼仪	形象端庄文明用语	10 分			
	团队协作	相互协作互帮互助	10 分			
	工作态度	严谨认真	10 分			
合计			100 分			

牛刀小试

参考答案

一、单项选择题

1. 在国际海运中，(　　) 表示卖方承担货物装上船之前的所有风险和费用。

A. FOB　　B. CIF　　C. CFR　　D. EXW

2. 在运输过程中可以不需签订运输合同而指按订单来处理运输中问题的运输方式是 (　　)。

A. 班轮运输　　B. 租船运输　　C. 航次租船运输　　D. 包船运输

3. 集装箱船舶的类型不包括 (　　)。

A. 全集装箱船　　B. 半集装箱船　　C. 可变换集装箱船　　D. 冷藏船

4. 在国际海运中，(　　) 类型的集装箱通常用于装运液体货物。

A. 干货集装箱　　B. 开顶集装箱　　C. 罐式集装箱　　D. 冷藏集装箱

5. 船方提供给租方一定吨位的运力，在确定的港口之间，以事先约定的时间、航次周期和每航次较均等的运量，完成运输合同规定的全部货运量的租船方式是 (　　)。

A. 航次租船　　B. 包运租船　　C. 定期租船　　D. 光船租船

6. 租船运输主要适合 (　　) 货物的运输。

A. 铁矿石　　B. 集装箱　　C. 服装　　D. 电脑

7. 拼箱货由 (　　) 负责装箱和计数，填写装箱单并加关封。

A. 集装箱货运站　　B. 货方　　C. 无船承运人　　D. 港口

8. 下列属于集装箱出口货运特有的单证是 (　　)。

A. 交货记录　　B. 场站收据　　C. 设备交接单　　D. 装箱单

9. 集装箱货运出口程序是 (　　)。

A. 揽货订船—集装箱货运站装箱—承运

B. 货物装箱—货箱装船—承运—到达交货

C. 订舱—空箱发放—重箱进场与铅封—货物保管与装船—文件流转

D. 公布船期表/订舱—空箱发放—重箱进厂与铅封—货箱保管与装船—承运—到达交货

二、多项选择题

1. 目前海上集装箱运输大部分采用的尺寸是 (　　)。

A. 15 英尺　　B. 20 英尺　　C. 30 英尺　　D. 40 英尺

2. 集装箱的种类包括 (　　)。

A. 干货集装箱　　B. 散货集装箱

C. 罐式集装箱　　D. 冷藏集装箱

3. 海上运输承运人在许多不同的航路中，根据主客观的条件，为达到最大的经济效益所选择的营运航路被统称为航线。航线的形成主要取决于以下几方面的因素：(　　)。

A. 安全因素　　B. 货运因素　　C. 港口因素　　D. 技术因素

4. 出口货物报关的流程包括（　　）。

A. 申报　　B. 查验　　C. 交费　　D. 退关

5. 下列属于集装箱出口货运的单证是（　　）。

A. 交货记录　　B. 场站收据　　C. 设备交接单　　D. 装箱单

6. 在海运进出口操作中，以下哪些描述是正确的（　　）。

A. 装货单应在装货前 24 小时进行报关

B. 收货单是承运人将货物交付给收货人后双方签的单证

C. 收货单是大副签发给托运方的，是运输合同凭证

D. 承运人将货物交付给收货人的单证是提货单的交付

7. 班轮运输中，“四固定”是其最基本的特点，以下（　　）是其特点。

A. 固定航线和港口　　B. 固定的船期

C. 相对固定的运价　　D. 固定的运输合同

三、判断题

1. 在国际海运中，货物一旦越过船舷，所有风险就立即转移给买方。(　　)

2. 国际海运通常受到国际海事组织（IMO）的监管和规范。(　　)。

3. 在国际海运中，货物的保险通常由卖方负责购买。(　　)

4. 海运提单是货物所有权转移的唯一证明。(　　)

5. 在国际海运中，货物的包装和标记要求由承运人决定。(　　)

四、考证知识训练

现有 8 件/纸箱：50 cm×20 cm×20 cm，重量（W）16000 kg，体积（M）195 cbm，试问选几个集装箱？

五、技能大赛训练

1. Volume calculation

Calculate the volume of the shipment ordered by Martelli.

- 16800 pairs of lady's shoes
- 1 Shoe box measures：29 cm×19 cm×9 cm ×0. 5 kg
- 1 Outer cardboard box measures：60 cm×58 cm×38 cm

(1) How many outer boxes will be required if 24 shoe boxes are packed into each outer cardboard box (measurements：60 cm×58 cm×38 cm)?

(2) What is the volume of the shipment (rounded to 2 decimal points)?

(3) What is the weight of one outer cardboard box and what is the weigh of the complete shipment if the empty weight of one outer cardboard box is 2 kg?

(4) How many outer cardboard boxes can be loaded into a 40 ft container?

(5) How many outer cardboard boxes can be loaded into a 20 ft container?

(6) How many containers are required for the entire shipment?

2. Freight cost calculation

Separately from the result of your volume calculation, calculate the freight costs for a 20 ft and a 40 ft container.

Notes:

- Credit regulations require that the shipment must be loaded before 01. 09. 20.
- Select the cheapest option for the customer from the attached tables (appendices 2-3) and calculate the costs.
- Terms of delivery: FOB Haiphong.
- Although part of the shipment is destined for Switzerland, the entire shipment is going first to Martelli Feldkirch. Calculate the freight costs to Feldkirch.
- To make the calculation simpler, always round up to the next complete euro.

Appendix 1

General Purpose Container

20GP

Construction	Inside Dimensions			Door Opening		Weights			Capacity	Hapag-Lloyd Serial Number	Footnote
	Length mm ft	Width mm ft	Height mm ft	Width mm ft	Height mm ft	Max. Gross kg lbs	Tare kg lbs	Max. Payload kg lbs	m³ cu.ft		
8 ft 6 in high											
Steel container with corrugated walls and wooden floor	5895 19 ft 4 1/8 in	2350 7 ft 8 1/2 in	2392 7 ft 10 1/8 in	2340 7 ft 8 1/8 in	2292 7 ft 6 1/4 in	30 480 67 200	2 250 4 960	28 230 62 240	332 1172	HLCU 200 000–226 599 HLCU 240 000–243 899 HLCU 246 750–246 779 HLXU 200 000–212 799 HLXU 212 800–218 599 HLXU 218 600–219 099 HLXU 219 100–239 799 HLXU 300 000–309 999	1) 1)2)3) 1)2)3)
	5895 19 ft 4 1/8 in	2350 7 ft 8 1/2 in	2385 7 ft 9 7/8 in	2338 7 ft 8 in	2292 7 ft 6 1/4 in	24 000 52 910	2 250 4 960	21 750 47 950	332 1172	HLCU 227 000–229 499	1)

Construction	Inside Dimensions				Door	Weights			Capacity	Hapag-Lloyd Serial Number	Footnote
	Length mm ft	Width mm ft	Height Middle mm ft	Height Side mm ft	Max. Width mm ft	Max. Gross kg lbs	Tare kg lbs	Max. Payload kg lbs	m³ cu.ft		
8 ft 6 in high											
Steel container with corrugated walls, wooden floor and removable steel roof	5886 19 ft 3 3/4 in	2342 7 ft 8 1/8 in	2388 7 ft 10 in	2313 7 ft 7 in	2336 7 ft 8 in	30 480 67 200	2 700 5 950	27 780 61 250	328 1160	HLCU 260 200–261 399 HLXU 365 000–366 299	
	5886 19 ft 3 3/4 in	2342 7 ft 8 1/8 in	2388 7 ft 10 in	2313 7 ft 7 in	2336 7 ft 8 in	30 480 67 200	2 700 5 950	27 780 61 250	328 1160	HLCH 261 400–261 799	
	5886 19 ft 3 3/4 in	2342 7 ft 8 1/8 in	2375 7 ft 9 1/2 in	2330 7 ft 7 3/4 in	2336 7 ft 8 in	30 480 67 200	2 590 5 710	27 890 61 490	328 1160	HLCU 261 800–261 999 HLCU 262 600–262 999	

Remarks:
1)10 lashing rings on each top longitudinal rail; particularly suitable for the transport of hanging garments racks.
2)Provided with passive vents. ISO size type code; 22G1
3)Provided with extra lashing rings/bars for the transport of liner bags in the corner posts adjacent to the corner castings.

General Purpose Container

40GP

Construction	Inside Dimensions			Door Opening		Weights			Capacity	Hapag-Lloyd Serial Number	Footnote
	Length mm ft	Width mm ft	Height mm ft	Width mm ft	Height mm ft	Max. Gross kg lbs	Tare kg lbs	Max. Payload kg lbs	m³ cu.ft		
8 ft 6 in high											
Steel container with corrugated walls and wooden floor	12 029 39 ft 5 1/2 in	2350 7 ft 8 1/2 in	2392 7 ft 10 1/8 in	2340 7 ft 8 1/8 in	2292 7 ft 6 1/4 in	30 480 67 200	3 780 8 330	26 700 58 870	677 2390	HLCU 400 000–428 599 HLXU 400 000–504 499	1) 1)2)

Construction	Inside Dimensions				Door	Weights			Capacity	Hapag-Lloyd Serial Number	Footnote
	Length mm ft	Width mm ft	Height Middle mm ft	Height Side mm ft	Max. Width mm ft	Max. Gross kg lbs	Tare kg lbs	Max. Payload kg lbs	m³ cu.ft		
8 ft 6 in high											
Steel container with corrugated walls, wooden floor and removable steel roof	12 020 39 ft 5 1/4 in	2342 7 ft 8 1/8 in	2388 7 ft 10 in	2313 7 ft 7 in	2336 7 ft 8 in	30 480 67 200	4 700 10 360	25 780 56 840	672 2374	HLCU 462 100–462 399	
	12 020 39 ft 5 1/4 in	2342 7 ft 8 1/8 in	2388 7 ft 10 in	2313 7 ft 7 in	2336 7 ft 8 in	30 480 67 200	4 700 10 360	25 780 56 840	672 2374	HLCU 462 400–463 999 HLXU 465 000–465 649	
	12 020 39 ft 5 1/4 in	2345 7 ft 8 1/4 in	2380 7 ft 9 5/8 in	2300 7 ft 6 1/2 in	2334 7 ft 7 7/8 in	30 480 67 200	4 700 10 360	25 780 56 840	653 2306	HLXU 467 950–467 999	

Remarks:
1)21lashing rings on each top longitudinal rail; particularly suitable for the transport of hanging garment equipment.
2)Provided with passive vents. ISO size type code: 42G1.

Appendix 2

Sea freight quotations of shipping companies			Prices in USD									Prices in EUR
Shipping company	Port of sailing	Port of destination	20GP	40GP	40HC	20 ft BAF	40 ft BAF	CAF (%)	Departure	Arrival	Container Return	Handing in
ZIM	Haiphong	Hamburg	950	1900	2100	313	626	8%	02. 09. 20.	27. 09. 20.	Salzburg	50
Maersk	Haiphong	Hamburg	1100	2100	2350	313	626	8%	02. 09. 20.	27. 09. 20.	Munich	40
YML	Haiphong	Hamburg	1100	2200	2400	313	626	8%	02. 09. 20.	27. 09. 20.	Munich	40
Senator	Haiphong	Hamburg	1100	2200	2400	313	626	8%	02. 09. 20.	28. 09. 20.	Wolfurt	50
Hapag Lloyd	Haiphong	Hamburg	1100	2200	2400	313	626	8%	30. 08. 20.	23. 09. 20.	Wolfurt	50
CMA	Haiphong	Hamburg	1100	2200	2400	313	626	8%	30. 08. 20.	23. 09. 20.	Vienna	70
EMC	Haiphong	Hamburg	1120	2240	2440	313	626	8%	30. 08. 20.	25. 09. 20.	Wolfurt	50
Norasia	Haiphong	Hamburg	1200	2400	2550	313	626	8%	31. 08. 20.	21. 09. 20.	Vienna	50

Handling and forwarding costs	Prices in EUR	
THC Hamburg	153	/container
Port Security in Hamburg	9	/container
Rail freight Hamburg-Wolfurt	290	/20 ft container up to 8 tons total weight including container tare
	350	/20 ft container up to 16.5 tons total weight including container tare
	400	/40 ft container up to 8 tons total weight including container tare
	500	/40 ft container up to 16.5 tons total weight including container tare

Appendix 3

FAX

Fink
Wolfurt

From: Fink Wolfurt

Department: Container trucking

To: Max Müller Feldkirch

Sea Freight Department Date 21.12.20.

Quotation Confirmation

Dear Mr. Müller,

As agreed by phone we confirm the container trucking prices for 20...as follows:

20GP or 40GP including road pricing

Bregenz	EUR 100.00/container
Dornbim	EUR 110.00/container
Klaus	EUR 180.00/container
Feldkirch	EUR 220.00/container
Bludenz	EUR 300.00/container

Other conditions remain unchanged (handling costs Wolfurt 45.00/container, no time-loss fees on unloading, Pre-advice).

We look forward to an ongoing good cooperation.

Yours sincerely,

Fink Wolfurt

Container Trucking Department

August Mohr

Appendix 4

HAN THO SHOES

123 Park Street, District 2, Haiphong/Vietnam
Tel. +84 7 8712 334 Fax+84 7 8712 339

Martelli–Schuhgrosshandel Gmbh
Bärenweg 17
6800 Feldkirch
Austria

Haiphong, 20../27/08

INVOICE No.:A–12339

Art. no.	Nos. of pairs	Goods	Price per unit (USD)	Total price (USD)
234489	1,992	Lady slippers as per order no. A7844 "Damenschuhe: Oberteil Spinnstoff/ Sohle Kautschuk"	5.00	9,960.00
456895	1,416	same	6.50	9,204.00
456899	2,520	same	4.80	12,096.00
468909	3,000	same	4.70	14,100.00
689771	1,992	same	4.50	8,964.00
788811	1,960	same	5.00	9,800.00
788812	1,960	same	5.00	9,800.00
800021	1,960	same	4.70	9,212.00
	16,800 pairs		Total amount:	83,136.00

Terms of delivery: FOB Haiphong

Encl.documents: Original Certificate of origin/Form Ano.4705442607
Packing list

Payment: L/C–Letter of credit

Appendix 5

ORIGINAL

1. Goods consigned from (Exporter's business name, address, country) Han Tho Shoes 123 Park Street, Distr. 2, Haiphong/Vietnam 2. Goods consigned to (Consignee's name, address, country) Martelli-Schuhgrosshandel Gmbh Barenweg 17 6800 Feldkirch/Austria	Reference No. GENERALIZED SYSTEM OF PREFERENCES CERTIFICATE OF ORIGIN (Combined declaration and certificate) FORM A Issued in Vietnam (country) See Notes Overleaf
3. Means of transport and route (as far as known) From Haiphong to Austria by sea	4. For official use

5. Item number	6. Marks and numbers of packages	7. Number and kind of packages; description of goods	8. Origin criterion (see Notes overleaf)	9. Gross weight or other quantity	10. Number and date of invoices
1	Martelli Feldkirch	Lady slippers as per order no. A7844		16800 pairs	A-12339

11. Certification It is hereby certificated, on the basis of control carried out, that the declaration by the exporter is correct (sign and stamp) Haiphong Place and date, signature and Stamp of Certifying Authority	12. Declaration by the exporter The undersigned hereby declares that the above details and statements are correct; that all the goods were produced in Vietnam (country) and that they comply with the origin requirements specified for those goods in the Generalized System of Preferences for goods exported to Austria (sign and stamp) (importing country) Haiphong Place and date, signature of authorized signatory

04 PROJ

项目四 航空货运

◎知识目标

- 了解航空飞行器的分类。
- 熟悉航空集装器的相关知识。
- 熟悉空运出口货运代理操作规范。
- 了解航空运输代理人与航空公司的关系。
- 熟悉空运进口货运代理操作规范。
- 了解航空总运单与分运单的关系。

※能力目标

- 能够根据货量及货物属性选择适当的集装器。
- 能够识记航空集装器的型号。
- 能够正确填制空运订舱单。
- 能够准确缮制和识别空运标签。
- 能够与同事协作完成空运出口货运代理业务。
- 能够正确办理与航空公司地面服务相关的单、货交接。
- 能够适时处理报关、报检环节的衔接。

❖思政目标

- 培养学生的社会主义核心价值观，增强学生社会责任感。
- 培养学生劳模精神和工匠精神，增强学生劳动意识。

知识图谱

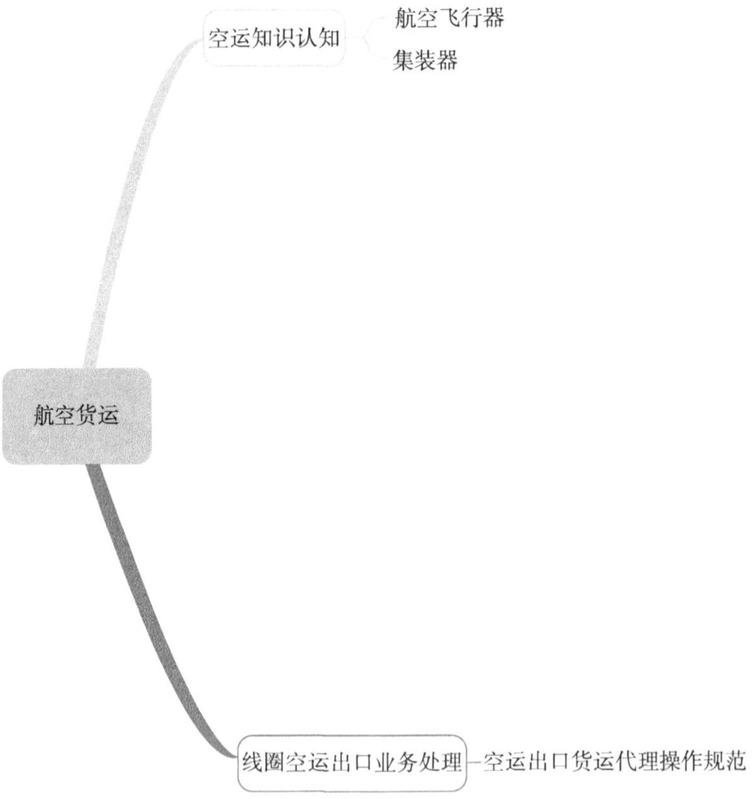

岗位分析

岗位 1：航空货运操作员

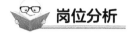

岗位职责：负责处理航空货物的装卸和仓储工作，能够完成航空物流设施设备操作与航空货物出入库操作。

典型工作任务：能够操作货物处理设备，确保货物的安全装卸和存储；能够对货物进行清点、分类、标记和包装等工作，并维护货仓的整洁和安全。

职业素质：具备严谨的逻辑思维和工作态度；具备吃苦耐劳、恪尽职守、爱岗敬业的职业操守；具备绿色生产、环境保护、安全防护、质量管理相关知识；具有较强的抗压能力、沟通能力和团队合作能力。

职业能力：具备运用大数据、自动化等先进技术提升物流运作效率，并运用物流信息技术、信息系统和方法解决物流问题的能力；能够完成航空物流设施设备操作与航空货物出入库操作。

岗位 2：航空物流规划师

岗位职责：负责航空物流网络的规划和优化。

典型工作任务：能够进行航线规划、货物流向分析，以提高物流效率和降低成本；能够制定航班计划、货物调度计划。

职业素质：具备严谨的逻辑思维和工作态度；具有探究学习、终身学习和可持续发展的能力；具备较强的团队合作意识与服务意识，敢于创新与创业的能力。

职业能力：具备进行仓储作业管理、配送作业管理、运输作业管理、空港作业管理的能力，能够进行民航国内、国际货物运输操作和货物的收运、仓储及装载；具备对航空货物配送路线进行规划和调度，对配送中心选址进行优化的能力。

可持续发展能力：具备规划和设计物流系统的能力。

项目导读

《新时代新征程谱写交通强国建设民航新篇章行动纲要》简介

民航业作为国家重要的战略产业，是交通强国建设的重要组成部分，是推进中国式现代化的重要支撑。党的二十大擘画了全面建成社会主义现代化强国、以中国式现代化全面推进中华民族伟大复兴的宏伟蓝图。根据测算，2035 年我国运输机场旅客吞吐量和保障起降架次将超过 30 亿人次、3000 万架次，对民航机场、空管基础设施提出更高要求。为深入贯彻党的二十大精神，全面落实《交通强国建设纲要》《国家综合立体交通网规划纲要》部署，进一步坚定战略自信、凝聚发展共识、提振行业发展信心，奋力谱写交通强国建设民航新篇章，更好服务社会主义现代化强国建设，特制定《新时代新征程谱写交通强国建设民航新篇章行动纲要》（以下简称《纲要》）。

《纲要》总体思路架构可以总结为“123355666”，即“1个战略目标、2大任务、3个注重、3个转变、5个一流、5方面评价指标、6个发展导向、6大体系、6大工程”。具体为：

一个战略目标——谱写交通强国建设民航新篇章，建设保障有力、人民满意、竞争力强的一流航空运输强国。

两大任务——以推动民航高质量发展为首要任务，以服务构建新发展格局为战略任务。

三个注重——注重充分体现创新、协调、绿色、开放、共享新发展理念，注重高效统筹发展与安全，注重更好兼顾质的有效提升和量的合理增长。

三个转变——着力推动民航发展由追求速度规模向更加注重质量效益转变，由依靠传统要素驱动向更加注重创新驱动转变，由相对独立发展向更加注重与综合交通和产业融合发展转变。

五个一流——突出打造一流安全、一流设施、一流技术、一流管理、一流服务，是战略目标的具体化。

五大评价指标——按照交通强国评价指标体系要求，从安全、便捷、高效、绿色、经济五个角度进行评估，加快构建现代化民航体系。

六个发展导向——按照结果导向的原则，《纲要》明确提出了未来民航“市场化、法治化、国际化、大众化、智慧化、绿色化”发展导向。

六大体系——构筑更高水平的安全保障体系、建设经济可靠的基础设施体系、打造优质高效的航空服务体系、建立可持续的绿色发展体系、构建自主可控的创新支撑体系、构建系统完备的民航治理体系。

六大工程——坚持问题导向和目标导向相结合，聚焦构建六大体系的重点和难点，部署了安全关键能力提升工程、基础设施扩容增效工程、航空服务优化提升工程、绿色低碳转型工程、科技创新驱动引领工程、治理能力提升完善工程等六个方面重大工程，每项工程包括具体子工程项目。

（资料来源：中国民用航空局。）

任务一 空运知识认知

任务描述

到 2035 年建成航空运输强国

2024 年 2 月 29 日，中国民航局召开例行新闻发布会，会上发布了《新时代新征程谱写交通强国建设民航新篇章行动纲要》（以下简称《纲要》）。在发展目标方面，《纲要》着眼建设“保障有力、人民满意、竞争力强”的一流航空运输强国战略目标，对完成“十四五”发展任务提出要求，并按照党的二十大报告分两阶段全面建成社会主义现代化强国的战略安排，提出了到 2035 年建成航空运输强国，到 21 世纪中叶，全面建成保障有力、人民满意、竞争力强的一流航空运输强国。

1. 安全方面

民航安全治理体系和治理能力更加健全，安全水平保持世界前列、争创国际一流。民航安全管理体系趋于完善，保障体系健全有力，风险管控精准可靠，技术支撑自主先进，民航本质安全水平、应急处置和救援能力全面提升。

2. 服务方面

建成国家航空运输服务体系，国内航线骨干网支撑有力、基础网普惠均衡，国际航线周边融、走廊通、通道畅，打造 2~3 家世界级超级航空承运人。航空人口和人均航空出行次数在 2019 年基础上翻一番。基本实现航空出行国内主要城市 3 小时覆盖，航空物流国际主要城市 3 日可达。

3. 设施方面

建成保障有力、智慧高效、运行协同的现代化综合机场体系、空管运行保障体系和信息基础设施体系，打造 3~4 个具有较强国际竞争力的全方位门户复合型国际航空枢纽，运输机场 400 个左右，具备年保障 3000 万起降架次能力。民航与综合交通深度融合，形成一批以机场为核心的现代化综合交通枢纽。

4. 技术方面

全行业实现数字化、智能化和智慧化转型，绿色化转型取得重大进展。建成覆盖全要素、全流程的民航科技创新体系，自主创新能力取得突破。核心技术装备基本实现自主可控，国产大飞机实现规模化运营。民航教育、科技、人才一体协同融合发展，人才队伍充足精良。

5. 管理方面

民航治理体系健全高效，安全与发展高效统筹，质的有效提升与量的合理增长有效兼顾。行业运行效率和运营效益加快迈向国际先进水平。深入有效参与国际民航治理，基本具备国际民航规则和标准制定的话语权和主导权。

民航在行业安全、设施装备、技术创新、管理水平、服务能力等方面达到世界领先水平，民航安全管理体系、基础设施体系、航空服务体系、科技创新体系和行业治理体系世界一流，是践行“人享其行、物畅其流”的典范。

（资料来源：中国民用航空局。）

请以项目组为单位，思考并回答“任务实施”中的问题。

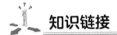

知识链接

✣ 知识点 1：航空飞行器

本节所描述的航空飞行器指承载空运货物的飞机。

按用途划分，飞机可分为国家军用航空飞机和民用航空飞机。国家军用航空飞机指军队和海关等使用的飞机。民用航空飞机指民用的客机、货机和客货两用机。这里主要介绍民用航空飞机的分类。

按机身的宽窄，民用航空飞机可以分为窄体飞机和宽体飞机。其中，窄体飞机的机身宽约 3 米，旅客座位之间有一个走廊，这类飞机往往只在其下货舱装运散货。宽体飞机的机身较宽，一般在 4.72 米以上，这类飞机可以装运集装货物和散货。

按实际用途，民用航空飞机可划分为全货机、全客机和客货混用机 3 种，一般飞机主要有两种舱位，即主舱（Main Deck）和下舱（Lower Deck），但波音 747 较其他机型多了一个上舱（Upper Deck）。波音 747 舱位结构如图 4-1 所示。

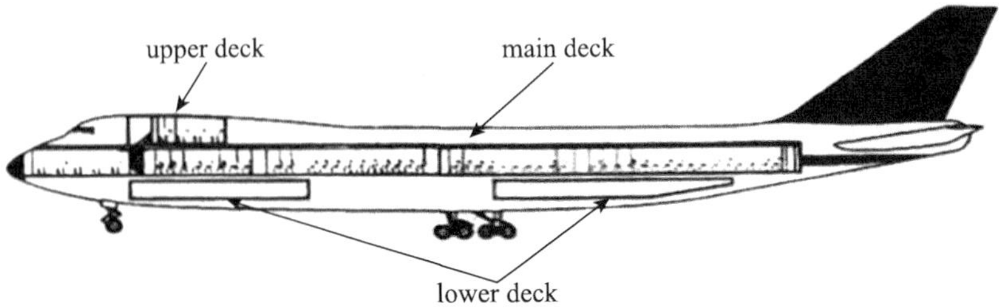

图 4-1　波音 747 舱位结构

全货机主舱及下舱全部载货，具有较大的货舱和货舱门，地板上还有滚体传输装置，便于装卸大型货物。波音 737 和波音 747 全货机剖面如图 4-2 和图 4-3 所示。

全客机只在下舱载货。波音 737 和波音 747 全客机剖面如图 4-4 和图 4-5 所示。

客货混用机在主舱前部设有旅客座椅，后部可装载货物（视航行任务而调整），下舱用于装货。波音 747 客货混用机剖面如图 4-6 所示。

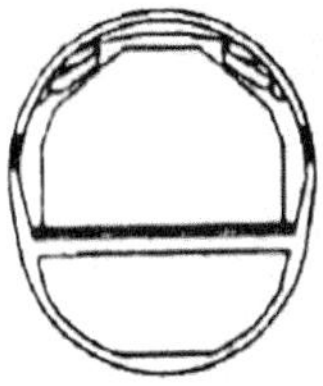

图 4-2　波音 737 全货机剖面

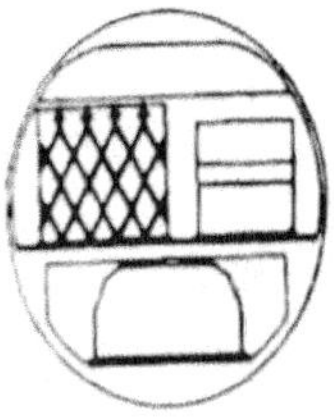

图 4-3　波音 747 全货机剖面

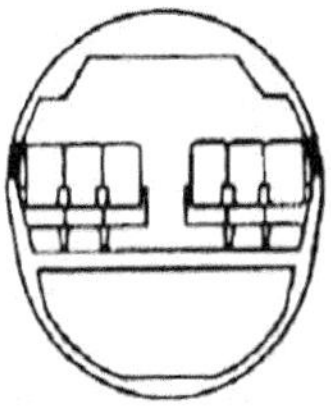

图 4-4　波音 737 全客机剖面

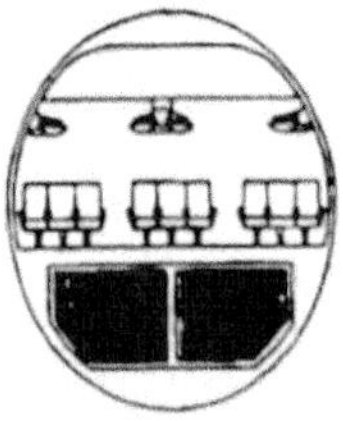

图 4-5　波音 747 全客机剖面

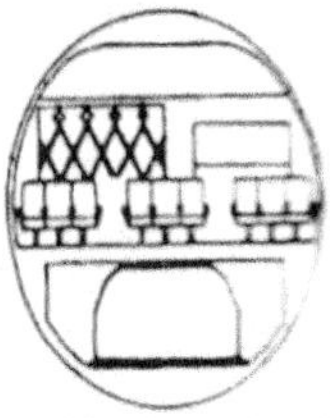

图 4-6　波音 747 客货混用机剖面

✣ 知识点 2：集装器

一、集装器的概念

集装器是航空集装运输所使用的各种类型的集装箱、集装板和辅助器材的统称，它是宽体飞机的组成部分，通过与飞机装卸、限动装置配合，实现集装化运输。

二、航空集装运输的特点

航空集装运输将一定数量的单位货物装入集装箱内或装在带有网套的集装板上作为运输单位进行运输，它具有以下特点：

减少货物装运的时间，提高工作效率；

以集装运输代替散件装运，可以减少地面等待时间；

减少货物搬运次数，有利于提高货物完好率；

减少差错事故，提高运输质量；

节省货物的包装材料和费用。

三、集装器的种类

装运集装器的飞机，舱内应有固定集装器的设施，把集装器固定于飞机上，这时集装器就成为飞机的一部分，所以飞机的集装器的尺寸有严格的规定。飞机集装器可分为以下几种。

（一）集装板和网套

集装板是由具有标准尺寸、四边带有卡锁轨或网带卡锁眼、带有中间夹层的硬铝合金制成的平板，以便货物在其上码放。网套是用来把货物固定在集装板上、具有专门卡锁的装置。集装板和网套如图 4-7 所示。

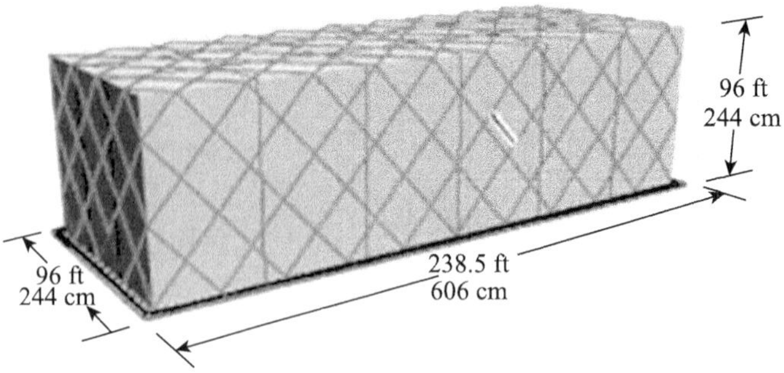

图 4-7　集装板和网套

（二）结构与非结构集装棚

为了充分利用飞机内的空间，保护飞机的内壁，除了板和网之外，还可增加一个非结构棚，罩在货物和网套之间，这就是非结构集装棚，如图 4-8 所示。结构集装棚是指带有固定在底板上的外壳的集装设备，它形成了一个完整的箱，不需要网套固定，分为拱形和长方形。结构集装棚如图 4-9 所示。

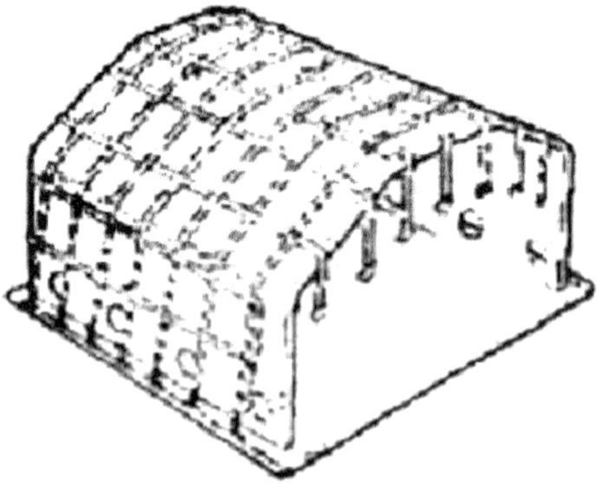

图 4-8　非结构集装棚

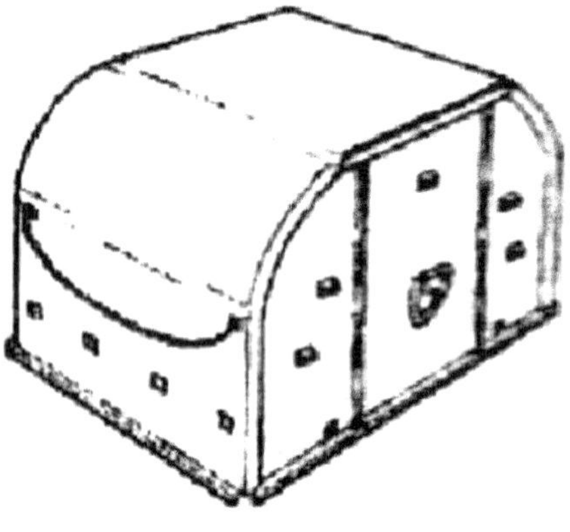

图 4-9　结构集装棚

（三）航空集装箱

航空集装箱类似于结构集装棚，如图 4-10 所示，可分为以下几类：

联运集装箱（Intermodal Container）分为 20 英尺集装箱和 40 英尺集装箱，只能装于全货机或全客机的主货舱，主要用于陆空、海空联运；

主货舱集装箱（Main Deck Container）只能用于全货机或全客机的主货舱；

下货舱集装箱（Lower Deck Container）只能装于宽体飞机的下货舱。

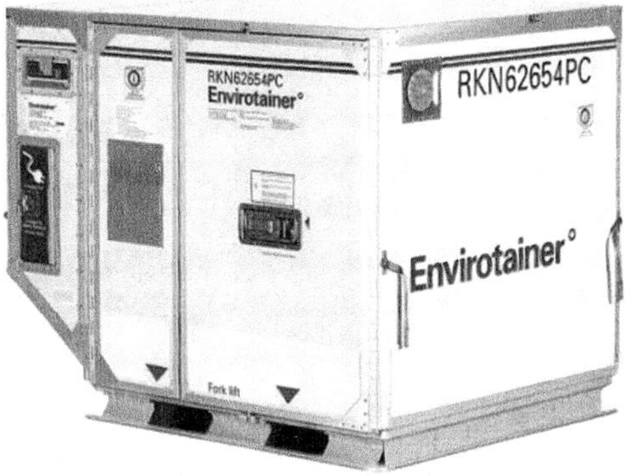

图 4-10 航空集装箱

四、集装器代码

为表明集装器的特征，行业内用集装器代码表示集装器的类型、尺寸、外形、与飞机的适配性、是否注册等情况。集装器代码由字母和数字组成，如“PAP5001FM”。集装器代码各位置的字母或数字的含义如表 4-1 所示。集装器代码首位字母含义如表 4-2 所示。

表 4-1 集装器代码各位置的字母或数字的含义

位置	字母或数字	含义
1	字母	集装器的类型
2	字母或数字	底板尺寸
3	字母	外形及其与飞机的适配性
4、5、6、7	数字	集装器序号
8、9	字母	集装器所有人或注册人，通常是航空公司的二字代码

表 4-2 集装器代码首位字母含义

代码	代表种类	含义
A	Certified Aircraft Container	注册的飞机集装箱
B	Non-certified Aircraft Container	非注册的飞机集装箱
F	Non-certified Aircraft Pallet	非注册的飞机集装板
G	Non-certified Aircraft Pallet Net	非注册的飞机集装板网套
J	Thermal Non-structured Igloo	保温的非结构集装棚
M	Thermal Non-certified Aircraft Container	非注册的飞机保温集装箱
N	Certified Aircraft Pallet Net	注册的飞机集装板网套

续　表

代码	代表种类	含义
P	Certified Aircraft Pallet	注册的飞机集装板
R	Thermal Certified Aircraft Container	注册的飞机保温集装箱
U	Non-structual Igloo	非结构集装棚
H	Horse Stall	马厩
V	Automobile Transport Equipment	汽车运输设备
X、Y、Z	Reserved for Airline Use Only	供航空公司内部使用

注册集装器是指由政府有关机构授权的集装器制造商授予证书并满足飞机安全需要的集装器，此类集装器被认为是飞机可装卸的货舱，能起到保护飞机设备和构造的作用。集装器代码第二位表示集装器的底板尺寸，其含义如表 4-3 所示。

表 4-3　　集装器代码第二位的含义

代码	底板尺寸（cm^2）
A 或 1	224×318（P1 板）
B 或 2	224×274（P2 板）
E	224×135
G 或 7	244×606（P7 板）
K 或 V	153×156
L	153×318
M 或 6	244×318（P6 板）
P	119×153

集装器代码第三位表示集装器的外形及其与飞机的适配性，其含义如表 4-4 所示。

表 4-4　　集装器代码第三位的含义

代码	外形及其适配性
E	适用于 B747、A310、DC10、L1011 下货舱无叉眼装置的半型集装箱
N	适用于 B747、A310、DC10、L1011 下货舱有叉眼装置的半型集装箱
P	适用于 B747 上舱，B747、A310、DC10、L1011 下货舱的集装板
A	适用于 B747F 上舱的集装箱

任务实施

阅读“任务描述”，回答以下问题。

1. 请从网上查询常见客货机机型及相关资料。

____

____

____

2.《新时代新征程谱写交通强国建设民航新篇章行动纲要》的主要内容是什么?

____

____

____

3. 怎么建设保障有力、人民满意、竞争力强的一流航空运输强国?

____

____

____

4. 请通过互联网，扩展航空集装箱、集装板的相关知识。

____

____

____

任务评价

在完成上述任务后，教师组织三方评价，并对学生的任务执行情况进行点评。学生完成考核评价表（见表 4-5）的填写。

表 4-5　考核评价表

班级		团队名称				
团队成员						
考核项目		要求	分值	学生自评（30%）	团队互评（30%）	教师评定（40%）
知识能力	航空飞行器的知识掌握清晰	分析正确	20 分			
	航空飞行器的分类明确	分析正确	20 分			
	集装器的种类掌握清晰	分析合理	30 分			

续 表

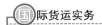

考核项目		要求	分值	学生自评（30%）	团队互评（30%）	教师评定（40%）
职业素养	文明礼仪	形象端庄 文明用语	10 分			
	团队协作	相互协作 互帮互助	10 分			
	工作态度	严谨认真	10 分			
合计			100 分			

任务二 线圈空运出口业务处理

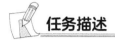

任务描述

发展通用航空对我国来说有哪些重大意义？

第一，发展通用航空是推动战略性新兴产业发展的重要抓手。通用航空自身用途广泛、运营形态多元，兼具生产工具和消费品属性，在娱乐飞行、工农业生产等方面更具优势，在抢险救灾、医疗救援等领域能够发挥重要作用。

第二，发展通用航空是构建国家综合立体交通网的重要支撑。当前，我国综合交通运输体系正处于由单一方式向多种方式协同发展的转型阶段，正由追求速度规模向更加注重质量效益转变，民航需要更加强化与其他运输方式的一体化建设。而通用航空正具备了多样化、灵活性等特点，可达性较好、特色性突出、融合性最强的特点。

第三，发展通用航空是推进多领域民航强国建设的关键举措。我们说，民航强国具有八个基本特征。而当前我国通用航空的发展水平与“具有功能完善的通用航空体系”这一特征还差距较远，仍然是制约民航高质量发展的关键短板和主要方面，这也深刻表明促进通航发展依然是新发展阶段多领域民航强国建设发展的重点领域。

第四，无人机发展开辟民航智慧，创新发展新赛道。在5G、人工智能等新技术主导的第四次工业革命浪潮中，无人驾驶航空应运而生并蓬勃发展，已成为先进生产力的重要载体。根据国际民航组织预测，无人航空运行量将很快超过有人航空，这一趋势是不可逆的。这一进程为中国民航由大转强、“变道超车”带来了前所未有的机遇。

请以项目组为单位，思考并回答“任务实施”中的问题。

知识链接

✣ 知识点：空运出口货运代理操作规范

天津D国际货运代理企业的宋先生见习3个月后进入操作岗位。他接手的第一项业务便是受托将一批线圈通过航空运输从天津运往韩国仁川。以下内容对此案例进行分析。

一、委托运输

秦皇岛的X电子公司有一批线圈准备出口韩国，经天津D国际货运代理企业销售人员前期销售推广及报价更新，X电子公司拟将出运工作委托给该企业。这天，宋先生接到X电子公司赵小姐的电话，要求其尽快安排出运。

在国际航空运输过程中，一般由货主作为委托人提出委托，由国际货运代理企业作为代理接受委托，从而达成双方的委托代理关系。这种代理关系的确定，通常是通过签订一份货运代理委托书来达成的。货主发货前需要填写货运代理委托书，即托运书，并加盖公章，作为委托国际货运代理企业承办航空货物出口运输的依据。

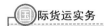

托运书（Shippers Letter of Instruction，SLI）是托运人用于委托承运人或其代理填开货运单的一种表单，其上列有填写货运单所需的各项内容，托运人必须逐项认真仔细地填写。托运书如图 4-11 所示。

<table>
<tr><td colspan="10">托运书</td></tr>
<tr><td colspan="3">始发站
AIRPORT OF DEPARTURE
SHANGHAI</td><td colspan="5">到达站
AIRPORT OF DESTINATION
OSAKA</td><td colspan="2">供承运人用
FOR CARRIER ONLY</td></tr>
<tr><td colspan="8">路线及到达站ROUTING AND DESTINATION</td><td>航班/日期
FLIGHT/DATE</td><td>航班/日期
FLIGHT/DATE</td></tr>
<tr><td>至
TO</td><td>第一承运人
BY FIRST CARRIER</td><td>至
TO</td><td>承运人
BY</td><td>至
TO</td><td>承运人
BY</td><td>至
TO</td><td>承运人
BY</td><td colspan="2">已预留吨位
BOOKED</td></tr>
<tr><td colspan="8">收货人姓名及地址
CONSIGNEE'S NAME AND ADDRESS
FUJIYAMA TRADING COR.
121,KAWARA MACH OSAKA JAPAN</td><td colspan="2" rowspan="2">运费：
CHARGES：
FREIGHT：PREPAID</td></tr>
<tr><td colspan="8">另行通知
ALSO NOTIFY
SAME AS CONSIGNEE</td></tr>
<tr><td colspan="4">托运人账号
SHIPPER'S ACCOUNT NUMBER
045686</td><td colspan="6">托运人姓名及地址
SHHIPPER'S NAME & ADDRESS
SHANGHAI IMPORT & EXPORT
TRADE CORPORATIONN
1321 ZHONGSHAN ROAD SHANGHAI</td></tr>
<tr><td colspan="3">托运人声明的价值
SHIPPER'S DECLARED VALUE
NVD</td><td rowspan="2">保险金额
AMOUNT OF
INSURANCE</td><td colspan="6" rowspan="2">所附文件
DOCUMENTS TO ACCOMPANY AIR WAYBILL</td></tr>
<tr><td colspan="2">供运输用
FOR CARRIAGE</td><td>供海关用
FOR CUSTOMS</td></tr>
<tr><td>件数
NO. OF
PACKAGES</td><td>实际毛重
ACTUAL GROSS
WEIGHT（KGS）</td><td>运价类别
RATE
CLASS</td><td>收费重量
CHARGEABLE
WEIGHT（KGS）</td><td>离岸
RATE
CHARGE</td><td colspan="5">货物名称及数量（包括体积或尺寸）
NATURE AND QUANTITY OF GOODS
（INCL.DIMENSIONS OF VOLUME）</td></tr>
<tr><td>1400 CTNS</td><td>3200</td><td>Q</td><td>3200</td><td></td><td colspan="5">DOUBLE OPEN END SPANNER
20 CBM</td></tr>
<tr><td colspan="10">在货物不能交于收货人时，托运人指示的处理方法
SHIPPER'S INSTRUCTIONS IN CASE OF INABILITY TO DELIVER SHIPMENT AS CONSSIGNED</td></tr>
<tr><td colspan="10">处理情况（包括包装方式、货物标志及号码等）
HANDLING INFORMATION（INCL.METHOD OF PACKING IDENTIFYING MARKS AND NUMBERS, ETC.）</td></tr>
</table>

图 4-11　托运书

托运书主要具备以下两项功能。

1. 委托方（货主）与代理方（国际货运代理企业）之间的契约文件

委托方与代理方通常要通过多次口头和书面上的交流之后才能达成一致，此时应该将全部探讨落实的内容写进托运书中，任何一方如有变动应及时通知对方，以免产生不必要的法律后果。双方契约行为的成立以双方单位的签字或盖章为据，使之成为有效的法律文件。

2. 代理方的工作依据

国际货运代理企业在接受托运人委托后，应在单证操作前指定专人对托运书进行审核（此环节又称“合同评审”）。审核的主要内容有价格和航班日期。目前航空公司大部分采取自由销售方式。每家航空公司、每条航线、每个航班，甚至每个目的港均有优惠运价，这种运价会因淡旺季经常调整，而且各航空公司之间的优惠运价也不同。这就为托运人提供了选择的空间。货运单上显示的是 TACT（The Air Cargo Tariff）上公布的适用运价和费率，托运书上显示的是航空公司优惠运价加上杂费和服务费或使用协议价格。

二、预配舱和预订舱

接到委托后，国际货运代理对所接受的委托进行汇总，依据各个客户报来的预报数据，计算出各航线上货物的总件数、重量、体积，按照客户的出运要求并结合货物情况比较各航空公司的航班时刻汇总表，以及各航空公司不同机型对不同板箱的重量和高度要求，选择合适的承运人。

国际货运代理根据预配舱方案，按航班号、日期，打印出总运单号、件数、重量、体积向航空公司预订舱。这一环节之所以被称为预订舱，是因为此时货物可能还没有入库，预报内容和实际的件数、重量、体积等会有差别，这些将等到正式配舱时再做调整。

各航空公司航班时刻汇总（节选）如表 4-6 所示。

表 4-6　　各航空公司航班时刻汇总（节选）

目的港	航空公司	日期	交货结单时间
ICN（仁川）	OZ（韩亚航空）	Mon ~ Sat	当日上午 10：00
ICN（仁川）	KE（大韩航空）	Daily	前一日 19：00

经过联系，宋先生为货主选定韩亚航空的“OZ998/DEC 31”飞往仁川的航班并将预订舱单传递给航空公司。预订舱单如表 4-7 所示。

表 4-7 预订舱单

运单号	目的站	件数/数量	体积	品名	一程航班/日期	二程航班/日期
TEL：	联系人：宋先生		FAX：			

三、接单与审核单证

接单是指国际货运代理在预订舱位后，从托运人手中接过货物出口所需的单证，包括托运单、发票、装箱单、合同副本等，其中主要的单证是报关单证。国际货运代理接到上述单证后应认真审核单证的内容及单证的一致性，再将配好的总运单、分运单（若存在分运单）、报关单证移交制单部。

四、接收货物

接收货物是指国际货运代理把即将发运的货物从发货人手中接过来并运送到自己的仓库。接收货物一般与接单同时进行。对于通过空运或陆运从内地运往出境地的出口货物，国际货运代理按照发货人提供的运单号、航班号、交接地点及接货日期，代其提取货物。

（一）基本要求

托运人提供的货物包装要求坚固、完好、轻便，能够保证在正常的操作运输情况下，货物可以完好地运达目的地，同时，也不损坏其他货物和设备。

货物包装的具体要求：包装不破裂；内装物不漏失；填塞要牢，内装物相互不摩擦；没有异味散发；不因为气压、温度变化而引起货物变质；不会对飞机上的人员和操作人员造成伤害；不污损飞机、设备和飞机上其他装载物；便于装卸。

为了不使密闭舱飞机的空调系统堵塞，禁止使用带有碎屑、草末等的材料做包装，如草袋、草绳、粗麻包等。包装的内衬物，如谷糠、锯末、纸屑等不得外漏。

包装外部不能有突出的棱角，也不能有钉、钩、刺等。包装外部需保持清洁、干燥，没有异味和油脂。

托运人应在每件货物的包装上详细写明收货人的姓名和地址，以及托运人、通知人的信息。如果包装外表不能书写，可写在纸板、木牌或布条上，再拴挂在货物上，填写时字迹必须清晰。

包装货物的材料要良好，不得用腐朽、锈蚀的材料。无论是木箱还是其他容器，为了安全，必要时可用塑料、铁箍加固。

如果包装件有轻微破损，填写货运单时应在“Handling Information”上标注详细情况。

（二）对包装材料的具体要求

通用包装材料包括木箱、结实的纸箱（用塑料打包带加固）、皮箱、金属或塑料桶等。

1. 液体类货物

无论瓶装、罐装或桶装，容器内至少应有5%～10%的空隙，封盖严密，容器不得渗漏；用陶瓷、玻璃容器盛装的液体，每一容器的容积不得超过500毫升，并且需要使用木箱进行包装，箱内装有内衬物和吸湿材料；用陶瓷、玻璃容器盛装的液体货物，外包装上应加贴“易碎物品”标签。

2. 易碎物品

每件重量不超过25千克；用木箱包装并用内衬物填塞牢实；外包装上应加贴“易碎物品”标签。

3. 精密仪器和电子管

多层次包装，内衬物要有一定的弹性，但不得使货物移动位置或互相碰撞摩擦；悬吊式包装，用弹簧悬吊在木箱内，适于电子管运输；加大包装底盘，不使货物倾倒；外包装上应加贴“易碎物品”和“不可倒置”标签。

4. 裸装货物

不怕碰压的货物如轮胎等，可以不用包装，但不容易清点数量或容易损坏飞机的货物仍需妥善包装。

5. 木制包装

木制包装或垫板表面应清洁、光滑、不携带任何种类的植物害虫。

6. 混运货物

一票货物中含有不同物品的称为“混运货物”。这些物品可装在一起也可以分开包装，但不得包含贵重货物、动物、尸体、骨灰等。

五、标记和标签

接货后，宋先生检查货物是否贴有标记，同时给每件货物贴上标签。

（一）标记

标记是指在货物外包装上由托运人书写的有关事项和记号，包括托运人及收货人的姓名、地址、联系电话、传真、合同号、操作注意事项等。

（二）标签

根据作用的不同，标签可以分为识别标签、特种货物标签和操作标签三种。

识别标签用来标明货物的货运单号码、始发地、经停地、目的地、件数、重量等，按使用方法的不同，可分为挂签和贴签两种。在使用标签之前，清除所有与运输无关的标记和标签，体积较大的货物需对贴两张标签，袋装、捆装、不规则包装除使用两个挂签外，还应在包装上写清货运单号码和目的地。识别标签样式如图4-12所示。

中国国际货运航空 AIR CHINA CARGO			
货运单号码 AWB No.			
目的站 DESTINATION			
件数 PCS		毛重（kg） GROSS WT.	
始发站 FROM			

图 4-12　识别标签样式

特种货物标签用来说明特种货物的性质。按照特种货物种类的不同，分为活动物标签、鲜活易腐物品标签等。特种货物标签如图 4-13 所示。

操作标签用来说明货物储运过程中的注意事项，如易碎物品、不得倒置、防潮等。操作标签如图 4-14 所示。

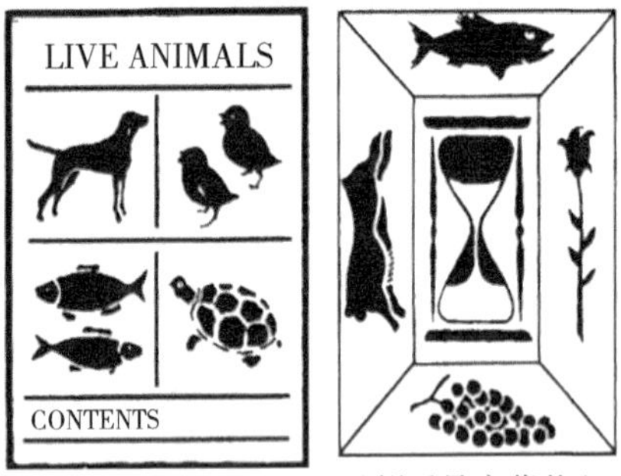

（活动物）　（鲜活易腐货物）

图 4-13　特种货物标签

（易碎）　（不得倒置）

图 4-14　操作标签

标签还可分为航空公司标签和分标签两种。航空公司标签是实际承运人对其所承运货物做的标志。一件货物贴一张航空公司标签，有分运单的货物，再贴一张分标签。

六、配舱

配舱时，需出运的货物都已入库。这时需要核对货物的实际件数、重量、体积与托运书上预报数量的差别，考虑对预订舱位、板箱的有效利用及合理搭配，按照各航班机型、板箱型号、高度、数量等数据进行合理配载。

七、订舱

订舱是指国际货运代理就所接收的空运货物向航空公司正式申请舱位。具体做法：接到发货人的发货预报后，向航空公司吨控部门领取并填写订舱单，同时提供相应的信息，包括货物的名称、体积、重量、件数、目的地、要求出运的时间以及其他运输要求（温度、装卸要求、货物到达目的地的时限等）。

订舱单如表 4-8 所示。

表 4-8　　订舱单

运单号	目的站	件数/数量	体积	品名	一程航班/日期	二程航班/日期
TEL：	联系人：宋先生	FAX：				

航空公司将根据实际情况安排舱位和航班。国际货运代理订舱时，可依照发货人的要求选择最佳的航线和承运人，同时为发货人争取最低、最合理的运价。

订舱后，航空公司签发舱位确认书及装货集装器领取凭证，以表明舱位订妥。舱位确认书如图 4-15 所示。

预订舱位时，有时会由于货物、单证或海关等原因而使最终舱位不够或者空舱，所以要综合考虑，有一定的预见性，尽量减少此类事情发生，并且在事情发生后及时采取必要的调整和补救措施。

CARGO MANIFEST

MAWB No.：988-3284 3403

FLIGHT No./DATE：OZ998/DEC 31

HAWB No.	NAME OF SHIPPER	NAME OF CONSIGNEE	QTY	G. WT	DESCRIPTION	DESTI-NATION
EAA-1006002	X ELECTRONICS CO., LTD. NO. ××× HEBEI ROAD, QINHUANGDAO, CHINA TEL：0335-805×××× FAX：0335-805××××	LS COMMUNICATION CO., LTD. LS BLOG # 350 ANYANG-SIXYEO-NG, KOREA TEL：82-31-×××× FAX：82-31-××××	5 CTNS	30.0 kgs	COIL	ICN
TOTAL						

图 4-15　舱位确认书

八、出口通关

《中华人民共和国海关法》规定，“进口货物的收货人、出口货物的发货人应当向海关如实申报，交验进出口许可证件和有关单证。”

“出口货物的发货人除海关特准的外应当在货物运抵海关监管区后、装货的 24 小时以前，向海关申报。”出口报关流程示意如图 4-16 所示，货物申报网站界面如图 4-17 所示。

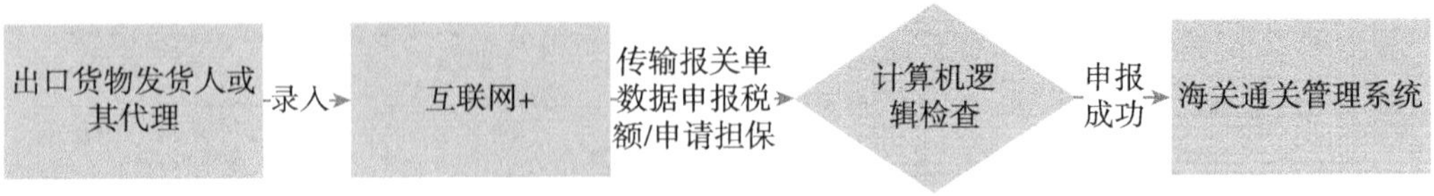

图 4-16　出口报关流程示意

图 4-17　货物申报网站界面

（一）检验检疫

检验检疫是指根据出口商品的种类和性质，按照进、出口国家（地区）的有关规定，对其进行商品检验、卫生检验、动植物检验等。

（二）出口报关

出口报关是指发货人或其代理在发运货物之前，向出境地海关办理出口手续的过程。

九、出仓单

配舱方案制定后就可着手编制出仓单。

出仓单应有承运航班的日期、装载板箱形式及数量、货物进仓顺序编号、总运单号、件数、重量、体积、目的地三字代码和备注。出仓单交给出口仓库，用于出库计划，并向装板箱环节业务员进行交接。出仓单如表 4-9 所示。

表 4-9　　出仓单

单号	件数（件）	重量（千克）	目的港	板号
180-12345678	12	450	ICN	PMC3728
180-12345677	10	270	ICN	PMC3728
180-12345688	120	1520	PUS	PMC3728
180-12345666	17	310	LAX	PMC2857
180-37256598	320	936	BUS	PMC2857
日期 2019. 12. 31　　航班 OZ998				

十、提取集装板、集装箱

根据订舱计划向航空公司申领集装板、集装箱并办理相应的手续。提取集装板、集装箱时，应领取相应的塑料薄膜和网。对所使用的集装板、集装箱要登记、销号。

订好舱位后，航空公司吨控部门将根据货量发放“航空集装箱、集装板”凭证，国际货运代理凭此向航空公司的板箱管理部门领取与订舱货量相应的集装板、集装箱。大宗货物和集中托运货物可以在国际货运代理自己的仓库、场地、货棚装板和装箱，也可在航空公司指定的场地装板和装箱。

十一、签单

国际货运代理在货运单盖好海关放行章后还需要到航空公司签单。签单时主要审核运价使用是否正确及货物的性质是否适合空运，如危险品等是否已办理相应手续。只有签单确认后才可将货物交给航空公司。

十二、交接发运

交接是国际货运代理在预订舱位的航班时间 24 小时前，根据航空公司规定，向航空公司或机场货运站交单、交货。

交单就是将随机单据和应由承运人留存的单据交给航空公司。随机单据包括发票、装箱单、产地证明、品质鉴定书、出口商品配额等。

交货就是与航空公司或机场货运站办理与单据相符的货物的交接手续。交货之前必须粘贴或拴挂货物标签，核对货物信息，缮制货物交接清单，机场货运站审单验货后，签收交接清单。

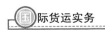

航空公司或机场货运站接单接货后，将货物存入其出口仓库内，同时将单据交给航空公司的吨控部门，以平衡配载。

十三、装机出运及航班跟踪

货物装机完毕，由航空公司签发航空总运单（以下简称“主运单”），国际货运代理签发航空分运单（以下简称“分运单”）。

1. 航空主运单（Master Air Waybill，MAWB）

凡是由航空公司签发的航空运单称为航空主运单。航空主运单是航空公司办理货物运输和交付的依据，每一批经航空运输的货物都有相对应的航空主运单。航空主运单与航空分运单内容几乎相同，只不过航空主运单由航空公司统一签发。航空主运单对航空公司而言非常重要，因为它承载了货物的主要信息。货物运输的过程就是信息流动的过程，信息流保证了货物运送的安全性和准确性。

2. 航空分运单（House Air Waybill，HAWB）

在集中托运的情况下，除了航空公司签发的航空主运单外，集中托运人在办理集中托运业务时还需签发航空分运单。航空分运单由国际货运代理根据托运书缮制。

货物按预订航班出运，飞机起飞离境后，通过 SITA（国际民航通讯委员会）将货物信息传给空港数据平台，再上传到“单一窗口”系统，才允许对此批货物进行结关。

航空公司可能会因为航班取消、延误、溢载、故障、改机型、错运、倒垛或装板不符合规定等，未能按预定时间运出，所以国际货运代理将单据和货物交给航空公司后就需要对航班、货物进行跟踪。

十四、信息服务

国际货运代理需在多个方面为客户做好信息服务，如做好订舱信息、审单及报关信息、仓库收货信息、交运称重信息、一程二程航班信息、单证信息等相关的服务。

国际货运代理在货物发运后，应及时将发运信息传递给发货人，向其提供航班号、运单号和出运日期等，并随时提供货物在运输过程中的准确信息。与此同时，将盖有“海关验讫章”的报关单、出口收汇核销单等退还发货人。如涉及海关核发的加工贸易手册、出口商品配额等单据，也一并退回。

十五、费用结算

费用结算主要涉及发货人、承运人和国外代理三方面的结算。

（1）发货人费用结算。在运费预付的情况下，收取航空运费、地面运输费、各种服务费和手续费。

（2）承运人费用结算。向承运人支付航空运费及代理费，同时收取代理佣金。

（3）国外代理结算主要涉及运费和手续费。到付运费实际上是由发货方的国际货运代理为收货人垫付的，因此收货方的国际货运代理在将货物移交收货人时，应收回到付运费并退还发货方的国际货运代理。同时，发货方的国际货运代理应向目的地的国际货运代理支付手续费及产生的其他相关费用。

至此，此次国际货运代理业务顺利完成。一个月后，宋先生收到退回的报关单核销联和退税联。在确认 X 电子公司确已付清全部航空运费及内陆运费后，宋先生及时将报关单寄送 X 电子公司，供其办理外汇核销及出口退税。

归纳本章内容，空运出口货运代理流程如图 4-18 所示。出口货物实体流、信息流示意如图 4-19 所示。

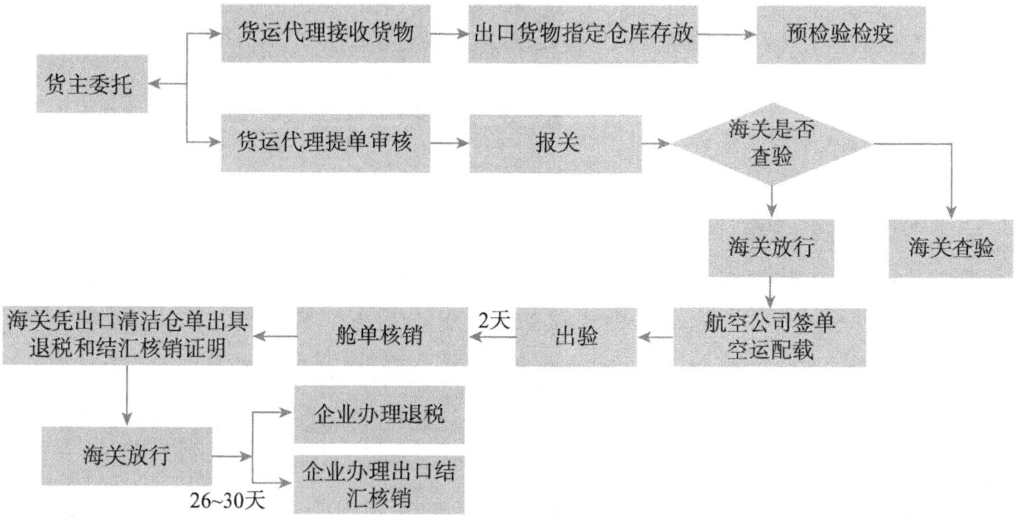

图 4-18　空运出口货运代理流程

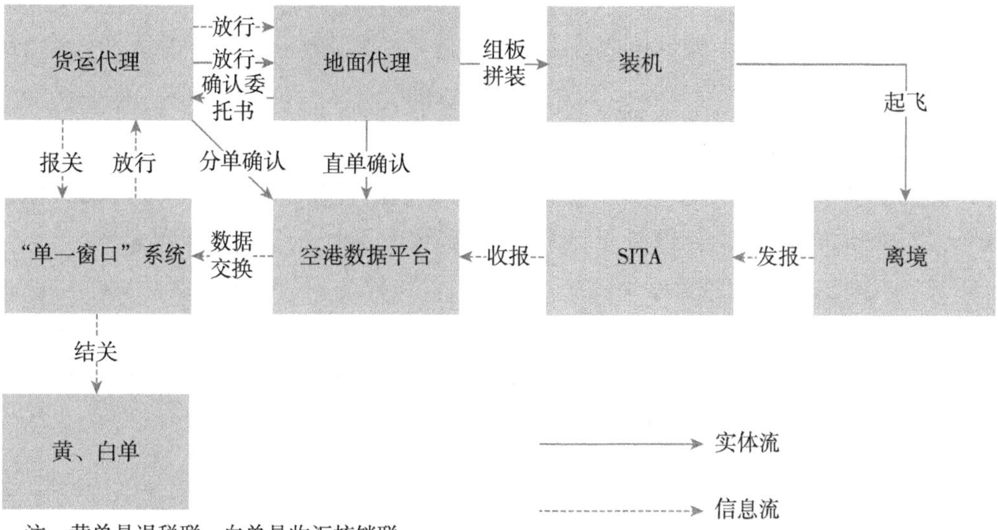

注：黄单是退税联，白单是收汇核销联。

图 4-19　出口货物实体流、信息流示意

经过此次业务合作，X电子公司和天津D国际货运代理公司签订了长期代理协议。

代理协议样本如下。

航空货物运输代理协议

协议号：

甲方：天津D国际货运代理公司

乙方：X电子公司

甲乙双方经平等协商，就航空货物运输代理业务的有关事宜，达成如下协议。

1. 甲方接受乙方的委托，按照乙方签署的托运书的要求，提供航空公司运单及订舱服务。

2. 甲方根据乙方委托，同时为乙方提供航空提单及订舱服务；乙方应在提交货物前向甲方提供托运书、订舱单，包括货物的品名，如果需要的话，应提交货物的鉴定书。

3. 根据承运人规定，航空公司对于随机文件遗失不负责任，乙方自行决定文件是否随机。

4. 结算按照抵押支票或提前汇款的方式执行，乙方须向甲方提前支付10万元人民币的支票或现金入甲方账户作为抵押，无论何时，当货运费到达10万元时，乙方应再支付10万元的支票或现金入甲方账户，以此类推，如果一个月运费金额不到10万元，将在第二个月收到账单确认无误后15天之内将运费付清，甲方应按照结账的具体情况及时给乙方开出发票。如果乙方在规定的时间内未将运费汇至甲方指定的账户，甲方将以运费0.005%的标准，按日计收罚金。

5. 甲方负责将乙方所交货物准时、快捷地送达目的地，并且及时反馈货物的发运信息、路线及航空公司续程的情况。

6. 自接收货物时起至交付承运人时止，甲方对因自身过错导致的货物的灭失、损坏承担赔偿责任；自航空公司签发相关交接单据时起，因货运单据遗失、货物丢失或损坏等引起的法律责任已转移给航空公司，在乙方足额支付运费、杂费的前提下，甲方协助乙方按照航空公司的有关规定进行索赔。

7. 乙方同意甲方因航空公司或其他客观原因造成的任何延误不承担违约的责任；双方因争议而启动仲裁或者诉讼程序时，航空运单的效力优先于其他书面证据。

8. 本协议自双方签字并盖章之日起生效，对本协议的任何涂改均无效。本协议有效期一年。如有变更，双方应当另行书面确认。

9. 与本协议有关的纠纷，双方应友好协商解决，如协商无法解决，双方一致同意向甲方注册地人民法院提起诉讼解决。

甲方：	乙方：
签字：	签字：
日期：	日期：

任务实施

阅读“任务描述”，回答以下问题。

1. 发展通用航空对促进新兴产业发展起到什么作用？

2. 我国综合交通运输体系应该怎么发展？

3. 请通过网络了解航空公司对托运人的各项要求。

任务评价

在完成上述任务后，教师组织三方评价，并对学生的任务执行情况进行点评。学生完成考核评价表（见表 4-10）的填写。

表 4-10　　考核评价表

班级		团队名称				
团队成员						
考核项目		要求	分值	学生自评（30%）	团队互评（30%）	教师评定（40%）
知识能力	托运书掌握清晰	分析正确	20 分			
	标记和标签记忆准确	分析正确	20 分			
	接单与审核单证过程了解	分析合理	30 分			
职业素养	文明礼仪	形象端庄 文明用语	10 分			
	团队协作	相互协作 互帮互助	10 分			
	工作态度	严谨认真	10 分			
合计			100 分			

牛刀小试

参考答案

一、单项选择题

1. 航空公司签发的运单俗称（　　）。

A. 提单　　B. 分运单　　C. 主运单　　D. 货物收据

2. 航空主运单简写（　　）。

A. MAWB　　B. HAWB　　C. Ocean B/L　　D. House B/L

3. 航空货运业务的主要类型不包括（　　）。

A. 通过货运代理办理

B. 发货人自行向航空公司办理

C. 收货人自行向航空公司办理

D. 航空公司上门取货

4. 托运人要求包机运输时应先填写的单据是（　　）。

A. 包机申请书　　B. 包机运输合同

C. 包机运输货单　　D. 包机运输运单

5. 集中托运人在整个运输活动中是什么身份（　　）。

A. 托运人　　B. 代理　　C. 承运人　　D. 都可以

6. 以下哪种货物属于国内禁止运输的货物（　　）。

A. 鼠疫病菌　　B. 木材　　C. 珍贵文物　　D. 麻醉药品

7. 在航空运输中，说明货物的货运单号码、件数、重量、始发地、目的地、中转地的一种运输标志是（　　）。

A. 操作标签　　B. 特种货物标签

C. 活动物标签　　D. 识别标签

8. “不可倒置”标签属于（　　）。

A. 操作标签　　B. 识别标签

C. 特种货物标签　　D. 押运货物标签

9. 在航空运输中，可以作为货物的包装材料的是（　　）。

A. 草袋　　B. 塑料桶　　C. 粗麻包　　D. 草绳

10. 按照货物的发运顺序，应先发运（　　）。

A. 救灾货物　　B. 国际和国内中转联程货物

C. 漏装的货物　　D. 急件货物

11. 某集装器代码为PAP2334CA，其中第三个字母“P”表示是（　　）。

A. 集装器的底板尺寸　　B. 集装器的种类

C. 集装器的所有人　　D. 集装器的外形及其与飞机的适配性

12. 在航空运输中，承运人之间交接货物、文件的凭证是（　　）。

A. 分运单　　B. 主运单　　C. 舱单　　D. 转运舱单

13. 以下（　　）不是航空集装货物运输的基本原则。

A. 底部为金属的货物一般不使用垫板

B. 体积较小、重量较轻的货物装在集装箱内

C. 一般情况下不可以组装低探板货物

D. 一票货物应尽可能集中装在一个集装器上

二、多项选择题

1. 航空运输相关法规包括（　　）。

A.《中华人民共和国民用航空法》

B.《中国民用航空货物国内运输规则》

C. 包机合同规则

D.《航空运输合同法》

2. 航空运单的作用有（　　）。

A. 承运合同、货物收据

B. 运费账单、处理货物装卸、运送及交货的依据

C. 报关凭证、货物的保险证明单

D. 物权凭证

3. 航空公司不直接与托运人打交道的原因有（　　）。

A. 通过国际货运代理揽货更方便

B. 航空公司多在机场，不能为托运人提供服务

C. 航空公司作为承运人更关注安全保障、地面服务和运力调配

D. 国际货运代理其实就是航空公司的分支机构

三、判断题

1. 在航空运输中，贵重货物只能使用挂签，不能使用贴签。（　　）

2. 在航空运输中，如果混运货物使用一个外包装将所有货物合并运输，则该包装物的运费按混运货物中运价最高的货物的运价计收。（　　）

3. 航空主运单是由承运人根据托运人申报资料填写的。（　　）

4. 航空主运单是一种运输合同，不可转让，作用与海运提单相似，可作为物权凭证使用。（　　）

5. 航空运输过程中不论是数量短缺还是外包装碰损都应该向航空公司索赔。（　　）

6. 航空集中托运的每一件货物既要有航空公司标签，又要有分标签。(　　)。

7. 集装箱是航空货运中的唯一的集装设备。(　　)

8. 向航空公司提出索赔的应是分运单上填写的托运人或收货人。(　　)

四、考证知识训练

“互联网+货运”的郑州答案

从 2011 年到 2021 年，郑州机场年货邮吞吐量从 10.3 万吨增加至 70.5 万吨；行业排名由全国第 20 位提升至第 6 位，并进入全球货运枢纽 40 强；货运航线由 7 条增加至 48 条；货运通航国家由 3 个增加至 26 个，国际和地区通航点由 4 个增加至 42 个。

郑州机场将推动航空货运操作模式、保障模式及通关流程创新，开发建设郑州机场电子运单运营平台，为航空公司、机场货站、国际货运代理企业、货主以及海关等提供销售、订舱、结算、收发、跟踪查询、报关、报检等全过程一体化信息服务，形成以电子运单为基础的航空物流操作流程，全程实现电子化、无纸化和数据互联互通，实现“一单到底，物流全球”的贸易便利化目标。

郑州机场电子运单中性平台自 2020 年 10 月上线以来，与各驻场航空公司建立了联系。数据显示，国泰航空 2021 年前 3 个季度累计传输进出港电子运单数据 5 万余条；海航集团旗下 12 家航企已成功传输航空货运类数据 5 万余条，其中电子运单数据约 1.2 万条。

郑州机场将机场电子货运信息平台、智慧安检信息系统与民航局行业级航空物流公共信息服务平台建设项目有机融合，进一步探索制定国际物流多式联运的操作标准、单证标准、数据交换标准以及“互联网+国际物流”的国际规则，为政府监管单位提供数据支持。

郑州机场电子货运试点的示范性作用体现在从调研、建设到实施推广过程中，始终朝可复制、可推广的方向努力，所形成的平台、体系与标准在其他机场货站同样适用。各机场货站在业务上有差异，但标准制定、数据采集、平台建设等流程大同小异，通过电子货运项目建设可以进一步提升航空货运操作效率，也能为航空货运企业发展电子货运提供经验。

(1) 郑州是如何建设航空货运站的?

(2) 郑州在建设航空货运站时运用了哪些新技术?

(3) 郑州航空货运站是如何利用智能运载设备，提高运作效率的?

五、技能大赛训练

某航空公司（A 公司）与一家航空货运代理公司（B 公司）签订了长期合作协议，约定由 B 公司负责为 A 公司提供航空货运代理服务，包括报关、运输、跟踪和交付等。某次，一家出口商（C 公司）委托 B 公司为其运输一批重要货物至国外。双方约定了详细的运输方案，并明确了运输费用、保险费用等相关费用的支付方式。

问题描述：

在货物运输过程中，B 公司未按照与 C 公司约定的时间和航线进行运输，导致货物延迟到达目的地。货物到达后，C 公司发现部分货物在运输过程中受损，怀疑是由于 B 公司的过失或不当操作所致。

C 公司按照约定支付了运输费用，但认为由于货物延误和受损，B 公司应承担相应的责任，并要求 B 公司进行赔偿。

问题：

（1）根据航空货运代理的职责，B 公司在本案中是否履行了其义务？

（2）C 公司是否有权要求 B 公司承担违约责任？

（3）如何确定货物的损失是因 B 公司的过失或不当操作所致？

（4）C 公司要求 B 公司进行赔偿的请求是否合理？应如何处理此纠纷？

05

PROJ

项目五 国际铁路联运

◎知识目标

- 了解国际铁路联运基础知识。
- 熟悉国际铁路运输货物管理知识。
- 熟悉国际铁路联运出口货运代理操作规范。

※能力目标

- 熟记我国与接壤国家的国境站名。
- 掌握我国及陆路接壤国家的轨宽。
- 能够向客户提供铁路联运货物进出口业务咨询服务。

❈思政目标

- 培养学生的社会主义核心价值观，增强学生社会责任感。
- 培养学生劳模精神和工匠精神，增强学生劳动意识。

知识图谱

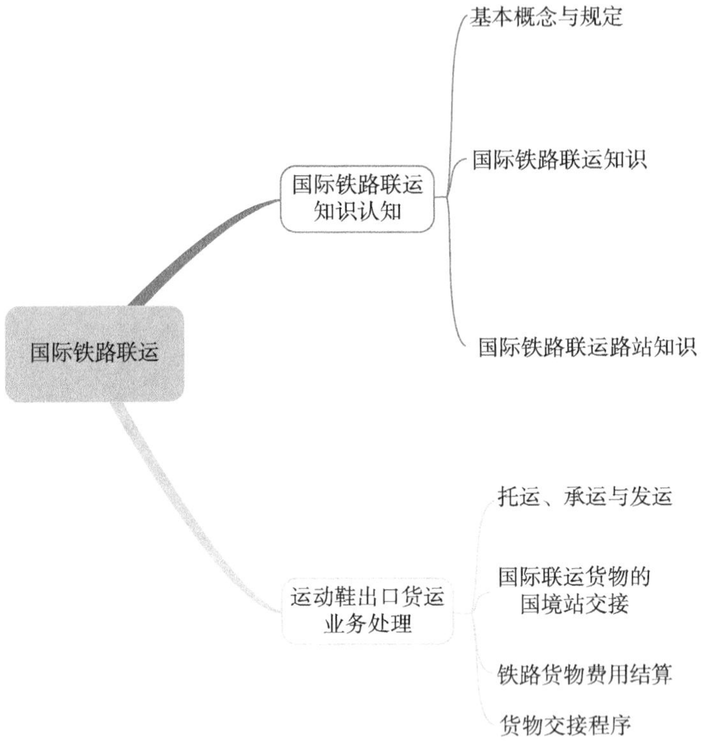
国际铁路联运
国际铁路联运知识认知
基本概念与规定
国际铁路联运知识
国际铁路联运路站知识
运动鞋出口货运业务处理
托运、承运与发运
国际联运货物的国境站交接
铁路货物费用结算
货物交接程序

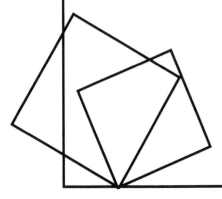

岗位分析

岗位1：国际铁路联络员

岗位职责：处理国际铁路联运过程中的各项联络工作，确保信息的准确、及时传递，协调各个环节的顺畅运作。

典型工作任务：负责与国际铁路相关部门、国际货运代理、海关等的联络与沟通，协调解决运输过程中的问题；跟踪货物的运输状态，及时更新运输信息，并向相关部门和客户报告。

职业素质：具备高度的责任感和敬业精神，能够认真履行岗位职责，确保运输任务的顺利完成；具备良好的沟通能力和团队协作精神，能够与不同部门和人员进行有效沟通，解决各种问题。

职业能力：具备扎实的铁路运输专业知识，熟悉国际铁路联运的流程、规则和相关法律法规；具备良好的外语能力；能够熟练使用计算机和相关办公软件。

岗位2：国际铁路运营管理与调度岗位

岗位职责：全面管理和调度国际铁路运营工作，确保运输过程的顺畅、高效和安全；负责列车运行计划、车站作业组织、车辆调度等各个环节的管理和协调。

典型工作任务：制订并执行国际铁路运营计划、负责车辆调度工作、监督车站作业组织情况、负责运输过程中的安全管理。

职业素质：具有强烈的责任感，能够全身心投入运营管理和调度工作中；具有良好的团队协作精神，能够与其他部门和人员紧密合作，共同完成任务；能够承受工作压力和应对突发事件带来的挑战。

职业能力：具备全面的运营管理能力，能够制定并执行运营计划，优化运营流程，提高运营效率；具备高效的调度指挥能力，能够合理安排车辆使用，确保运输任务的顺利完成。

项目导读

《推进铁水联运高质量发展行动方案》

推进铁水联运高质量发展是加快建设交通强国、构建现代综合交通运输体系的重要举措，也是服务构建新发展格局、全面建设社会主义现代化国家的内在要求。近年来，交通运输部会同相关部门、地方人民政府和有关铁路、港航等企业，深入贯彻党中央、国务院决策部署，按照《交通强国建设纲要》《国家综合立体交通网规划纲要》《“十四五”现代综合交通运输体系发展规划》和《推进多式联运发展优化调整运输结构工作方案

(2021—2025年)》等要求，加快推进沿海和内河港口集装箱、大宗货物等铁水联运发展，取得了明显成效。

以习近平新时代中国特色社会主义思想为指导，深入学习贯彻党的二十大精神，立足新发展阶段，完整、准确、全面贯彻新发展理念，统筹发展和安全，以加快建设交通强国为统领，以推动高质量发展为主题，以深化供给侧结构性改革为主线，以基础设施联通、运输组织优化、信息共享共用、政策标准衔接为抓手，坚持规划引领，强化项目牵引，创新联运机制，降低物流成本，推动融合发展，提升运营效率，加快构建现代综合交通运输体系，更好服务构建新发展格局。

到2025年，长江干线主要港口铁路进港全覆盖，沿海主要港口铁路进港率达到90%。全国主要港口集装箱铁水联运量达到1400万标箱，年均增长率超过15%；京津冀及周边地区、长三角地区、粤港澳大湾区等沿海主要港口利用疏港水路、铁路、封闭式皮带廊道、新能源汽车运输大宗货物的比例达到80%，铁水联运高质量发展步入快车道。

（资料来源：中国水运报，有改动。）

任务一　国际铁路联运知识认知

任务描述

推进铁水联运高质量发展行动主要任务

加强港口与铁路的规划和建设衔接。统筹考虑港口集装箱、大宗货物铁水联运发展需求，港口新建或改扩建集装箱、大宗干散货作业区时，原则上同步规划建设集疏运铁路。依托国土空间规划“一张图”实施监督信息系统，与国土空间规划管控要素强化协调衔接。加强港口和铁路的规划衔接，做好联运发展线路、枢纽建设用地预留。统筹考虑主要港口建设条件、运输需求、货源分布等，加强集装箱、大宗货物铁路运输骨干通道与港口集疏运体系规划建设，推动铁路运输网络和水运网络的高效衔接。

多部门联合印发推进铁水联运高质量发展行动方案

加强港口集疏运铁路设施建设。建立港口集疏运铁路建设项目清单管理和更新机制，根据项目前期推进、用海用地要素保障和投资落实等情况，对集疏运铁路建设项目动态更新。重点实施主要港口重要港区集疏运铁路及“最后一公里”畅通工程，配足到发线、调车线、装卸线等铁路设施，实现铁路深入码头堆场。鼓励地方人民政府和港口、航运公司积极参与集疏运铁路项目建设，推进港口集疏运铁路投资建设多元化。

优化联运组织方式。鼓励铁路、港口、航运公司联合开展市场营销，加强铁水联运货源开发，大力发展跨境电商、冷藏箱、商品汽车、适箱散货等铁水联运，推动形成“联运枢纽+物流通道+服务网络”的铁水联运发展格局。推动铁水联运全程组织，探索开展联运集装箱共享共用、联合调拨，减少集装箱拆装箱、换箱转运、空箱调运等，在铁水联运领域率先实现“一箱到底、循环共享”突破。有条件的区域推进铁路重去重回、直达运输等方式，开通点对点短途循环班列，提升运输时效性。

推动铁水联运“一单制”。推进铁水联运业务单证电子化和业务线上办理。依托多式联运示范工程建设，开展集装箱铁水联运领域“一单制”，研究在铁水联运领域率先突破“一单制”运单物权问题。鼓励具备条件的联运企业发展“一单制”服务，研究完善“一单制”电子标签赋码及信息汇集、共享、监测等功能，推动单证信息联通和运输全程可监测、可追溯。

强化科技创新驱动。推动5G、北斗导航、大数据、区块链、人工智能、物联网等在铁路水运行业深度应用，探索推进跨区域、跨业务协同和货物全程追踪。推动海关、海事、铁路、港口、航运等信息开放互通，探索实时获取铁路计划、到发时刻、货物装卸、船舶靠离港等信息，实现车、船、箱、货等信息实时获取。

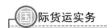

请以项目组为单位，认真阅读案例，分别从网上查阅资料、观看视频短片，思考并回答“任务实施”中的问题。

知识链接

✣ 知识点 1：基本概念与规定

一、国际铁路联运的概念

铁路运输是指利用铁路进行进出口货物运输的方式。在国际贸易运输中，铁路运输是仅次于海洋运输的主要运输方式，特别是在内陆接壤国家间的贸易中，起着重要的作用。即便是以海洋运输方式进出口的货物，大多是靠铁路运输进行货物的集中与分散的。与其他运输方式相比，铁路运输运量大，速度快，受气候影响较小，运输过程中风险较小，运费较低，手续简单。

国际铁路联运是指使用一份统一的国际铁路联运单据，在跨及两个或两个以上国家铁路货物的运送中，由铁路负责经过两国或两国以上的全程运送，不需要发货人和收货人参加的联运业务。

二、国际铁路联运的基本规定

目前，国际铁路货物运输公约主要有两个：一个是由奥地利、法国、德国等国家签订的《铁路货物国际运输公约》（Convention Concerning International Carriage by Rail，以下简称《国际货约》）；另一个是由阿塞拜疆共和国等国家签订的《国际铁路货物联运协定》（Agreement on International Railroad through Transport of Goods，以下简称《国际货协》）。

三、我国国际铁路联运须遵守的规章

在我国进行的国际铁路联运中，作为承运人的铁路和发货人、收货人必须遵守的规章主要有以下几种。

（一）《国际货协》

《国际货协》对运输合同的缔结、履行和变更，对承运人、发货人、收货人的权利、义务等事项均做了具体规定。主要内容包括以下方面。

1. 铁路承运人的责任

承担铁路货物联运的铁路承运人，应当对货物负连带责任，即铁路承运人应当负责完成货物的全部运输。铁路承运人的连带责任主要表现在：承运附有运单货物的铁路承运人，应对将货物运抵交货地的全程运输负责；后续的铁路承运人，在接到附有运单正本货物的同时，必须履行相应的义务；铁路承运人承担货物损坏、灭失和运输逾期等风险，如果发生以上情况，铁路承运人应向发货人或收货人作出赔偿，被索赔的铁路承运人不能以损失的责任属其他铁路承运人为由而拒绝货主的索赔；已作出赔偿的铁路承运人，如对货物损失没有过失，可以向其他肇事铁路承运人要求返还其赔付的款项。

2. 发货人的义务

发货人的义务主要有以下几点。

（1）正确申报货物。发货人应当保证在运单中正确申报货物、正确填写运单中的声明事项，尤其是托运危险货物时。否则，托运人应当对由此产生的后果负责。

（2）提交正确齐全的必要出口文件。发货人应当向铁路承运人提供必要的出口文件，并附在运单上。否则，应当承担铁路承运人由此遭受的一切损失。

（3）支付运费。国际铁路联运的运费支付不同于其他运输方式下的运费支付，它是由发货人和收货人分段支付的。发货人或收货人均有义务根据《国际货协》规定交付货物运输费用。

3. 铁路承运人的免责事项

铁路承运人对由于下列原因造成的货物损失免除责任：

（1）由于铁路承运人不能预防和不能消除的情况；

（2）由于货物的特殊自然性质，以致引起自燃、损坏、生锈、内部腐坏和类似的后果；

（3）由于发货人或收货人的过失或由于其要求，而不能归咎于铁路承运人；

（4）由于发货人或收货人装车或卸车的原因所造成；

（5）由于发送路规章许可，使用敞车类货车运送货物；

（6）由于发货人或收货人的货物押运人未采取保证货物完整的必要措施；

（7）由于容器或包装的缺点，在承运货物时无法从其外表发现；

（8）由于发货人用不正确、不确切或不完全的名称托运违禁品；

（9）由于发货人在托运应按特定条件承运的货物时使用不正确、不确切或不完全的名称，或未遵守本协定的规定；

（10）由于第二十三条规定的标准范围内的货物自然减量，以及由于运送中水分减少，或货物的其他自然性质，以致使货物减量超过上述标准。

4. 铁路承运人的赔偿规定

铁路承运人在任何情况下对货物损失的赔偿金额都不得超过货物全部损失的金额。《国际货协》第二十四条规定，“当声明价值的货物全部或部分灭失时，铁路全应按声明价值，或相当于货物灭失部分的声明价值的款额给予赔偿”。

5. 货物索赔的规定

在发生因铁路承运人责任导致的货物损毁或逾期运抵时，货方可以按规定向铁路承运人提出索赔。索赔可由发货人向发送站提出，也可由收货人向到达站提出。索赔人应当提供充足的索赔证据，包括运单正本或副本、商务记录、损失证明等。货物逾期到达的索赔应当由收货人提出。铁路承运人在收到索赔通知后的 180 天内，应当进行审查并予以答复。合同任何一方对另一方的索赔和诉讼应当在货物到站后的9个月内提出。

（二）《统一过境运价规程协约》

《统一过境运价规程协约》（以下简称《统一货价》）是为了解决国际铁路联运中过境铁路运费的计收问题而专门制定的。它具体规定了参与《国际货协》的铁路承运人利用铁路运送过境货物时办理货物运送的手续、过境运送费用的计算、货物品名分级表、过境里程表和货物运费计算表等内容，是《国际货协》参与国的铁路承运人和发货人与收货人都必须遵守的强制性过境运价规定。

（三）"国境铁路协定"

"国境铁路协定"是由相邻国家签订的，它规定了办理联运货物交接的国境站、车站及货物交接条件和方法，交接列车和机车运行办法及服务方法等内容。此类协定是作为承运人的不同国家的铁路部门为协调国际铁路联运而签署的协定，与运输合同双方的合同权利、义务无直接关系，如《中华人民共和国铁道部和哈萨克斯坦共和国交通部国境铁路协定》。

（四）《铁路货物运价规则》

各国铁路都制定有自己的《铁路货物运价规则》（以下简称《国内价规》），我国也颁布了《国内价规》。它是办理国际铁路联运时国内段货物运输费用计算和核收的依据。

✣ 知识点2：国际铁路联运知识

一、国际铁路联运的范围

根据组织联运运输方法的不同，国际铁路联运的范围可以分成以下3类。

（一）我国与其他《国际货协》参与国之间的铁路货物联运

我国与其他《国际货协》参与国，包括已退出《国际货协》但仍采用相关规定的国家之间的铁路货物联运，即在始发站以一份《国际货协》运送票据，由铁路负责直接或通过第三国铁路将货物运往终点站并交付收货人。

（二）我国向未参与《国际货协》国家出口货物

我国向未参与《国际货协》国家出口货物时，发货人在发送铁路用《国际货协》运送票据办理至参与《国际货协》的最后一个过境路的出口国境站的手续，由该站站长或收货人、发货人委托的收转人转运至终点站。

由未参与《国际货协》国家的铁路向我国进口货物时，与上述办理程序相反。

（三）通过参与《国际货协》国家的港口向其他国家运送货物

我国通过波兰或德国等国港口向芬兰等国发货，这种运输方式为铁/海运输，称为"欧洲流向"。其方法是发货人采用《国际货协》运单将货物运至过境铁路港口，由港口收转人办理过海至目的地手续。

邻国利用我国港口向日本、东南亚等国发货，此种运输方式为海/铁运输，称为"东南亚流向"。由于俄罗斯有一支船队往返于东北亚地区与东南亚地区之间，利用我国港口采取海/铁运输的货物较少。

二、国际铁路联运办理种别

根据发货人托运的货物数量、性质、体积、状态等条件，国际铁路联运办理种别分为整车货物、零担货物和大吨位集装箱货物3种。

（1）整车货物是按一份运单托运的一批重量、体积或形状需要单独一辆及其以上车辆运输的货物。

（2）零担货物是按一份运单托运的一批重量不超过5000千克，且按其体积或种类不需要单独车辆运送的货物。如果与铁路之间另有商定条件，也可以不使用《国际货协》关于整车货物和零担货物的规定。

（3）大吨位集装箱货物是指按一份运单办理的、用大吨位集装箱（符合ISOI系列的国际标准集装箱）运送的货物或空的大吨位集装箱。根据《国际货协》的规定，如果有关各国铁路机关间另有商定条件，则应适用该双边协定而不适用《国际货协》的相关规定。

三、国际铁路联运的限制

《国际货协》对不准运送或换装的货物、不准在一辆车内运送的货物、不准按一份或数份运单在一辆车内混装运送的货物、需要各国铁路间预先商定后才能承运的货物、需要押运人押运的货物和需要声明价值的货物等联运货物都明确地做出了规定。

（一）不准运送或换装的货物

根据《国际货协》的规定，在国际铁路联运中，下列货物不准运送或换装。

（1）属于参加运送铁路的任何一国邮政专运的物品。

（2）炸弹、弹药或军火，但狩猎和体育用的除外。

（3）爆炸品、压缩气体、液化气体、在压力下溶解的气体、自燃品和放射性物质。

（4）一件重量不足10千克的零担货物。此项限制不适用于一件体积超过0.1立方米的货物。

（5）在换装联运中使用不能揭盖的棚车运送的一件重量超过2.5吨的货物。

（二）不准按一份或数份运单在一辆车内混装运送的货物

根据《国际货协》的规定，在国际铁路联运中，下列货物不准按一份或数份运单在一辆车内混装运送。

（1）一种易腐货物同照管方法不同的另一种易腐货物。

（2）按附件第9号第3项的规定需要遵守保温制度或其他特殊照管的易腐货物同其他非易腐货物。

（3）第五条第七款所规定的货物同附件第4号规定禁止混装一车的其他货物。

（4）由发货人装车的货物同由铁路装车的货物。

（5）根据发送路国内规章不准许在一辆车内混装运送的货物。

（6）堆装运送的货物同其他货物。

四、国际铁路联运的特种货物运输

（一）危险货物的运送方式

所谓危险货物，包含两层意思：第一，作为货物内因的理化性质（物质具有的燃烧、爆炸、腐蚀、毒害、放射性）具有危险的性质；第二，货物在国际运输过程中要进行装车、卸车、换装、随车运行等作业，这些作业偶有不当，可能造成货物的内因变化，导致事故的发生。

为了避免事故的发生，对危险货物的运送方式有强制性的规定：危险货物一般使用棚车或危险货物专用车装运；整车危险货物应是同一品名或属于同类项、同属性的货物，不属于同类的货物拼装，应符合《国际货协》和发送路国内危险货物运输规定的要求；不准混装运送的危险货物，不得用一份运单办理运送。

（二）超限、超长、超重货物的运送方式

超限货物是指装车后，其任何部分的高度和宽度超过参加运送的任何一个铁路的机械和车辆限界的货物。

超长货物是指一件长度超过 18 米的货物。超重货物是指一件重量超过 60 吨的货物。

上述货物都不是普通货物，一般不能用办理普通货物联运的方法办理运送。按照《国际货协》的相应规定，集装箱货物、危险货物、鲜活易腐货物的运送，必须按照特殊方式办理；而超限、超长、超重货物，只有在参加运送的各铁路间预先商定后才能运送。

（三）鲜活易腐货物的运送方式

鲜活易腐货物是指运送过程中，需要采取一定的特殊设备（如保温车、冷藏车、保温集装箱、冷藏集装箱等），或者需要采取特殊措施照料或照管（如冷藏、保温、防寒、加温通风、上水、换水、洒水、补充消耗制冷剂、供应禽畜饲料等），以防止发生腐烂（坏）、变质、死亡的货物。鲜活易腐货物分为易腐货物、活动物两大类。

✣ 知识点 3：国际铁路联运路站知识

一、中朝铁路间货物运送

中朝铁路国境站有：丹东—新义州；集安—满浦；图们—南阳。

我国铁路主要采用标准轨距（1435 毫米，以下简称“准轨”），朝鲜铁路也是准轨。中朝铁路联运货车可以相互过轨，我国进口货物和车辆在我方国境站办理交接，出口货物和车辆则在对方国境站办理交接。

二、中越铁路间货物运送

中越铁路国境站有：凭祥—同登；山腰—老街。

越南铁路主要是米轨（1000 毫米），但连接我国凭祥的一段铁路为准轨和米轨的混合轨。我国铁路同越南铁路间经由凭祥的联运货车可以相互过轨，货物和车辆的交接暂在凭祥站办理。我国昆明的部分铁路是米轨，同越南铁路间经由山腰的联运货车可以相互过轨，我国进口货物和车辆在山腰站办理交接、出口货物和车辆在老街站办理交接。需经昆明铁路准轨、米轨换装的联运货物，除有特定者外，暂不办理。

三、中俄铁路间货物运送

中俄铁路国境站有：满洲里—后贝加尔；绥芬河—格罗捷科沃；珲春—卡梅绍娃亚。

俄罗斯铁路是宽轨（1520 毫米）。我国进口货物和车辆在我方国境站办理换装和交接，出口货物和车辆则在对方国境站办理换装和交接。

四、中哈铁路间货物运送

中哈铁路国境站有：阿拉山口—德鲁日巴。

哈萨克斯坦铁路是宽轨（1520 毫米）。我国进口货物和车辆在我方国境站办理换装和交接，出口货物和车辆则在对方国境站办理换装和交接。

五、中蒙铁路间货物运送

中蒙铁路国境站有：二连浩特—扎门乌德。

蒙古铁路是宽轨（1520 毫米）。我国进口货物和车辆在我方国境站办理换装和交接，出口货物和车辆则在对方国境站办理换装和交接。

任务实施

阅读“任务描述”，回答以下问题。

1. 为什么要推进铁水联运高质量发展？

____

____

____

2. 推进铁水联运高质量发展行动主要任务？

____

____

____

3. 铁水联运做得好的港口有哪些？

____

____

____

4. 各组派 1 名代表上台进行分享。

任务评价

在完成上述任务后，教师组织三方评价，并对学生的任务执行情况进行点评。学生完

成考核评价表（见表 5-1）的填写。

表 5-1　考核评价表

班级			团队名称			
团队成员						
考核项目		要求	分值	学生自评（30%）	团队互评（30%）	教师评定（40%）
知识能力	国际铁路联运的概念掌握清晰	分析正确	20 分			
	国际铁路联运须遵守的规章理解透彻	分析正确	20 分			
	了解国际铁路联运的范围	分析合理	30 分			
职业素养	文明礼仪	形象端庄 文明用语	10 分			
	团队协作	相互协作 互帮互助	10 分			
	工作态度	严谨认真	10 分			
合计			100 分			

任务二 运动鞋出口货运业务处理

任务描述

一条路连起两个国带动一片繁荣

2023年4月13日，从中国昆明发出的“复兴号”国际旅客列车与从老挝万象开出的“澜沧号”国际旅客列车展开了一场跨越1035千米的“双向奔赴”，标志着中老铁路国际旅客列车正式开行，中国昆明至老挝万象之间实现当日通达。2021年12月3日，中老铁路正式开通运营，昆明至万象南每日开行跨境货物列车，万象至磨丁、昆明至磨憨开行点对点动车组旅客列车，从此开辟了老挝铁路运输新纪元。中老铁路对助推老挝发展功不可没，是“一带一路”合作的成功典范。中老铁路使老挝迈入现代化发展的快车道。中老铁路不仅便利了中老两国的交往，更重要的是打通了老挝与东南亚各国的通道。

万象南站是磨万段的主要货运站，位于老挝万象市，靠近老挝与泰国边境，因其独特的地理位置和物流转运配送区位优势，成为中老泰等国进入万象的货物中转“旱码头”。中老铁路开通后，万象南、纳堆、万荣、琅勃拉邦等8个货运站全部投入使用，单月货运量屡创新高。同时，老中铁路公司针对过境货物品类多、数量大等情况，通过减免铁路集装箱保证金、租金和延期使用费，增加境外还箱点数量，进一步降低物流成本，最大限度服务沿线企业，有效提升铁路货物运量。中老铁路开通后，还在中国和东盟之间构建起一条便捷的国际物流通道，《区域全面经济伙伴关系协定》（RCEP）正式生效后，中国与东盟之间的国际物流需求日益旺盛。目前，中老铁路国际货物联运从开通初期日均2列增加到目前的日均12列，货物运输覆盖老挝、泰国、越南、缅甸等多个共建“一带一路”国家，运货种类由初期的化肥、百货等100多种扩展至电子、光伏、冷链水果等2000多种。

（资料来源：中国网，有改动。）

请以项目组为单位，认真阅读案例，分别从网上查阅资料、观看视频短片，思考并回答“任务实施”中的问题。

知识链接

天津J贸易公司（以下简称J贸易公司）是一家专门进行运动鞋类进出口的外贸生产加工企业，并与蒙古国乌兰巴托市的C贸易公司有着数年的经贸关系。2023年10月21日，J贸易公司委托A物流有限公司代理出运一批运动鞋（税号6404.1100）到C贸易公司，铁路运输，货主自备20英尺集装箱2个（运动鞋出口数量共计18200双，纸箱包装，每箱装60双、箱体积0.164立方米）。A物流有限公司尚未开展国际铁路联运代理业务，但因J贸易公司是他们的海运业务老客户，所以热情地指派公司赵小姐协助联系天津外运公司办理此笔业务。赵小姐热情好学，积极协调业务，并从中学到了许多新的知识。赵小姐从天津外运公司陆运部张经理处得到一份国际铁路联运出口业务流程图（如图5-1所示），并得到了张经理的热心解释。

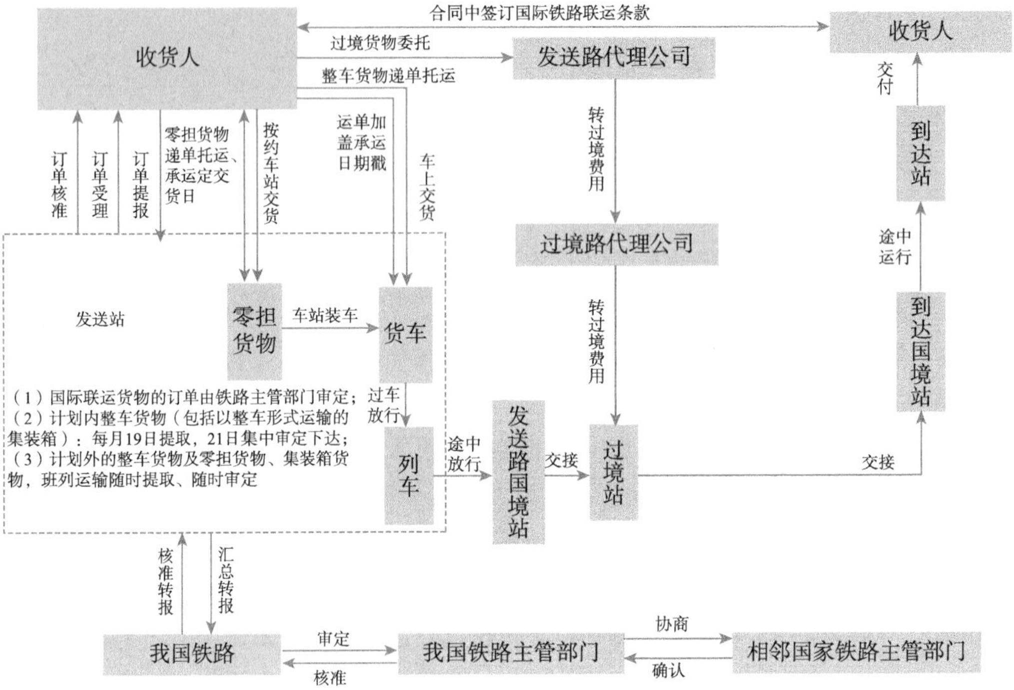

图5-1 国际铁路联运出口业务流程图

✣ 知识点1：托运、承运与发运

一、托运与承运

发货人在托运货物时，应向车站提供货物运单，以作为货物托运的书面申请。

车站接到运单后，应认真审核，检查是否有批准的月度和旬度要车计划，检查运单各项内容的填写是否正确，如确认可以承运，应予以登记。车站在运单上登记货物和填写车站的承运日期或装车日期，即表示受理托运。发货人应按登记时填写的日期将货物搬入车站的货场或指定的货位，由铁路有关部门根据运单上的记载查对实际货物，并由车站方确认货物符合《国际货协》和有关规章制度的规定后，予以接收。整车货物装车完毕，且车站在运单上加盖了承运日期戳，即表示货物已承运。

零担货物的托运与整车货物不同，发货人在托运时，凭运单直接向车站申请托运。将货物过磅称重，并搬运到指定的货位上，交由铁路部门报关。车站将发货人托运的货物，连同运单一同接收完毕后，应在运单上加盖承运日期戳，表示货物已承运。

托运、承运完毕，以运单为具体表现形式的运输合同即开始生效，铁路按《国际货协》的规定对货物有保管、装车并运送到指定目的地的责任。

二、装车发运

货物办理完托运和承运手续后，接下来是装车发运。货物装车，应在保证货物和人身安全的前提下，做到快速进行，以缩短装车作业时间，加快车辆周转和货物运送。

按铁路运输的规定，在车站公共装卸场所内进行的装卸工作，由铁路部门负责组织；在其他场所如专用线装卸场内进行的装卸工作则由发货人或收货人负责组织。但某些性质特殊的货物，如易腐货物、未装容器的活动物等的装卸工作，即使在车站公共装卸场所内，也由发货人组织。

1. 发货人向铁路部门托运货物时应做好的工作

（1）货物的品质、规格、数量须符合合同的规定，凡需要进行检验和检疫的货物应及时报检。

（2）托运货物时应认真过磅称重，细致查点件数，并将货物的重量和件数正确记在运单上。

（3）货物的包装应能充分保护货物，既防止货物在运送中的灭失和损坏，也防止该货物对其他货物和运输工具、包装造成损坏。危险货物应按《国际货协》附件第2号《危险货物运送规则》的条款进行包装。例如，本案例用纸箱包装的货物，应在箱面和箱底部中线加贴牛皮纸或胶条；用麻布（或白布）包装的出口货物，发货人应做到包装完整且整洁，包件捆紧，发运时应根据车辆情况妥善衬垫；装两层以上的桶装货物，发货人应在各层货物之间用垫木或其他适当的衬垫物妥善衬垫，以防止包装磨损擦破，货物撒漏。

（4）货物标记和标志牌要为运送货物提供方便，便于识别货物，以利于装卸和收货人提货。发货人应在货件上留下清晰、不容易擦掉的标记，或拴挂货签。对整车货物（堆装货物除外），应在靠近车门的货物上做标记，每车标记的货物不少于10件。对于零担货物，应在每件货物上做标记，标记的内容为：发送路和发站、到达路和到站、每件货物的记号和号码、发货人和收货人的姓名、零担货物的件数、运单号。这些内容应同运单记载一致。

如运送某些要求采取特别防护的货物，发货人应在每个货件上做特别标记或粘贴标志牌。标记应用发送国文字书写，并翻译成俄文。标示牌上记载的内容用发送国文字和俄文印刷。由中国发往越南、朝鲜的货物不需要翻译成俄文，货物上不应有旧的标记或标示牌及与运输无关的字画。

（5）发货人在托运货物时声明价值，其目的在于保证货物发生货损、货差时，能够得到铁路部门按照货物的声明价值做出的相应赔偿。发货人在托运下列货物时应声明价值：金、银、白金及其制品；宝石；贵重毛皮及其制品；摄制的电影片、画、雕像、艺术制品；古董；家庭用品。只有当发货人在运单“发货人的特别声明”栏内注明“不声明价值”的记载，并签字证明时，才准许承运无声明价值的家庭用品。

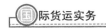

本案例中的运动鞋为上述货物以外的普通货物，可不进行价值声明。但如果发货人要求，也可声明价值。

2. 货物装车发运的主要步骤

（1）货物进站。货物应按照铁路规定的时间进站。进站时，发货人应组织专人在车站接货，并会同铁路货运员对货物的包装状况、品名、件数、标记、唛头、运单及随附单证等逐一进行检查，如发现问题，要查明原因予以更正。货物全部搬入车站经铁路货运员验收、确认符合运送要求后，发货人即可同铁路货运员办理货物交接手续，并在运单上签字确认。零担货物经铁路货运员查验与过磅，发货人按运单交付运杂费后，货物在站内的报关和装车发运工作由铁路部门负责。在专用线装车时，发货人应在火车调送前一日将货物搬至货位，并做好装车前的一切准备工作。

（2）请车和拨车。由铁路部门负责装车的货物，请车和拨车均由铁路部门自行处理。由发货人负责装车时，不论是在车站的货场内装车还是在专用线装车，发货人都应按铁路部门批准的要车计划，根据货物的性质和数量，向车站请拨车辆。发货人应正确合理地选择车种和车辆吨位，尽量做到车种适合货种，车辆吨位配合货吨，在保证安全的前提下充分利用车辆的载重量与容积，提高运输的经济效益。铁路部门在火车调送到装货地点或车辆交接地点期间，应事先通知发货人，发货人根据进货通知按时接车，同时组织装车力量，在规定的时间内完成装货工作，按时交车，并将装货完毕时间通知车站。

（3）装车。货物装车应具备三个基本条件：第一，货物包装完整、清洁、牢固，货物标志与标记清晰完整；第二，车辆车体完整清洁，车辆状况良好，具备装货条件；第三，单证齐全，单证内容完整、准确。由发货人装车的货物，发货人应对其进行现场监装。由铁路部门负责装车的货物一般应由铁路部门监装，在必要时可要求发货人在车站货场检查装载情况。

（4）加固。对于敞车、平车及其他特种车辆装运超限货物、裸体的机械设备及车辆等货物，应在装车时放置稳妥，捆绑牢固，防止运送途中发生移动、坠落、倒塌及相互撞击等情况，保证货物安全运送。

货物加固工作，应由铁路部门负责（自装车和专用线装车由发货人负责），但发货人应检查加固情况，如不符合要求，应及时提醒铁路部门重新加固。

（5）施封。施封是保证货物运输安全的重要措施之一，以便分清铁路与发货人、收货人之间，铁路内部之间的责任。一般来说，装运国际联运出口货物的棚车、冷藏车、罐车必须施封。

货车施封时，应使用只有在毁坏后才能启开的封印。

铁路部门负责装车时由铁路部门施封，发货人负责装车时由发货人施封或委托铁路部门施封，此时发货人应在运单“铅封”栏内注明“委托铁路部门施封”字样。对出口货物和换装接运的进口货物，各发站和进口国境站必须用粗铁线将车门上部门扣和门鼻儿拧紧，在车门下部门扣处施封。

（6）办理和使用运输标志。运输标志又称“唛头”（Mark），一般印制在货物外包装上。收货人印制唛头时应按以下顺序排列。

①订货年度代号。

②承办订货进出口公司代号。

③收货人代号。

④间隔代号。

⑤商品类别编号。

⑥合同编号。

⑦贸易国别地区代号。

（7）向国境站寄送合同资料。当铁路运载的货物属于联运进出口货物时，向国境站寄送合同资料是必不可少的一步。合同资料是国境站核放货物的重要依据，各进出口贸易公司在对外合同签妥后，要及时向货物经由国境站的外运分支机构寄送合同的中文抄本。对于由外运分支机构接收的小额订货，各进出口贸易公司必须在抄运合同的同时，按合同内容添加货物分类表。

（8）办理货物发出后的事项。

①登记。货物发出后，要将办理发货人的姓名，货物名称、数量、件数、毛重、净重、发站、到站、经由口岸、运输方式、发货日期、运单号、车号及运费等项目，详细登记在发运货物登记表内，作为原始资料。

②通知及上报。如合同规定发货后发货人要通知收货人的，要及时通知；如规定要上报总公司和当地有关主管部门的，要及时上报。总之，要及时做好必要的通知和报告工作。

③修改和更正。如果货物发出后，发现单证错误或单货不一致，要及时通知货物经由国境站外运分支机构，要求代为修正，如发货后需要变更收货人、到站或其他事项的，及时按规定通知原经由国境站办理变更。

✣ 知识点 2：国际联运货物的国境站交接

在相邻国家铁路的终点，从一国铁路向另一国铁路办理移交或接收货物和车辆的车站称为“国境站”。国际铁路联运进出口货物在国境站的交接由两国铁路部门负责。

一、国际铁路联运出口货物在国境站的交接

国际铁路联运出口货物在国境站交接的一般做法如下。

（1）国境站货运调度根据国内前方站列车到达预报，通知交接主管处和海关做好列车的接车及检查准备工作。

（2）出口货物列车进站后，铁路部门会同海关接车，并将列车附带的运送票据送到交接所处理，货物及列车接受海关的监管和检查。

（3）交接所实行联合办公，由铁路部门、海关、外运公司等单位按照业务分工进行流水作业，密切配合，加速单证和车辆的周转。其具体分工如下。

铁路部门主要负责翻译运送票据，编制货物和车辆交接单，并以此作为向邻国铁路部门办理货物和车辆交接的原始凭证。

外运公司负责审核货运单证，纠正货运单证上存在的差错和处理错发、错运事故，并将报关单、运单及其他随附单证送海关办理报关手续。

海关根据报关单查验货物，在单、证、货相符，符合国家政策法令规定的条件下，准予解除监督、验关放行。

最后由双方铁路部门具体办理货物和车辆的交接手续，并签署交接证件。

二、出口货物交接时的注意事项

1. 出口货物单证审核

审核出口货物单证是国境站的一项重要工作，它对正确核放货物，纠正单证差错和处理错发、错运事故，保证出口货物顺利交接都具有重要意义。

出口货物运抵国境站后，交接所应将全部货运单证送到外运公司进行审核，外运公司作为国境站的国际货运代理，审核单证时，要以运单内容为依据，审核报关单、商检证书等记载的项目是否正确、齐全。

出口货物单证经复核无误后，应将报关单、运单及其他随附单证送到海关，作为向海关申报和海关审核放行的依据。

2. 办理报关、报检等法定手续

铁路运输出口货物的报关，由发货人委托铁路部门在国境站办理。发货人应填制报关单，作为向海关申报的主要依据。

报关单格式由我国海关总署统一制定。发货人或其代理须按海关规定逐项填写，且填写的内容应准确、详细，并与运单及其他单证记载相符，字迹端正、清晰，不可任意省略或简化。对于填报不清楚或不齐全的报关单，以及未按《中华人民共和国海关法》的有关规定交验进出口许可证等有关单证者，海关将不接受申报。对于申报不实者，海关将按违章处理。铁路车站在承运货物后，在报关单上加盖站戳，报关单与运单一起随货通行，以便国境站向海关申报。

需要办理商品检验检疫的货物，要向商品检验检疫部门办理商品检验检疫手续，并取得证书。上述证书在车站托运货物时，需连同运单、报关单一并随车同行，在国境站由海关执行监管，查证放行。

3. 凭铅封交接与按实物交接

货物的交接可分为凭铅封交接和按实物交接两种情况。

凭铅封交接的，根据铅封的站名、号码或发货人简称进行交接。交接时应检查封印是否有效或丢失，印文内容、字迹是否清晰可辨，与交接单内容是否相符，车辆左、右两侧铅封是否一致等，然后由双方铁路部门凭完整铅封办理货物交接手续。

按实物交接的，可分为按货物重量、按货物件数和按货物现状交接3种方式。按货物重量交接的，如两国铁路间使用敞车、平车和砂石车装运煤、石膏、焦炭、矿石等货物；按货物件数交接的，如两国铁路间用敞车类货车装载每批不超过100件的整车货物；按货物现状交接的，一般是难以查点件数的货物。

在办理货物交接时，交付方必须编制货物交接单，没有编制交接单的货物，在国境站不得办理交接。

4. 出口货物事故的处理

联运出口货物在国境站换装交接时，如发现货物短少、污染、湿损、被盗等，国境站外运公司应会同铁路部门查明原因，分清责任、加以处理。由于铁路部门的原因造成的事故，请铁路部门编制商务记录，并由其负责整修。整修所需的包装材料，由国境站外运公司根据需要协助提供，但费用由铁路部门承担。由于发货人的原因造成的事故，在国境站条件允许的情况下，由国境站外运公司负责整修，但需要发货人提供包装材料，承担所有的费用和损失；因技术条件限制，无法在国境站整修的货物，应由发货人到国境站指导处理，或将货物返还发货人处理。

✣ 知识点3：铁路货物费用结算

一、参与《国际货协》铁路运费

在参与《国际货协》和未参与《国际货协》但采用《国际货协》规定的国家的铁路间运送货物时，运送费用按下列规定核收。

（1）发送路运送费用，即我国国内铁路运送费用，按承运当日《统一货价》规定计算，由发货人向车站支付。

（2）过境路是指在国际铁路联运中，除货物发送路和到达路以外的途经铁路。过境路运送费用按承运当日《统一货价》规定计算，按支付当日规定的兑换率折算成当地货币，由发货人向发站支付。当货物需要通过几个过境铁路运送时，准许由发货人支付一个或几个过境铁路的运送费用，其余铁路的运送费用由收货人支付。两个以上国家过境铁路的运送费用，按《统一货价》的规定以国境线为起讫点分开计算。

（3）到达路是指在国际铁路联运中，货物到达国家铁路的简称。到达路运送费用按承运当日到达路所在国规章规定，由收货人以到达国货币向到站支付。

二、未参与《国际货协》铁路运费

向未参与《国际货协》的国家或地区运送货物时，运送费用按下列规定核收。

（1）我国铁路的运送费用按我国国内规章规定计算，在发站向发货人核收。

（2）参与《国际货协》的各过境铁路的运送费用，按《统一货价》规定计算，在发站向发货人核收（相反方向运送时，在到站向收货人核收）。

（3）向未参与《国际货协》的国家运送货物时，核收转发送国家铁路的运送费用，按转发送国家所参加的国际联运协定计算，在到站向收货人核收（相反方向运送时，在发站向发货人核收）。

通过港口站运送货物时，运送费用按下列规定核收。

（1）我国通过参与《国际货协》的国家的铁路港口站向其他国家运送货物时，我国铁路的运送费用按我国国内规章规定计算，在发站向发货人核收（相反方向运送时，在到站向收货人核收）。

（2）参与《国际货协》的国家的铁路通过我国铁路港口站往其他国家运送货物时，过境我国的运送费用按《统一货价》规定计算，并且必须在发站向发货人核收；相反方向运送时，则必须在货物到站向收货人核收。只有在港口站发生的杂费和其他费用，可在该港口站向代理人核收。

集装箱货运的发送作业流程、集装箱货运的到达作业流程分别如图 5-2、图 5-3 所示。

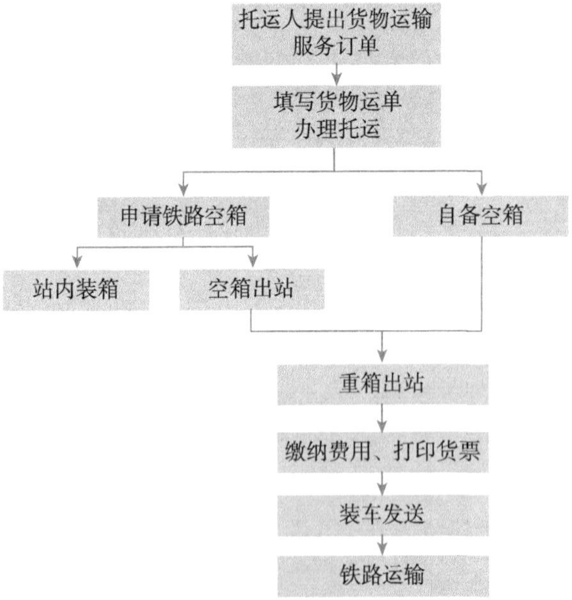

图 5-2　集装箱货运的发送作业流程

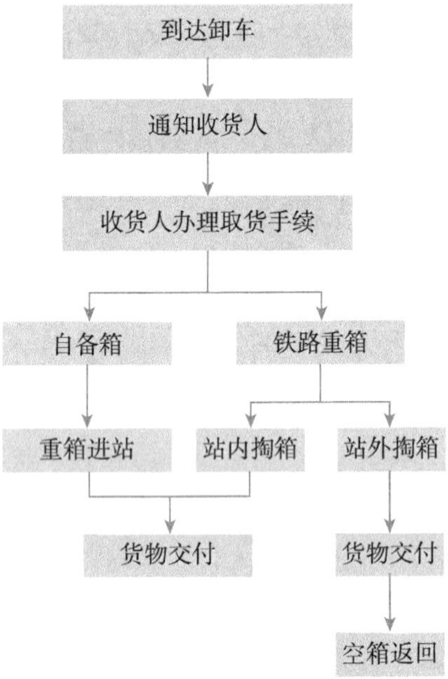

图 5-3　集装箱货运的到达作业流程

✣ 知识点 4：货物交接程序

货物交接应遵循如下程序。

（1）货运调度根据前方列车到达预报，通知相关部门做好接车准备工作。

（2）货物列车进站后，铁路部门应及时接车，并检验随车代交的运送票据。

（3）通知收货方接货。

国际铁路联运代理出口业务流程如图 5-4 所示。

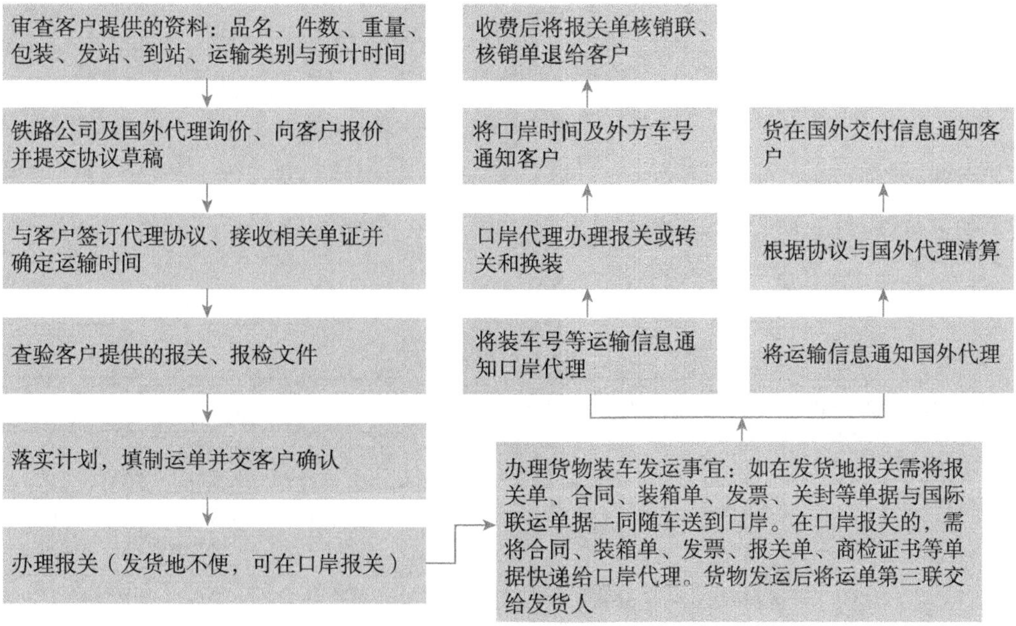

图 5-4　国际铁路联运代理出口业务流程

任务实施

阅读“任务描述”，回答以下问题。

1. 了解了中老铁路的繁荣，有什么感受？

____

____

____

2. 老挝经济将会得到怎样的发展？

____

____

____

3. 简述国际铁路货物运输费用的结算方式。

____

____

____

4. 国际铁路联运的范围包括同参与《国际货协》的国家的铁路之间的联运，同未参与《国际货协》的国家的铁路之间的联运及通过港口站的货物运输，试简述以上 3 种情况的货运操作方式。

____

____

____

任务评价

在完成上述任务后，教师组织进行三方评价，并对学生的任务执行情况进行点评。学生完成考核评价表（见表 5-2）的填写。

表 5-2　　考核评价表

班级		团队名称				
团队成员						
考核项目		要求	分值	学生自评（30%）	团队互评（30%）	教师评定（40%）
知识能力	托运、承运与发运	分析合理	20 分			
	国境站交接	分析合理	20 分			
	铁路货物费用结算	计算准确	20 分			
	货物交接程序	分析合理	10 分			
职业素养	文明礼仪	形象端庄 文明用语	10 分			
	团队协作	相互协作 互帮互助	10 分			
	工作态度	严谨细致 认真细心	10 分			
合计			100 分			

牛刀小试

参考答案

一、单项选择题

1. 以下对国际铁路联运定义正确的是（　　）。

A. 国际铁路联运指在跨及两个或两个以上国家铁路货物的运送中，使用一份运送票据，并以连带责任办理的运送

B. 国际铁路联运指在跨及两个或两个以上国家铁路货物的运送中，使用一份运送票据，只使用铁路运输一种运输方式，并以参加运送国家铁路连带责任办理的运输方式

C. 国际铁路联运指在跨及两个或两个以上国家铁路货物的运送中，无需发、收货人参加，而由参加国铁路共同使用一份运输票据，并以连带责任办理货物的全程铁路运送

D. 国际铁路联运是涉及多个国家铁路运输的一种国际联合运输形式

2. 我国铁路发运国际联运货物的车站是（　　）。

A. 所有中国铁路车站　　B. 带国际铁路联运编码的车站

C. 四等站以上的火车站　　D. 所有的货运站

3. 在我国发运国际铁路联运的货物时，如果发现我国铁路的运输规定与国际贸易规定有所差异，则应该（　　）。

A. 按照国际贸易规定执行

B. 哪种规定合理，则按照哪种规定执行

C. 遵照中国铁路规定执行

D. 哪种规定省钱，则按哪种规定执行

4. 国际铁路联运保价运输的特点是（　　）。

A. 保障全程运输中的一切风险

B. 保证货物运输及时运到

C. 只负责我国境内的运输过程内责任

D. 可对境内运输的全过程管理

二、多项选择题

1. 在我国进行的国际铁路联运中，必须遵守的规章主要有（　　）。

A.《国际货协》　　B.《统一货价》

C.《铁路货物运价规则》　　D.《国际货约》

2. 当声明价值的货物全部或部分灭失时，铁路应按（　　）给予赔偿。

A. 声明价值

B. 实际价值

C. 相当于货物灭失部分的声明价值的款额

D. 相当于货物灭失部分的实际价值的款额

3. 对于零担货物，应在每件货物上做标记，标记的内容为（　　）。

A. 发送路和发站、到达路和到站　　B. 运单号

C. 每件货物的记号和号码　　D. 零担货物的件数

三、判断题

1. 由于朝鲜铁路轨距同我国铁路轨距一致，因此运往朝鲜的货物不用换装，可以原车运往朝鲜。（　　）

2. 国际铁路联运只遵守《国际铁路货物联运协定》。（　　）

3. 国际铁路联运是跨越国境的国际货物运输。（　　）

4. 承运附有运单货物的铁路承运人，应对将货物运抵交货地的全程运输负责；后续的铁路承运人，只应对所承运路段负责。(　　)

5. 为了避免事故的发生，只能使用危险货物专用车装运危险货物。(　　)

6. 如果货物发出后，发现单证错误或单货不一致，要及时通知货物经由国境站外运分支机构，要求代为修正。(　　)

四、考证知识训练

中储智运“大数据”开启新物流生态圈

中储股份作为隶属于中央国资委的全国大型现代综合物流企业，于2014年7月成立中储南京智慧物流科技有限公司，作为国家第一批“无车承运人”试点企业，创新地将无车承运人模式与运费议价功能结合，创立了物流运力交易共享功——“中储智慧运输物流电子商务平台”（以下简称“中储智运”）。平台2015年上线至今已经发展成为一个业务覆盖全国31个省、自治区及直辖市，辐射451个城市，运输线路超过3万条，年货运量超过2亿吨，能综合反映全国物流运行状况的基础设施平台。2021年5月中储智运成功入选国家级服务业标准化试点，通过“标准化+”优化商贸流通服务业的管理和服务流程，构建方便、快捷、安全的流通网络，提升管理水平和服务质量，促进标准化与各类流通新业态深度融合，提升商贸流通服务业整体效益。

平台功能。中储智运一方面通过“物流运力交易共享平台”和“网络货运平台”两个核心平台为行业提供专业物流服务，依托智能配对技术打造对流线路，使返程车辆得到有效利用，最大化实现合理运输，进一步降低空驶空载率；另一方面，基于线上技术与线下服务的深度融合，全方位保障了货物的运输安全。平台全程介入货主与司机的货运业务，基于海量的真实业务数据，打造了完整的运力交易数据链，在源头上保证了业务的真实性，为实现货运安全及道路运输安全奠定了基础。中储智运还构建了由车载北斗定位、手机GPS定位、运营商LBS定位、车联网设备组成的“四位一体”运输轨迹定位体系，实现真实、实时、有效的“货物轨迹流”监控。依托遍布全国的运营管理及保障团队，做到单单跟进，持续跟踪车辆在途运行轨迹。

精准物流大数据算法。首先建立车、货、人“数据库”，精准抓取并分析整个业务链所涉及的人、车、货数据，将它们与注册司机诚信背景数据进行智能匹配，开发最优运输路线规划、返程空车货源匹配等效能提升算法，智能配对算法可综合分析每一位在线司机的常跑线路、常运货物种类、车型车况、实时位置及目的地等综合数据，为其匹配更合理的运输订单，从而使司机能够“一边跑货，一边接单”，降低空驶空跑率，更合理、更高效地规划自己的运输计划。智能配对技术的应用使得平台司机的平均接单时间从原先的5.8小时，缩减至1.8小时以内，成交时间缩短了69%，最大程度解决空驶空载、车货不匹配的问题。

延伸发展。中储智运依托其平台的智能配对和调度系统为布局海外数字化供应链赋能，积极拓展公铁水多式联运业务，并顺势搭上国家“一带一路”的顺风车，努力打造标准化多式联运产品，发挥自身优势为行业提供一站式的多式联运物流解决方案，最终实现“降本增效”。开展“一带一路”国际班列是中储智运布局全球供应链的重要举措，已经打造了“一带一路”中亚、中欧班列，形成西安、郑州、成都与中亚五国、欧洲之间的往返班列。

中储智运这样的平台将完成由“赋能”到“赋智”的升级，从当下为全行业的物流效能提供数字化“赋能”，逐渐提升至为全行业的供应链运营管理进行“赋智”，重点规划构建数字化第三方供应链公共服务平台、数字化多式联运基础设施以及反映社会物流运行水平的运价指数、健康指数，让新一代的信息技术能够与各行各业深度融合，打造智能供应链生态圈。

（1）结合案例，分析中储智运如何将大数据技术应用于网络货运平台建设。

（2）结合案例，分析网络货运平台如何实现降低供应链成本。

（3）尝试梳理大数据技术在物流领域具体应用场景。

五、技能大赛训练

2022 年 2 月 3 日，上海云峰贸易有限公司计划从上海出口一批耐火砖到纽约。数量 9750 纸箱，毛重 16 公吨，体积 13.00 m^3，单价 USD2。请根据给定的货物运输要求以及海运、空运运价表和陆运运价表，列出所有可能的运输路线，选择最优路线和运输方式，填制运输路线表。

路线 1：找出成本最低的运输路线。

路线 2：成本控制在 USD3000 内，找出时间最短的运输路线。

说明：1. 运费计算最终结果保留两位小数；

2. 路线序号以阿拉伯数字 1、2、3……表示。

不同线路的运输方式书写规范：前程运输方式+后程运输方式，如“海运+空运”“空运”。

海运、空运运价表

装运地	目的地	报价（USD/t）	运输方式	用时
上海	纽约	130.00	海运	26 天
上海	西雅图	76.00	海运	18 天
上海	洛杉矶	74.00	海运	14 天
上海	纽约	330.00	空运	14 小时
上海	西雅图	220.00	空运	11 小时
西雅图	纽约	160.00	空运	5 小时
上海	洛杉矶	200.00	空运	12 小时

续 表

装运地	目的地	报价（USD/t）	运输方式	用时
洛杉矶	纽约	150.00	空运	6小时

注：

①以上报价信息均取自一个时间段内的经验值。

②以上报价已含中转、仓储、短驳成本。

③中转时间说明：海运转空运需24小时；空运转空运需12小时。

陆运运价表（运输方式：铁路运输）

装运地	目的地	单位运价（USD/tkm）	里程（km）	运输时间（h）
西雅图	纽约	0.018	4500.00	30
洛杉矶	纽约	0.015	4520.00	32
中转时间说明：海运转铁运需12 h；空运转铁运需12 h				

06 PROJ

项目六 国际多式联运

◎知识目标

- 认识国际多式联运及相关概念，掌握国际多式联运的组织与安排。
- 掌握海运、铁路、公路等运输路线的综合运用。
- 会根据不同的运输方式进行费用的综合计算。
- 了解海铁联运概念及优势。
- 了解我国海铁联运的发展现状、存在问题与发展策略。

※能力目标

- 能对世界地图进行系统综合分析，完成国际多式联运方案设计。
- 能处理海运、航空、铁路、公路多种运输方式的订舱。
- 能读懂国际海运、铁路、公路、航空货运单证，会制作多式联运提单。
- 会选择海铁联运的运输线路。
- 会比较海铁联运的分段运输成本。
- 会进行海铁联运运费核算。
- 会进行海铁联运方案确定及客户报价。

❖思政目标

- 具有诚实守信的品质和吃苦耐劳的精神。
- 养成良好的服务意识、安全意识，形成系统规划思维。
- 具有耐心、细致、严谨的工作作风。
- 培养学生坚定的民族自信和制度自信。
- 培养学生的精益求精的工匠精神。

知识图谱

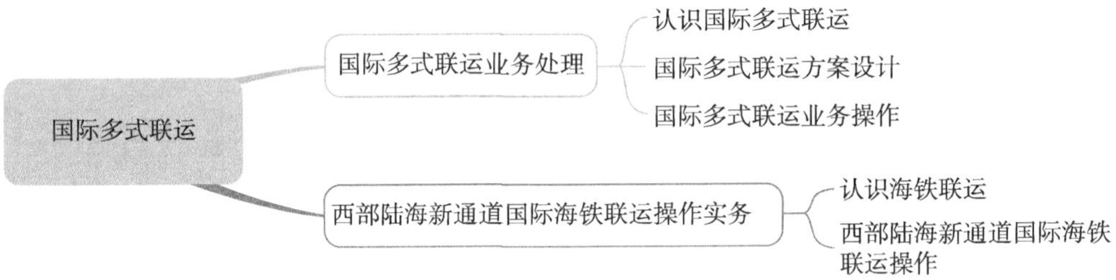
国际多式联运
国际多式联运业务处理
认识国际多式联运
国际多式联运方案设计
国际多式联运业务操作
西部陆海新通道国际海铁联运操作实务
认识海铁联运
西部陆海新通道国际海铁联运操作

岗位分析

岗位：多式联运部单证操作专员

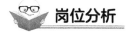

岗位职责：负责国际多式联运业务的揽货、操作及客户维护。

典型的工作任务：负责公司欧洲英语地区/北美、南美英语地区/非洲法语国家国际多式联运货物运输项目客户的开发和维护、报价、物流方案制作等业务；负责协助组织和实施国际多式联运货物运输项目的管理和操作；了解客户需求，完成客户交代的相关工作；完成上级交办的其他工作。

职业素质：工作认真负责、踏实；思路清楚，执行力强；有良好的职业操守、沟通能力与团队协作能力；吃苦耐劳，有较强的学习和沟通能力；具备良好英语/法语的听、说、读、写能力，能与海外客户顺畅沟通；能接受国内外项目操作及长期出差、驻点；熟练操作办公软件如 Word、Excel、PPT 等。

职业能力：具备处理船舶进出港手续和文件的能力；具备对进出口货物报关、报检，熟练制作相关单证的能力；具备计算班轮运费和集装箱运费的能力；具备与港口、海关和其他相关机构进行协调，以确保船舶的顺利运行的能力。

可持续发展能力：能进行多种运输方式的协调；能和客户进行高效精准的沟通；能够严谨细致地完成操作流程。

项目导读

多式联运方案设计

随着我国汽车行业关税壁垒的逐渐消除，国内汽车行业开始寻求新的竞争能力，现代物流作为第三利润源成为关注的热点。结合汽车行业的特点，从物流角度来研究汽车零部件运输问题，对于汽车企业有着重要的作用。特别是自我国加入世界贸易组织后，汽车行业遭遇了前所未有的挑战，各生产厂商面临着降低成本的巨大压力，而通过对物流过程的优化，物流成本有着较大的降低空间。汽车消费市场对整个行业提出品种多样化、更新周期短、价格低等要求，以及汽车制造厂普遍开展订单式、JIT 式等生产方式，对汽车零部件的物流提出了更高的要求。

现代汽车物流运输系统已经不是由传统的单一的运输方式构成的了，而是由海、陆、空等不同的运输方式有机地组合在一起的连续的、综合的多式联运形式，它能够实现货物整体运输的最优化。相对于传统的运输方式，多式联运具有简化操作、节约时间、成本较低、运输管理水平较高等诸多优点，因此越来越受到生产企业、物流企业的青睐。

LYD 国际货运代理有限公司（以下简称 LYD 货运代理公司）具有“无船承运人”和

“一级国际货代”资质，拥有一支专业化的物流方案策划和运作团队，能集成海关、码头、公路及铁路等方面的强大资源，具有完整的内外贸口岸服务功能，提供国际航运、进出口报关、国内水运、陆运及铁路运输、零部件拆装箱、仓储、外贸转关等服务。

小张是现代物流管理专业的一名学生，今年毕业后进入了 LYD 货运代理公司的物流部。他所在的部门负责多式联运方式设计。近期，LYD 货运代理公司收到了一份汽通公司的汽车零部件运输的招标书。物流部主管非常赏识小张，想通过这个机会来检验一下小张的能力，于是将招标书和相关项目的资料都给了小张，让他编制一份多式联运方案。这是小张进入 LYD 货运代理公司以来的第一个任务，也是一次难得的锻炼机会。他兴奋地拿起招标书看了起来。但是小张是新人，对于业务流程并不熟悉。请你通过本项目的学习，帮助小张编制一份合理的多式联运方案吧。

任务一　国际多式联运业务处理

任务描述

为了开拓印度等东南亚国家的市场，最近汽通公司确立了一项零部件供应计划，准备从 2025 年 1 月开始，从广西柳州经广州向印度 YM 公司（位于孟买）出口 SKD 汽车零部件，贸易术语属于为 CIF。经过市场分析与预测，预计第一年和第二年年产量将达到 50000 辆和 100000 辆。零部件相关信息如表 6-1 所示。

表 6-1　　零部件相关信息

出口车型	WLZG
运输物料	SKD 件
台套与箱比例	10 台套/40HC
发货周期	一周/批
发货点	柳州仓库
收货点	印度 YM 公司
出口运输方式	集装箱
包装	托盘
包装体积	1×1.1×0.9 m
平均重量	1200 千克/件
柳州装货	1 个装卸平台
工厂工作时间	6 天/周
发货港口岸	广州
目的港口岸	孟买新港
贸易条款	CIF

汽通公司要求在规定的时间内，承运方能够完成所运货物的装卸、仓储、运输、商检及报关等任务，并且制定一份详细的水、陆、空或多式联运方案。

知识链接

✣ 知识点 1：认识国际多式联运

自“一带一路”倡议提出以来，国际货运开辟了新的通道，国家对于多式联运的支持政策也越来越多。近年来关于支持多式联运的国家政策如表 6-2 所示。

表 6-2　　近年来关于支持多式联运的国家政策

国家物流枢纽网络建设实施方案〔2021 年〕 交通运输部	关于支持国家综合货运枢纽补链强链的通知〔2022 年〕 财政部　交通运输部
关于做好国家综合货运枢纽补链强链工作的通知〔2022 年〕 交通运输部　财政部	关于做好 2023 年国家综合货运枢纽补链强链申报工作的通知交办规划函〔2023〕363 号 财政部　交通运输部

我国以“干线运输+区域分拨”为主要特征的现代化多式联运网络基本建立，初步形成了国家综合交通枢纽布局，着力建设了京津冀、长三角、粤港澳大湾区、成渝地区双城经济圈 4 个国际性综合交通枢纽集群、20 个左右国际性综合交通枢纽城市和 80 个左右全国性综合交通枢纽城市，推进一批国际性枢纽港站、全国性枢纽港站建设。国家综合交通枢纽布局如图 6-1 所示。

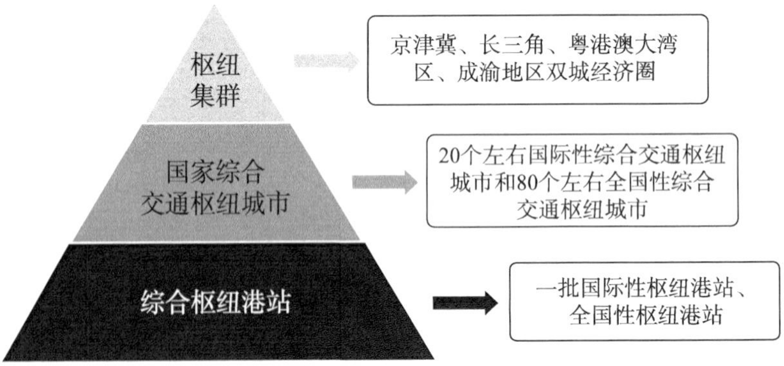

图 6-1　国家综合交通枢纽布局

同时，国际多式联运大通道，如中欧班列、中欧陆海快线、西部陆海新通道、新亚欧陆海联运通道等稳步发展。截至 2023 年 6 月底，中欧班列通达欧洲 25 个国家的 200 多个城市，86 条运行线路穿越亚欧腹地主要区域，物流配送网络覆盖欧亚大陆，西部陆海新通道铁海联运班列覆盖中国中西部 18 个省（区、市），货物流向通达 100 多个国家的 300 多个港口。

一、国际多式联运的定义及优势

（一）国际多式联运定义

根据1980年《联合国国际货物多式联运公约》（简称“多式联运公约”）以及1997年我国交通部和铁道部共同颁布的《国际集装箱多式联运管理规则》的定义，国际多式联运是指“按照多式联运合同，以至少两种不同的运输方式，由多式联运经营人将货物从一国境内接管货物的地点运至另一国境内指定地点交付的货物运输”。

（二）国际多式联运的优势

国际多式联运是一种比区段运输高级的运输组织形式，其优越性主要表现在以下方面：

（1）简化托运、结算及理赔手续，节省人力、物力和有关费用；

（2）缩短货物运输时间，减少库存，降低货损货差事故，提高货运质量；

（3）降低运输成本，节省各种支出；

（4）提高运输管理水平，实现运输合理化；

（5）从政府的角度来看，发展国际多式联运有利于加强政府部门对整个货物运输链的监督与管理。

二、国际多式联运的分类

就其组织方式和体制来说，基本上可分为协作式多式联运和衔接式多式联运两大类。

（一）协作式多式联运

协作式多式联运是指两家或两家以上的运输企业，按照统一的规章或商定的协议，以不同的运输方式，共同将货物从接管货物的地点运到指定交付货物的地点的运输。协作式多式联运的运输组织方法如图6-2所示。

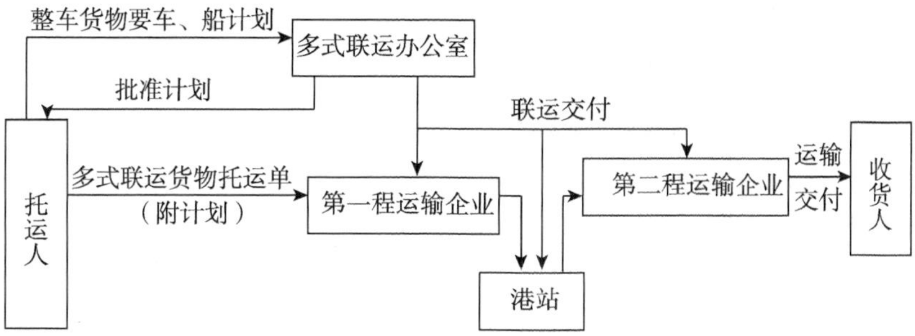

图6-2　协作式多式联运的运输组织方法

（二）衔接式多式联运

衔接式多式联运是指由一家国际多式联运企业（以下称多式联运经营人）组织两种或两种以上运输方式，将货物从接管货物的地点运到指定交付货物的地点的运输。

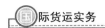

三、国际多式联运与一般国际货物运输的区别

国际多式联运极少由一个经营人承担全部运输。往往是接受货主的委托后，多式联运经营人自己办理一部分运输工作，然后将其余各段的运输工作委托给其他的承运人。国际多式联运与一般国际货物运输的主要不同点有以下方面：

（1）转运提单、联运提单与多式联运单据的区别（见表6-3）；

（2）多式联运单据与各运输区段承运人单据的区别与联系（见表6-4）；

（3）多式联运单据的适用性与可转让性与一般海运提单不同；

表6-3　　转运提单、联运提单与多式联运单据的区别

项目	转运提单	联运提单	多式联运单据
英文名称	Transshipment B/L	Through B/L	CTB/L，MTB/L，ITB/L
单据类型	已装船提单	已装船提单	收货待运单据
运输方式	海—海—海	海运和其他运输方式	多式联运
责任期间	船—船	船—船	收货地—交货地
签发人	海上承运人	海上承运人	多式联运经营人
签发时间	装船后	装船后	收货后
签发地点	装运港	装运港	收货地

表6-4　　多式联运单据与各运输区段承运人单据的区别与联系

项目	多式联运单据	各运输区段承运人单据
收货地	依贸易合同的规定	载运工具的收货地、港、站
装货港	承运船的装货港	承运船的装货港
卸货港	承运船卸货港	承运船卸货港
交货地	依贸易合同的规定	承运工具的卸货地
签单地	收货地或经营人所在地	载运工具的收货地、港、站
托运人	依贸易合同的规定	多式联运经营人或其代理
通知人	依贸易合同的规定	多式联运经营人或其代理
收货人	依贸易合同的规定	多式联运经营人或其代理
类型	一般为指示提单	一般为记名提单
签发人	多式联运经营人	实际承运人
用途	结汇	货物交接与提取

（4）信用证上的条款不同；

（5）海关验放的手续不同。

四、多式联运经营人及组织形式

（一）多式联运经营人定义

多式联运经营人与无船承运人和传统货运代理既有相同点也有不同点（见表6-5）。

表6-5　　多式联运经营人、无船承运人和传统货运代理异同

比较项目		多式联运经营人	无船承运人	传统货运代理
相同之处		它们均属于运输中间商，其主要业务是为供需双方提供运输服务或代理服务，以求赚取运费或代理费		
不同之处	涉及运输方式	至少两种运输方式	海运	海、陆、空
	法律地位	对货主而言是承运人，对各区段承运人而言是货主	对货主而言是承运人，对船公司而言是货主	代理人
	资金占用	很大	较大	很少
	是否拥有船舶	必要时可以拥有	禁止拥有	禁止拥有
	是否拥有陆运与空运工具	必要时可以拥有	必要时可以拥有	禁止拥有
	是否有自己的提单	有	有	无
	是否有自己的运价表	有	有	无
	收入性质	运费（差价）	运费（差价）	代理费或佣金

（二）多式联运经营人的类别

一般来讲，多式联运经营人可以分为两种：一种是有船承运人作为多式联运经营人，另一种是无船承运人作为多式联运经营人。

（三）国际多式联运的运输组织形式

国际多式联运是采用两种或两种以上不同运输方式进行联运的。这里所指的两种不同的运输方式可以是海陆、陆空、海空等。这与一般的海海、陆陆、空空等形式的联运有着本质的区别。目前，有代表性的国际多式联运主要有远东/欧洲，远东/北美等海陆空联运，其组织形式主要包括海陆联运、陆桥运输及海空联运等。

✣ 知识点2：国际多式联运方案设计

国际多式联运方案设计，也称为国际多式联运解决方案，是指国际多式联运企业针对客户的运输需求，运用系统理论和运输管理的原理和方法，合理地选择运输方式、运输工具与设备、运输路线以及货物包装与装卸等的过程。

一、国际多式联运方案设计的决策因素

国际多式联运方案设计决策因素（见图6-3）主要包括运输方式、运输工具与设备、运输路线和自营与分包。不同运输工具对应的运输方式各有其优缺点（见表6-6）。

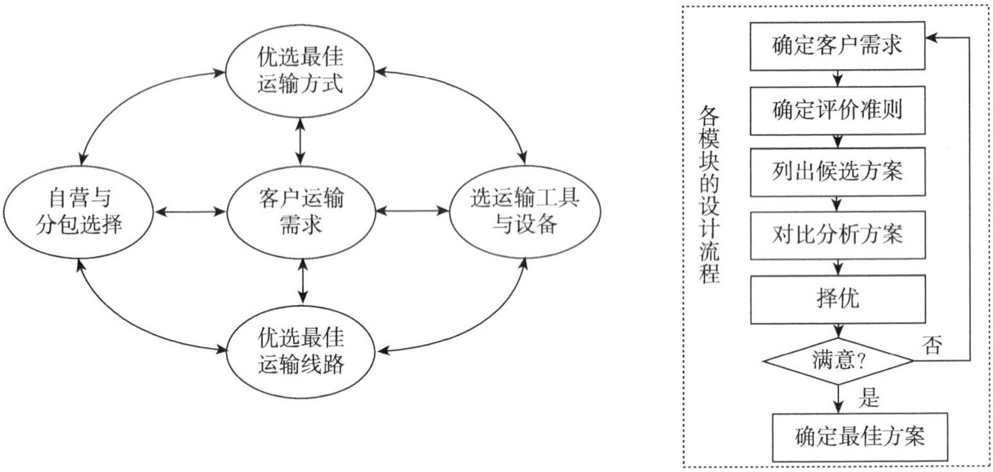

图6-3　国际多式联运方案设计决策因素

表6-6　不同运输工具对应的运输方式的优缺点

运输方式	优点	缺点	主要运输对象
铁路运输	1. 大批量货物能一次性有效运送 2. 运费负担小 3. 轨道运输，事故相对少、安全 4. 铁路运输网完善，可运达各地 5. 受自然和天气影响小，运输准时性较高	1. 近距离运输费用高 2. 不适合紧急运输要求 3. 由于需要配车编组，中途停留时间较长 4. 非沿线目的地需汽车转运 5. 装卸次数多，货损率较高	长途、大量、低价、高密度商品，比如，采掘工业产品、重工业产品及原料、制造业产品及原料、农产品等
公路运输	1. 可以进行门到门运输 2. 适合于近距离运输，较经济 3. 使用灵活，可以满足多种需要 4. 输送时包装简单、经济	1. 装载量小，不适合大量运输 2. 长距离运输运费较高 3. 环境污染较严重 4. 燃料消耗大	短距离具有高价值的加工制造产品和日用消费品，比如，纺织和皮革制品、橡胶和资料制品、润滑金属产品、通信产品、零部件、影像设备等
水路运输	1. 运量大 2. 成本低 3. 适于超长超宽笨重的货物运输	1. 运输速度慢 2. 港口装卸费用较高 3. 航行受天气影响较大 4. 运输正确性和安全性较差	主要是长途的低价值、高密度大宗货物，比如，矿产品、大宗散装货、化工产品、远洋集装箱等

续　表

运输方式	优点	缺点	主要运输对象
航空运输	1. 运输速度快 2. 安全性高	1. 运费高 2. 重量和体积受限制 3. 可达性差 4. 受气候条件限制	通常适用于高价、易腐烂或急需的商品
管道运输	1. 运量大 2. 运输安全可靠 3. 连续性强	1. 灵活性差 2. 仅适用于特定货物	石油、天然气

二、国际多式联运方案设计

小张看完招标书后，又翻看了相关的项目资料。他发现，现实中的项目与在学校里学习的项目有着很大的不同，现实中的国际多式联运方案设计不仅包括运输路线与运输方式，还包括了公司在合同期内应该履行的各项责任与义务，以及运输管理过程中的成本结构、过程控制和应急方案等。小张翻开了中国地图，熟悉一下地理环境以及交通状况，思索到底该采取哪种运输方式。

（一）国际多式联运方案总体分析

小张首先想到的是方便快捷的公路运输。公路运输较为方便灵活，但是运输成本比较高，并且车辆运输量小，还容易发生交通事故。这就给整个运输过程的管理增加了难度。

小张又想到运输成本最低的水路运输。他高兴地发现水路运输是可行的，但是否有枯水期，枯水期与丰水期的运力如何，枯水期是否停航，这些问题接踵而至。铁路运输相对于以上两种方式也有一定的优势。铁路运输量较大，而且费用比公路运输的费用低。然而，铁路运输办理手续相对烦琐，如果遇上紧急情况，铁路运输的应急能力相对较差。左思右想，小张感觉各种运输方式都有其优势与不足。

小张眉头越来越紧，原来国际多式联运方案设计并没有那么简单。这才刚是从柳州到广州的一段，从广州到孟买呢？

于是，他拿起笔，准备拟一个方案，以广东广州为中转点，形成以广西柳州—广东广州—印度孟买的总体运输路线。

（二）国内段方案设计

对于从广西柳州到广东广州的运输方案，有公路运输、铁路运输、航空运输和水路运输。不同运输方式各有其优劣势（见表 6-7），各种运输方式在速度、可用性、可靠性、运载力及灵活性方面各有特长（见表 6-8）。

表 6-7　　国内段运输方式优劣势对比

运输方式	线路	比较	结果
铁路运输	随着近几年物流基础设施的建设，柳州到广州之间的铁路线路不断得到改善，目前柳州至广州一段有两条铁路：第一条 1059 千米，用时 15 小时 9 分；另一条 744 千米，用时 12 小时 31 分	优势	运输成本相对较少，适合大规模运输；安全稳定性较强，很少受到外界因素影响
		劣势	灵活性不足，很难应对突发事件；铁路运输办理手续相对烦琐，并且铁路班列的申请、车皮的供给是否充足都会为运输管理增加难度
公路运输	柳州到广州的公路运输路线有很多，其中最短的路线是：柳州—荔浦—平乐—梧州—肇庆—广州	优势	灵活性强，应急能力佳，适合小规模运输，相对于其他运输方案更能满足顾客的需求
		劣势	装载过小，不适合大规模运输；容易受外界环境干扰，意外情况较多
水路运输	从柳州出发，经过柳江到达南宁，再经过西江中下游包括黔江、浔江、西江，到达广州，河道坡降平缓，水量丰富，且水路运输线路唯一	优势	可大量运输散装货物，且适合大型货物运输，相对耗能最小、环境污染较小
		劣势	费用高，受天气影响因素大，速度较缓慢等，货物的准时性、安全性也没有保障
航空运输	柳州到广州直达航班	优势	用时较短，安全性与可靠性较高
		劣势	费用高，机场距离货源地距离远

表 6-8　　国内段多种运输方式比较

运输方式	铁路运输	公路运输	水路运输
速度	3	2	1
可用性	2	3	1
可靠性	2	3	1
运载力	2	1	3
灵活性	2	3	1

综合得分比较：

铁路运输：3+2+2+2+2=11；

公路运输：2+3+3+1+3=12；

水路运输：1+1+1+3+1=7。

由于公路运输的综合得分最高，因此选择公路运输为从柳州到广州的最优运输方案。

（三）国际段方案设计

对于此线路的运输，主要有海洋运输、航空运输，辅助运输方式主要有公路运输与铁路运输，其各有优劣势（见表6-9）。

表6-9　国际段运输方式优劣势对比

运输方式	线路	比较	结果
铁路运输	广州—昆明（或拉萨）—印度孟买	优势	运输成本低，运输速度相对较快，运输能力大且效率高，连续运输能力强，安全性高，环境适应性强，运输能耗和环境污染小
		劣势	铺设铁路的初始投资大，机动性差，短途运输成本高
公路运输	广州—广西—云南—缅甸—孟加拉—印度孟买	优势	灵活性强，应急能力佳；适合小规模运输，相对于其他运输方案更能满足顾客的需求
		劣势	装载过小，不适合大规模运输；容易受外界环境干扰，意外情况多
海洋运输	广州港—印度孟买新港	优势	天然航道，不受道路行线的限制，通过能力更强，可随时调整改变航线完成运输任务；运输量大，可采用继续装箱运输运送大批量的货物；运输费用低廉，可降低运输物流成本；避免额外费用的产生
		劣势	受天气、港口的限制，运送时间较陆路运输天数多；遇到暴风雨等恶劣自然灾害时，航期不确定，难以保证零部件供应的及时性
航空运输	广州白云国际机场—孟买迪拜国际机场	优势	货物运输快速便捷，专用飞机的出现，最大限度地缩短了运输的时间，它不受江河山川等地形条件的影响，能跨越国界、地界飞行，这对需要急运货物的货主来说，是一种快捷便利的运输方式
		劣势	运输费用极高，运输比较大的汽车部件成本高

对于广东广州—印度孟买线路的运输方案设计，通过对各运输方式的优缺点进行权衡，为尽可能地降低运输成本，同时保证汽车零部件按时到达，应选择海洋运输。

三、国际多式联运总体方案确定

根据以上运输方式、路段情况的调查以及对各种运输方式的效益分析，可以确定总体运输路线：广西柳州到广东广州这段选择公路运输，广州港到印度孟买新港这段选择海洋运输。

✣ 知识点3：国际多式联运业务操作

北京中科泰和科技有限公司需要从德国进口一批货物，从德国汉堡运至中国北京。品名为滑水障碍台以及其他配件，贸易术语为EXW，货物共1145.58千克。本批货物使用了一个40英尺加高集装箱装运，委托瑞尔国际物流公司办理该批货物的国际货物运输安排、进口海关手续、保险的办理。

该公司为北京中科泰和科技有限公司设计的两套方案分别是海洋运输和铁路运输，海洋运输成本更低但时间稍长，因为北京有重要的体育活动在5月初举办，需要用上这批设备，北京中科泰和科技有限公司着急交货，选择了速度更快的郑欧班列铁路完成国际段运输。该票货物的详细资料见任务实施，请阅读背景资料，以货运代理的身份，完成该票货物的全程运输安排及相关业务操作演练。

一、国际多式联运业务内容

国际多式联运业务主要包括：与发货人订立多式联运合同、组织全程运输、完成从接货到交付过程的合同事项等。如果把国际多式联运从货物接收到最后交付这一过程进行分解，其具体业务主要包括以下几个方面。

（1）出运地货物交接，即托运人根据合同的约定把货物交至指定地点。关于货物出口报关，若港口交货，货主可在港口办理出口报关手续；若在内地货站交货，通常由海关派人现场监装和办理出口报关手续。集装箱货物的箱子一般由多式联运经营人提供，发货人可自行装箱，也可委托多式联运经营人代为装箱。多式联运经营人接管货物时，应签发一份多式联运单据给发货人。单据是可转让的还是不可转让的，由发货人选择。

（2）多式联运路线和方式的确定，与分包方签订货物联运合同。

（3）对货物全程运输投保货物责任险和集装箱保险。

（4）通知转运地货运代理，与分包承运人联系，及时做好货物过境或进口换装、转运等手续申办和业务安排。

（5）货物运输过程中的跟踪监管，定期向发货人或收货人发布货物位置等信息。

（6）通知货物抵达目的地时间，并要求目的地货运代理办理货物进口手续。

（7）此外还涉及计算运输费用、箱子跟踪管理、租箱与归还业务以及货运事故索赔与理赔业务等。

二、国际多式联运费用计算

HT国际货运代理公司于6月20日接到陕西西安一家客户的订单，该客户要出口运输30个集装箱的货物到美国芝加哥。HT国际货运代理公司的操作部接到这个订单后，需要核算总的成本费用，以便向客户及时报价。货运代理立刻查询了从中国到达美国芝加哥的航线情况，与美洲业务部负责人赵浩一同设计了合理的运输方案，并把计算好的价格报给了客户。

（一）国际多式联运费用项目

国际多式联运作为国际贸易中的重要物流形式，其费用构成相对复杂且具有高度的专业性和综合性。国际多式联运费用通常包括基本运费、杂费、中转费和服务费。国际多式联运费用项目表如表6-10 所示。

表 6-10　　国际多式联运费用项目表

<table>
<tr><th>费用项目</th><th colspan="3">项目细分</th></tr>
<tr><td rowspan="3">基本运费</td><td rowspan="3">构成</td><td colspan="2">在启运地的短途运费（接取费）</td></tr>
<tr><td colspan="2">由启运地至到达地之间的全程运费</td></tr>
<tr><td colspan="2">在到达地的短途运费（送达费）</td></tr>
<tr><td rowspan="2">杂费</td><td>构成</td><td colspan="2">装卸费、换装包干费、港务费、保管费</td></tr>
<tr><td>计算公式</td><td colspan="2">①公路装卸费=车吨（货物重量）×适用的装卸费率
②铁路（水路）装卸费=货物重量×适用的装卸费率
③换装包干费=货物重量×适用的换装包干费率
④港务费=货物重量×港务费率
⑤保管费=货物重量（或车数）×时间×适用的保管费率</td></tr>
<tr><td rowspan="3">中转费</td><td>构成</td><td colspan="2">装卸费、仓储费、接驳费（或市内汽车短途转运费）、包装整理费等</td></tr>
<tr><td rowspan="2">计算方式</td><td>实付实收</td><td>在中转过程中，按实际情况计算的费用</td></tr>
<tr><td>定额包干</td><td>确定一定的额度，包含所有中转费用。这种方式包括按一种费率包干、按运输方式包干、按费用项目包干和按地区范围包干</td></tr>
<tr><td rowspan="3">服务费</td><td>概念</td><td colspan="2">联运企业在集中办理运输业务时支付的劳务费用。按不同运输方式和不同取、送货方式规定不同的费率，一般采用定额包干的方式</td></tr>
<tr><td rowspan="2">构成</td><td>业务费</td><td>在公路、铁路、水路等各个流转环节中所发生的劳务费用</td></tr>
<tr><td>管理费</td><td>从事联运业务人员工资、固定资产折旧费和行政管理费等支出</td></tr>
</table>

（1）国际多式联运基本运费包括铁路运费、水路运费、公路运费、航空运费、管道运费五个类别。

（2）国际多式联运杂费一般包含以下几种。

①装卸费：分铁路装卸费（分 9 个费率号）、水路装卸费、公路装卸费等，不同的运输方式有不同的费率规定。

②换装包干费：是联运货物在港、站发生的运杂费用。换装包干费按不同货物、不同港、站，分一次性计费和分段计费。

③港务费：进口和出口分别征收一次港务费。

④保管费：分港口货物保管费、铁路车站货物保管费和中转货物在流转性库场保管费，并有各自不同的计费规定。

（二）国际多式联运运费核收

国际多式联运运费核收主要包括单一运费制和分段运费制，以及在二者基础上产生的混合计算运费。

1. 单一运费制

单一运费制是指集装箱从托运到交付，所有运输区段均按照一个相同的运费率计算全程运费。

2. 分段运费制

分段运费制是按照组成国际多式联运的各运输区段，分别计算海运、陆运（铁路、公路）、空运及港站等各项费用，然后合计为国际多式联运的全程运费，由多式联运经营人向货主一次计收。

3. 混合计算运费

混合计算运费即预付运费与到付运费相结合的办法。理论上，多式联运经营人应制定全程运价表，且应采用单一运费制。

4. 国际多式联运运费的核收

国际多式联运运费常用的核收方式有以下 3 种。

①发付：由发货人在发货地向发运联运服务公司支付一切运输费用。

②到付：由收货人在收货地向到达联运服务公司支付一切运输费用。

③分付：由发货人在发货地向发运联运服务公司支付在发货地产生的费用，由收货人在收货地向到达联运服务公司支付在到达地产生的费用。

三、国际多式联运流程操作

HT 国际货运代理公司操作部徐经理接到陕西西安客户的订单后，安排新进的操作员小张完成本次国际多式联运流程操作。

小张是新人，对于业务流程不太熟悉，还存在一些疑问："徐经理，我已经详细审核了客户的托运单，可以安排运输了吧?"徐经理有些不放心，问道"你知道下一步该做什么吗?""一般来说，货主都没有集装箱，需要先给他们发放空箱。"小张答道。"不错，"徐经理高兴地说，"你学得很好，接下来就是要发放空箱!"

国际多式联运业务流程操作步骤大概包含：接受托运申请→订立多式联运合同→空箱发放、提取及运送→出口报关→货物装箱及接收货物→向实际承运人订舱及安排货物运送→办理货物保险→签发多式联运提单，组织完成货物的全程运输→办理运输过程中的海关业务→货物交付→货物事故处理等环节。

知识链接

装箱单

四、国际多式联运单据业务

郑州 HF 贸易公司从澳大利亚悉尼进口一批羊毛，海运至新加坡后空运至郑州。请根据下列条件填制多式联运提单。

信用证基本信息如下。

DOCUMENTARY CREDIT NUMBER：CJ20231111

DATE OF ISSUE：2023. 11. 15

DATE AND PLACE OF EXPIRY：2023. 12. 20 CHINA

BENEFICIARY：ABC INTERNATIONAL CO. , LTD. NO. 3 GEORGE STREETS SYDNEY, AUSTRALIA

APPLICANT：HF IMPORT & EXPORT CO. , LTD. NO. 189# FUJING ROAD, ZHENG-ZHOU, CHINA

CURRENCY：USD（US DOLLAR）

AMOUNT：$48000. 00

AVAILABLE WITH/BY：ANY BANK IN AUSTRALIA SIGHT BASIS BY NEGOTIATION

PARTIAI SHIPMENT：PROHIBITED

TRANSSHIPMENT：PROHIBTTED

PORT OF LOADING：SYDNEY, AUSTRALIA

PORT OF DISCHARGE：WOODLANDS, SINGAPORE

LATEST DATE OF SHIPMENT：2023. 12. 19

DESCRIPTION OF GOODS AND/OR SERVICES：WOOL 1000 PACKAGES/10000 KG

USD4. 8 PER KG

PACKING IN CARTON INNER PLASTIC BAG

ACCORDING TO SALES CONTRACT NO. CD20232222

TRADE TERMS：FCA SYDNEY

（一）多式联运单据形式

“多式联运单据”是指证明多式联运合同以及证明多式联运经营人接管货物并负责按照合同条款交付货物的单据。

知识链接
多式联运合同
基本内容

1. 多式联运提单

在国际多式联运中，如果有一种运输方式是海运，则可能具备签发多式联运提单（Multimodal Transport B/L）的基本条件。多式联运提单在国际货运中处于核心地位，是主要单证。多式联运提单样本如图6-4 所示。

1.Shipper

B/L No.

SNLSI 0915

ABC集装箱运输有限公司

ABC CONTAINER LINES CO., LTD.

BILL OF LADING

For Combined Transport Shipment or Port to Port Shipment

2.Consignee(Non-negotiable Unless Consignee to Order)

TO ORDER OF

3.Notify Party(Carrier not to be Responsible for Failure to Notify)

RECEIVED by the Carrier from the Shipper in apparent good order and condition unless otherwise indicated herein, the Goods, or the container(s) or package(s) said to contain the cargo herein mentioned, to be carried subject to all the terms and conditions provided for on the face and back of this Bill of Lading by the Vessel named herein or any substitute at the Carrier's option and /or other means of transport, from the place of receipt or the port of loading to the port of discharge or the place of delivery shown herein and there to be delivered to Consignee or on-carrier on payment of all charges due.

In accepting this Bill of Lading the Merchant hereby expressly accept and agree to all printed, written or stamped provisions, exceptions and conditions of this Bill of Lading, including those on the back hereof.

IN WITNESS whereof the number of original Bills of Lading stated below have been signed, one of which being accomplished, the other(s) to be void.

4.Pre-carriage By*	5.Place of Receipt*
6.Vessel & Voyage No. SHENG FENG V.0710E	7.Port of Loading LIANYUNGANG PORT
8.Port of Discharge BUSAN PORT	9.Place of Delivery*
10.Point and Country of Origin	Forwarding Agent References

Service Contract No.	Document No.	Export References

PARTICULARS FURNISHED BY SHIPPER

11.Marks & Nos. Containers/Seal No.	No.of Packages or Containers	Description of Goods	Gross Weight(KGS)	Measurement(CBM)
N/M SNTU2012288/706312	5 CONTAINERS 5×20'GP FCL	COTTEN SEED HULL PELLET	G.W. 81860 KGS N.W 81860 KGS	100 CBM

Description of Contents for Shipper's Use Only (not Part of This B/L Contract)

COPY

ON BOARD

CY/CY

SHIPPER'S LOAD.COUNT & SEAL

TO BE SAID BY SHIPPER

12.Total Number of Packages or Containers(in Words) SAY FIVE CONTAINERS ONLY.

13.Freight and Charges

FREIGHT PREPAID

Optional Declared Value for Increased Freight Charges to Avoid Packages Limitation: US$

19.No. of Original B(s)/L

THREE

20.Place and Date of Issue

10 MAR 2007

LIANYUNGANG

Regarding Transshipment Information Please Contact

14.Prepaid/Collect	15.Prepaid at LIANYUNGANG	16.Payable at
17.Total Prepaid	18.Laden on Board the Vessel	

21.Signed for the Carrier, Sinotrans Container Lines Co., Ltd.

AS AGENT FOR THE CARRIER;

•Applicable Only When Document Used as a Combined Transport B/L

Sinocrans Standard Form SNL0101 No.330643985

图 6-4 多式联运提单样本

2. 菲亚塔多式联运提单

菲亚塔多式联运提单是指当国际货运服务经营者作为承运人并且提供海运或航空多式联运服务时，签发的具有可转让性质的运输单据。菲亚塔可转让多式联运提单如图 6–5 所示，是菲亚塔（国际货运代理协会）于 1970 年制定的供国际货运服务经营者充当多式联运经营人时使用的标准多式联运提单。

<table>
<tr><td colspan="3">托运人</td><td colspan="3">FBL
可转让多式联运提单
根据联合国贸发会/国际产商会多式联运单证规则制定（国际商会481号出版物）</td></tr>
<tr><td colspan="3">凭指示交付</td><td colspan="3" rowspan="5"></td></tr>
<tr><td colspan="3">通知地点</td></tr>
<tr><td colspan="3">接收地点</td></tr>
<tr><td>船舶</td><td colspan="2">装货港</td></tr>
<tr><td>卸货港</td><td colspan="2">交付地点</td></tr>
<tr><td>唛头和数量</td><td>包装件数和种类</td><td>货物描述</td><td>毛重</td><td colspan="2">计量单位</td></tr>
<tr><td colspan="6">根据托运人的声明填写</td></tr>
<tr><td colspan="3">（第10.2条）托运人要求及时交货的声明</td><td colspan="3">（第7条和第8条）托运人对货物价值的声明</td></tr>
<tr><td colspan="6">托运人的货物和指示已依据背面标准条款接受并处置。
在上面积载的运输和交付地点，货物可被视为表面状况良好，除非另有批注。
多式联运提单中的一份经适当背书可用于提取货物。多式联运提单按照下面记载的数量签发，并且提单中的一份一旦用于提货，其他各份均失效。</td></tr>
<tr><td colspan="2">运费数额</td><td colspan="2">运费应付</td><td colspan="2">签发时间和地点</td></tr>
<tr><td colspan="2">货物保险情况
□未投保　　□已按所附保单投保</td><td colspan="2">提单正本数量</td><td colspan="2" rowspan="2">签章</td></tr>
<tr><td colspan="4">货物交付请联系</td></tr>
</table>

图 6–5　菲亚塔可转让多式联运提单

（二）多式联运单据签发与制作

1. 多式联运单据的签发与制作

①多式联运单据的签发形式。多式联运经营人在收到货物后，凭发货人提交的收货收据（在集装箱运输时一般是场站收据正本）签发多式联运单据，根据发货人的要求，可签发可转让或不可转让多式联运单据中的任何一种。

多式联运提单性质的决定因素如图 6–6 所示。

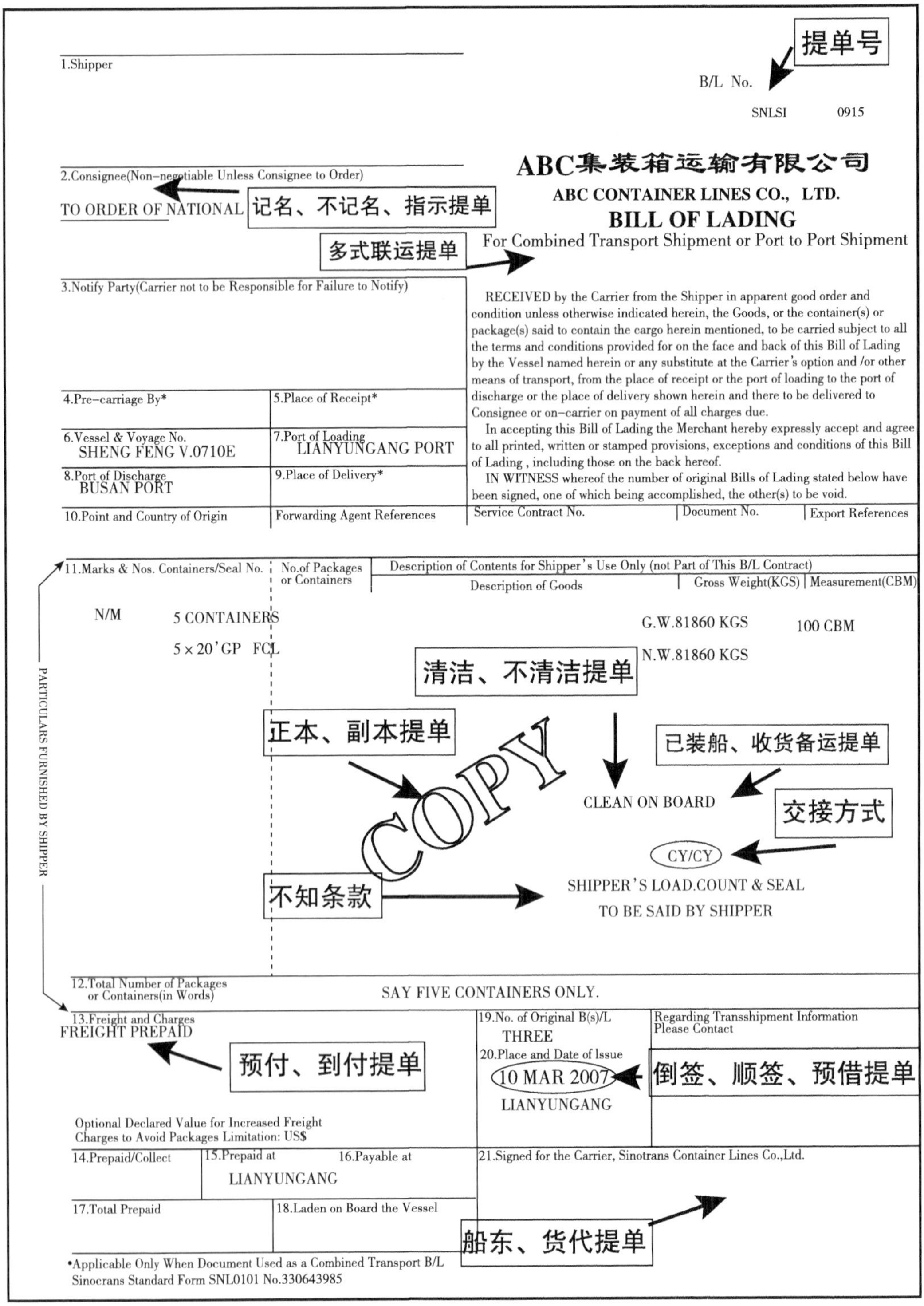

1.Shipper

B/L No.
SNLSI 0915

ABC集装箱运输有限公司
ABC CONTAINER LINES CO., LTD.
BILL OF LADING
For Combined Transport Shipment or Port to Port Shipment

2.Consignee(Non-negotiable Unless Consignee to Order)
TO ORDER OF NATIONAL

3.Notify Party(Carrier not to be Responsible for Failure to Notify)

RECEIVED by the Carrier from the Shipper in apparent good order and condition unless otherwise indicated herein, the Goods, or the container(s) or package(s) said to contain the cargo herein mentioned, to be carried subject to all the terms and conditions provided for on the face and back of this Bill of Lading by the Vessel named herein or any substitute at the Carrier's option and /or other means of transport, from the place of receipt or the port of loading to the port of discharge or the place of delivery shown herein and there to be delivered to Consignee or on-carrier on payment of all charges due.

In accepting this Bill of Lading the Merchant hereby expressly accept and agree to all printed, written or stamped provisions, exceptions and conditions of this Bill of Lading , including those on the back hereof.

IN WITNESS whereof the number of original Bills of Lading stated below have been signed, one of which being accomplished, the other(s) to be void.

4.Pre-carriage By*	5.Place of Receipt*
6.Vessel & Voyage No. SHENG FENG V.0710E	7.Port of Loading LIANYUNGANG PORT
8.Port of Discharge BUSAN PORT	9.Place of Delivery*
10.Point and Country of Origin	Forwarding Agent References

Service Contract No. | Document No. | Export References

PARTICULARS FURNISHED BY SHIPPER

11.Marks & Nos. Containers/Seal No.	No.of Packages or Containers	Description of Goods	Gross Weight(KGS)	Measurement(CBM)
N/M	5 CONTAINERS 5×20'GP FCL	CLEAN ON BOARD CY/CY SHIPPER'S LOAD.COUNT & SEAL TO BE SAID BY SHIPPER	G.W.81860 KGS N.W.81860 KGS	100 CBM

Description of Contents for Shipper's Use Only (not Part of This B/L Contract)

COPY

12.Total Number of Packages or Containers(in Words) SAY FIVE CONTAINERS ONLY.

13.Freight and Charges
FREIGHT PREPAID

19.No. of Original B(s)/L THREE

20.Place and Date of Issue 10 MAR 2007 LIANYUNGANG

Regarding Transshipment Information Please Contact

Optional Declared Value for Increased Freight Charges to Avoid Packages Limitation: US$

14.Prepaid/Collect | 15.Prepaid at LIANYUNGANG | 16.Payable at

21.Signed for the Carrier, Sinotrans Container Lines Co.,Ltd.

17.Total Prepaid | 18.Laden on Board the Vessel

•Applicable Only When Document Used as a Combined Transport B/L
Sinocrans Standard Form SNL0101 No.330643985

图 6-6　多式联运提单性质的决定因素

②多式联运单据签发的时间、地点。多式联运单据一般是在多式联运经营人收到货物后签发的。多式联运经营人接收货物的地点一般是集装箱码头或内陆港堆场、工厂或仓库、集装箱货运站等。收货地点不同，多式联运经营人签发多式联运单据的地点、时间也不同，承担的责任也不同。

③多式联运单据的制作。由多式联运经营人或其代理签发多式联运单据交发货人，由发货人通过银行转让给收货人。

2. 我国习惯做法

①签发海运联运提单，将货物从中国港口运至目的港以外的某一交货地点，这种做法是在货物运至目的港后由船公司代理（或货主指定的二程代理）安排内陆运输，将货物运抵目的地交货。

②签发货运代理提单，以及一程海运提单，由货运代理安排把货物运至目的地交货。

③签发货运代理提单，以及一程海运提单（从启运港至目的港），由货运代理安排接运货物至收货人指定地点交货。

④经我国运往其他国家的过境货，我方只负责中国境内的运输。

（三）多式联运单据的证据效力与保留

多式联运单据流转程序复杂，一经签发，除非多式联运经营人在单据上作了保留，否则多式联运单据是多式联运经营人收到货物的初步证据，当多式联运单据是以可转让的方式签发，且已被转移至善意行事的第三人时，与其相反的证据将不予承认。

任务实施

扫描右侧二维码获取《多式联运方案规划》相关资料，并回答以下问题。

《多式联运方案规划》相关资料

1. 请搜集有关国际多式联运的新闻，阅读相关书籍和网站资料，了解发达国家国际多式联运发展情况。思考和分析发展国际多式联运的好处是什么，国际多式联运的种类有哪些，国际多式联运费用的核收方式有哪些？

2. 请根据所给资料，完成多式联运方案设计，并简述相关流程操作。

3. 各组进行角色扮演，完成该多式联运方案业务操作演练。

任务评价

在完成上述任务后，教师组织三方评价，并对学生的任务执行情况进行点评。学生完成考核评价表（见表 6-11）的填写。

表 6-11　　考核评价表

班级		团队名称				
团队成员						
考核项目		要求	分值	学生自评（30%）	团队互评（30%）	教师评定（40%）
知识能力	国际多式联运方案设计能力	分析正确	20 分			
	报关单、投保单和保险单填制能力	填制正确	10 分			
	提单（或空运单）填写能力	填制正确	20 分			
	成本核算与报价能力	计算正确	20 分			
职业素养	具有系统分析思维、清晰表达	形象端庄文明用语	10 分			
	团队协作、沟通协调意识	相互协作互帮互助	10 分			
	工作态度端正、能吃苦耐劳，勤奋、积极	严谨细致认真细心	10 分			
合计			100 分			

任务二　西部陆海新通道国际海铁联运操作实务

任务描述

HT 国际货运代理公司于 6 月 20 日接到陕西西安一家客户的订单，需要承担该客户出口运输 30 个 20 英尺集装箱的货物到美国芝加哥，运输条件为 Station to Station，CIP，启运地西安。客户要求通过海铁联运的方式完成此次运输。HT 国际货运代理公司的操作部接到这个国际海铁联运的任务后，需要设计合理的海铁联运运输方案，并核算总的成本和费用，以便向客户进行报价。

1. 在地图上找到从西安到芝加哥的可以实现本次运输任务的主要路径。要求：

①每条路径应该有出发的主要城市，在地图上标清；

②每条路径应该包括途径的主要城市或者港口；

③每条路径应该有到达的目的地城市，在地图上标清。

2. 通过网络查询铁路运价表及大型航运公司的运输报价。

3. 核算出总的成本和费用，并通过计算和比较，向客户报出最具竞争力的价格。

请以项目组为单位，思考并回答“任务实施”中的问题。

知识链接

✣ 知识点 1：认识海铁联运

一、海铁联运概念及优势

（一）海铁联运概念

近年来，我国出台了多项政策支持海铁联运（见图 6-7）。海铁联运指进出口货物由铁路运到海港直接由船舶运出，或是货物由船舶运输到海港之后由铁路运出的只需“一次申报、一次查验、一次放行”就可完成整个运输过程的一种运输方式。

《中华人民共和国海商法》（1992）中明确规定多式联运合同、多式联运经营人的定义

2018年，《深入推进长江经济带多式联运发展三年行动计划》
2020年，《关于进一步降低物流成本的实施意见》
2022年，《多式联运示范工程管理办法（暂行）》

《推进多式联运发展优化调整运输结构工作方案（2021—2025年）》提出，到2025年，多式联运发展水平明显提升，基本形成大宗货物及集装箱中长距离运输以铁路和水路为主的发展格局，全国铁路和水路货运量比2020年分别增长10%和12%左右，集装箱铁水联运量年均增长15%以上

图 6-7　支持海铁联运的国家政策

（二）海铁联运优势

海铁联运模式从出现到现在已经超过 50 年了，便利的“海铁联运、铁水联运”使各港吞吐总量剧增。发达国家之所以选取海铁联运这种方式，是因为海洋运输与铁路运输都拥有大宗货物运输成本低、运量大的优点，且衔接便利。与公路运输相比，铁路运输在 400 千米至 500 千米时优势并不明显，但当运输里程达到或超过 600 千米时，铁路运输具有较大优势。相较于“公水联运”，“海铁联运、铁水联运”能够节约近 20%的成本，还可以降低环境等外部因素的制约。

二、我国海铁联运的发展现状

“十三五”期间，全国港口集装箱海铁联运、铁水联运量由“十二五”末的 236 万标箱增长到 687 万标箱，年均增长 23.8%。2022 年，全国集装箱海铁联运、铁水联运量为 875 万标箱，同比增长 16%，远高于全国货运量的增长速度。近年来，沿海主要港口煤炭集港已经大部分改由铁路和水路运输，2020 年沿海主要港口矿石铁路和水路疏港比例较 2017 年提升近 20 个百分点，既有效推动物流业降本增效，又助力节能降碳。“十三五”期间，交通运输部会同相关部门利用车购税资金，支持 26 个集疏运铁路进港项目建设，使得全国沿海主要港口和长江干线主要港口铁路进港率均超过 80%。

**通江达海
郑州化身
铁海联运
大通道**

三、我国海铁联运发展存在的问题

1. 内河港口发展落后于沿海港口

与沿海港口相比，我国内河港口发展缓慢。据交通运输部统计，2020 年内河港口仅完成海铁联运、铁水联运运量 18.69 万标箱。

2. 运营组织模式推广应用不足

对于提高运输效率、释放班列运能而创新运作的双层、双重（重去重回）集装箱运输和“点对点”班列等组织模式推广应用效果不佳。

3. 信息互联互通尚待优化

海铁联运、铁水联运，关键在“联”。基础设施联通水平、运输组织效率如何进一步提升，是海铁联运、铁水联运迈上新台阶亟待解决的问题。

4. 单证统一等规则尚需突破

我国目前海铁联运、铁水联运“一单制”建设还处于摸索尝试阶段，行业实际应用性不强。

四、我国海铁联运发展策略

1. 完善运价调节机制，推动信息开放互通

要推动港口 5G、北斗导航、大数据、人工智能等在铁路水运行业深度应用，推动海

关、海事、铁路、港口、航运等信息开放互通。信息化和智能化对提升海铁联运、铁水联运业务信息化水平，提高海铁联运、铁水联运综合运输效率，塑造海铁联运、铁水联运服务优势具有较强的现实意义。

2. 港口要为客户提供以准时、快速、全过程跟踪服务为特点的海铁联运物流服务

港口应联手铁路、船公司、货运代理共闯市场，加大营销力度，形成战略同盟，做到“一个窗口，一票结算，一路畅通”，实现完全的“门对门”运输，把成本概念和以客户需求为中心的服务理念贯穿始终，通过一个订单把可集中运作的体系全部调动起来，实现物流能力覆盖的有效切换。

3. 海铁联运发展离不开政策支持

2023 年 1 月 31 日，交通运输部、自然资源部、海关总署、国家铁路局、国铁集团为进一步发挥水路、铁路运输比较优势和综合运输组合效率，加快运输结构调整优化，推动交通运输绿色低碳发展，联合印发了《推进铁水联运高质量发展行动方案（2023—2025 年）》。

✣ 知识点 2：西部陆海新通道国际海铁联运操作

一、海铁联运操作流程

国际集装箱海铁联运需要货运代理与相关部门配合完成。海铁联运是由运输过程中的航海段和铁路段实现联运的一种方式，其流程从货物装车开始，经过收发货、换装等步骤，最终顺利完成物流运输。

宁波港海铁联运业务操作流程

上饶无水港海铁联运操作流程、限时作业标准及有关收费公示

二、海铁联运实际操作

以下给合“任务描述”中的案例分析海铁联运的实际操作。

（一）选择运输路径

1. 选择方法

（1）在地图上找到从西安到芝加哥的可以实现本次运输任务的主要路径。

①每条路径应该有出发的主要城市，在地图上标清；

②每条路径应该包括途径的主要城市或者港口；

③每条路径应该有到达的目的地城市，在地图上标清。

（2）通过网络查询铁路运价表及大型航运公司的运输报价。

（3）熟悉海铁联运费用项目（见表 6-12），核算出总的成本和费用，并通过计算和比较，向客户报出最具竞争力的价格。

表 6-12　海铁联运费用项目

（一）进出口区域服务费用	1. 文件操作费
	2. 设备使用费
	3. 仓储费
	4. 报关、报检费
	5. 装卸作业费
（二）运费	1. 运输费
	2. 转运费
（三）政府监管费用	1. 过境费
	2. 检验检疫费
（四）企业经营税费、利润及汇率成本	1. 企业税费
	2. 企业经营管理成本
	3. 利润
	4. 汇率成本

2. 选择操作

根据客户的要求：海铁联运一批货物，采用 20 英尺集装箱整箱运输，运输条件为 Station to Station，CIP 芝加哥，启运地西安。

可以得到以下计算运费的条件。

启运地：西安货运站。

出口海港：天津、青岛、连云港、上海。

进口海港：西雅图、奥克兰、洛杉矶、旧金山。

OCP 目的站：芝加哥。

经过以上分析，仅仅考虑海铁联运，从西安到芝加哥有 16 条线路。

（二）比较分段运输成本

出口铁路运输成本比较如表 6-13 所示。

表 6-13　出口铁路运输成本比较

收费项目	西安—青岛线		西安—上海线	
	20GP	40GP	20GP	40GP
铁路运价①	CNY2016. 47	CNY3942	CNY2486. 55	CNY4867. 86

续　表

收费项目	西安—青岛线		西安—上海线	
	20GP	40GP	20GP	40CP
短驳费②	无	CNY450	CNY750	
中转报关费	100 元/票		190 元/箱，优惠价 50 元/箱	
大船装卸费③	CNY322	CNY644	CNY297.85	CNY446.85
港务港建费	免费		CNY80	CNY120
空箱铁路运输费	CNY1067	CNY2138	CNY1328.95	CNY2665

注：

①青岛线按照在铁道部一口价的基础上优惠 25%计算，上海线按照铁道部一口价的九折计算。

②从上海港站到不同码头的短驳费各不相同，此表中以短驳到外高桥码头的费率作为参考。

③上海港大船装卸费已按交通运输部费率的七折计算。

1. 铁路运费

如果一票货物（10 UNITS）分别走西安—青岛线和西安—上海线，则青岛线和上海线铁路费用的比较如表 6-14 所示。

表 6-14　　青岛线和上海线铁路费用的比较

项目（单位：元）	西安—青岛线		西安—上海线	
	20GP	40GP	20GP	40GP
总费用	34064.7	67340	46933.5	88497.1
平均每箱费用	3406.47	6734	4693.35	8849.71

2. 海运费

为了方便分析，此处均以长滩为目的港。青岛线和上海线海运费的比较如表 6-15 所示。

表 6-15　　青岛线和上海线海运费的比较

项目（单位：美元）	青岛—长滩		上海—长滩	
	20GP	40GP	20GP	40GP
班轮运费	1200	2200	1000	1800
THC	40	70	35	60
订舱费、换单费	20	20	20	20
燃油附加费	100	180	80	150

3. 进口铁路费用

北美大陆桥为了鼓励海铁联运的发展，给出了 OCP 运输方案。凡是采用 OCP 联运方式的，均享受运费补贴。进口地的铁路费用比较如表 6-16 所示。

表 6-16　进口地的铁路费用比较

项目（单位：美元）	长滩—芝加哥		项目（单位：美元）	长滩—芝加哥	
	20GP	40GP		20GP	40GP
OCP 运费	1500	2800	换单费	50	50
长滩转运费	200	350	港口费	30	50
长滩 THC	40	70	附加费	100	180

（三）国际多式联运运费核算

国际多式联运运费核算如表 6-17 所示。

表 6-17　国际多式联运运费核算

项目（单位：美元）		西安—青岛—长滩—芝加哥		西安—上海—长滩—芝加哥	
		20GP	40GP	20GP	40GP
出口服务费	短驳费	0	0	60	90
	港务港建费	0	0	10	15
	大船装卸费	40	80	28	56
	THC	40	70	35	60
	订舱费、换单费	20	20	20	20
运费	出口铁路运费	400	790	496	980
	海运费	1300	2380	1080	1950
	进口铁路运费	1500	2800	1500	2800
进口服务费	长滩转运费	200	350	200	350
	长滩 THC	40	70	40	70
	换单费	50	50	50	50
	港口费	30	50	30	50
	附加费	100	180	100	180
合计		3720	6840	3649	6671

（四）多式联运方案确定及客户报价

经分析可见，若按照 10 个 20 英尺集装箱计算：

（1）对于出口集港运输段，西安到青岛的铁路费用为 34064.7 元（每箱价格约合 400 美元），西安到上海的铁路费用为 46933.5 元（每箱价格约合 496 美元），单独考虑集港运输西安到青岛更为合适；

（2）对于海运段，青岛至长滩班轮运费为 13000 美元（每箱价格约合 1300 美元），上海至长滩班轮运费为 10800 美元（每箱价格约合 1080 美元），单独考虑上海至长滩更加合适；

（3）对于进口疏港运输段，采取长滩至芝加哥的铁路运输；

（4）将出口集港运输段、海运段及进口疏港运输段加总综合考虑，从上海出发的方案更佳。

任务实施

阅读“任务描述”，完成以下任务。

1. 以客户的利益为中心，提供专业化的海铁联运解决方案。

2. 经过综合成本和费用分析，对客户进行报价。

任务评价

在完成上述任务后，教师进行三方评价，并对学生的任务执行情况进行点评。学生完成考核评价表（见表 6-18）的填写。

表 6-18　　　　考核评价表

班级		团队名称				
团队成员						
考核项目		要求	分值	学生自评（30%）	团队互评（30%）	教师评定（40%）
知识能力	线路规划清晰	分析正确	20 分			
	分析过程完整准确	分析正确	20 分			
	报价过程完整	分析合理	30 分			
职业素养	文明礼仪	形象端庄 文明用语	10 分			
	团队协作	相互协作 互帮互助	10 分			
	工作态度	严谨细致 认真细心	10 分			
合计			100 分			

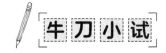

牛刀小试

参考答案

一、单项选择题

1. 多式联运经营人在与托运人订立合同后，必须由（　　）确定各区段运输的衔接时间和地点。

A. 多式联运经营人　　B. 前一区段的实际承运人

C. 后一区段的实际承运人　　D. 托运人

2. 根据国际多式联运定义，结合国际上的实际做法，以下不正确的是（　　）。

A. 它必须包括公路运输、水上运输、航空运输、管道运输及邮政运输中的两种及以上的运输方式而且其中必须有海上运输方式

B. 必须订有一个多式联运合同

C. 必须使用一份全程多式联运单据

D. 可以由多个多式联运经营人对货物运输的全程负责

3. 多式联运提单的签发人一般为（　　）。

A. 多式联运经营人或其代理　　B. 实际承运人

C. 发货人　　D. 收货人

4. 国际多式联运与一般国际货物运输的相同点是（　　）。

A. 提单的适用性和可转让性一般相同

B. 信用证上的条款一般相同

C. 海关的验放手续一般相同

D. 进出口货物都受海关的管理

5. 在多种运输方式中，适合于采掘工业产品、重工业产品及原料、制造业产品及原料，以及农产品的运输方式是（　　）。

A. 海运　　B. 空运　　C. 铁路运输　　D. 公路运输

二、判断题

1. 国际多式联运一般由一个经营人实际承担全部运输。（　　）

2. 实际承运人不能成为多式联运经营人。（　　）

3. 货物托运时，在货物尚未实际装上船之前要求多式联运经营人签发提单，在这种情况下签发的提单叫指示提单。（　　）

4. 多式联运提单中的多式联运经营人签章，如不违背所在国家的法律，可以是手签笔迹的印或章。（　　）

5. 习惯上由多式联运经营人或其代理签发多式联运提单交发货人，由发货人通过银行转让给收货人。（　　）

三、考证知识训练

甲国有5个车辆的整车货物随旅客列车挂运经我国运往乙国，已知车辆标重为16吨，按过境里程和运价等级该货物在《统一货价》中的基本运价率为8美元/吨，而根据运价里程和运价号查得该货物在我国《国内价规》中的运价率折合美元为7美元/吨，若两个运价的计费重量均为货车标重，我国应向甲国发货人收取多少运费？（根据《统一货价》的规定，随旅客列车挂运的整车货物的加成率为200%）。

四、技能大赛训练

DESIGN TRANSPORT ROUTE

Test one:

According to your geographical information, if you need to go from Zhengzhou to Salt Lake City, please list your mode of transportation and explain the reason.

Test two:

If transported to the United States via the Pacific, please list two routes of sea transport from Zhengzhou to Salt Lake City, and it is required to write sea ports which must be basic ports.

Test three:

If it is transported from China to Europe by railway first, and then shipped to the United

States through the Atlantic Ocean, please list one line of the China-Europe railway and sea inter modal transport from Zhengzhou, China, to Salt Lake City in the United States, and the port of the seaborne section shall belong to the basic port.

07

PROJ

项目七

海运制单

◎知识目标

- 了解国际货运单证缮制规范。
- 了解海运提单的性质与作用。
- 掌握海运出口托运单的制作方法。
- 掌握海运提单和海运单的制作方法。

※能力目标

- 能够根据国际货运单证缮制规范缮制海运出口托运单。
- 能够根据国际货运单证缮制规范缮制海运提单。
- 能够根据国际货运单证缮制规范缮制海运单。

❖思政目标

- 培养学生的社会主义核心价值观，增强学生社会责任感。
- 培养学生劳模精神和工匠精神，增强劳动意识。

知识图谱

- 海运制单
  - 海运出口托运单填制与使用
    - 海上货物运输单证的种类
    - 海运出口托运单的定义
    - 海运出口托运单的内容与填制
  - 海运提单填制与使用
    - 海运提单的性质和作用
    - 海运提单的种类
    - 海运提单的格式和内容
    - 海运提单的填制
    - 使用海运单的好处
    - 海运单的使用方法
    - 海运单与海运提单的区别和联系
    - 海运单的填制
    - 《UCP 600》关于提单的规定

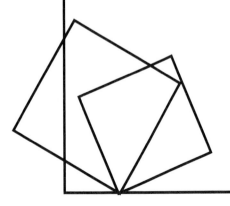

岗位分析

岗位1：客服

岗位职责：维护公司老客户，主动与客户接触；对接商务，引进公司的潜在客户。

典型工作任务：了解客户近期出货计划、发货方向，及时报价并跟进此报价结果；维护公司的潜在客户；利用船公司或订舱代理，协助销售人员完成日常报价；接到客户委托时，在能申请到更低运价的前提下，第一时间完成订舱；船开后1~2个工作日，催船公司或者订舱代理尽快出打尺报告及账单。船开后>5个工作日内交单、开发票给客户；定期跟踪在途货物的中转和到达情况，及时更新给客户。

职业素质：具备严谨的逻辑思维和工作态度；具备吃苦耐劳、恪尽职守、爱岗敬业的职业操守；具备服务意识、质量意识、安全意识、标准意识、成本意识。

职业能力：具备处理船舶进出港手续和文件的能力；具备对进出口货物报关、报检，熟练制作相关单证的能力；具备与港口、海关和其他相关机构进行协调，以确保船舶顺利运行的能力。

可持续发展能力：能进行客户关系管理；能进行业务扩展；全局协调能力。

岗位2：操作员

岗位职责：负责与客户对接，安排订舱、拖车或装箱加固、制作单证、报关、签单等事宜。

典型工作任务：负责接收业务或者客服交给的订单；负责录入应收费用，协助业务员和客服催收；单证及档案的整理及归档；及时向客户反馈货物的跟踪信息以及预计到港情况；积极完成上级领导交办的其他事项，有问题及时跟上级领导反馈。

职业素质：工作细心，责任心强，具有较强的服务意识和团队精神。

职业能力：具备处理船舶进出港手续和文件的能力；具备对进出口货物报关、报检，熟练制作相关单证的能力；具备计算班轮运费和集装箱运费的能力；具备与港口、海关和其他相关机构进行协调，以确保船舶顺利运行的能力。

可持续发展能力：能进行客户关系管理；能进行业务扩展；全局协调能力。

项目导读

不可忽视的细节：单证一致的重要性

“单证一致”是贸易中的一个重要概念，通常用在国际贸易的各种文件和单据处理过程中。“单证一致”要求所有的贸易文件和单据中的信息必须保持一致。

在国际贸易中，可能涉及多种不同的文件和单据，如商业发票、装箱单、提单、信用证等。这些文件和单据包含了交易的各种信息，如货物品名、数量、价格、装运日期、发货人和收货人等。“单证一致”的目的是确保交易的透明性和准确性，防止欺诈和误解。如果文件和单据中的信息不一致，可能会导致交易延误，或者产生法律纠纷。

“单证一致”要求出口方所提供的所有单据要符合进口方开证银行所开信用证的要求，或者说，出口方制作和提供的所有与本项货物买卖有关的单据，应与进口方申请开立的信用证对单据的要求完全吻合，没有矛盾。

单证一致原则对于进出口双方能否顺利实现结汇和收汇至关重要。

对于买卖双方和银行来说，只要单证一致，就能得到议付，顺利结汇，只要单证相符，单单一致，银行便付款。

也就是说，单证一致，货不好也能得到货款；单证不一致，货再好，也不能得到货款。所以对于出口方来说，单证一致是顺利收汇的关键所在。

牢牢把握住单证一致的原则，对于避免国际贸易货款结算的风险具有十分重要的意义。

如何有效做到单证一致？

目前，在国际贸易中以信用证方式进行结算非常普遍，因此我国企业在出口业务中应严格遵守单证一致的原则。当收到国外买方开立的信用证后，应认真审查信用证，以确定信用证规定与合同是否一致、信用证中是否存在软条款、信用证的各项规定卖方是否有能力做到等。一旦发现任何问题都应及时通知买方而绝不能抱有侥幸心理。审证后若认为没有问题则应按照信用证的规定谨慎地制作单据，使单证严格保持一致，避免不利情况的发生，有效地保护自己的权利。

任务一 海运出口托运单填制与使用

任务描述

指导实习生填制海运出口托运单

ABC 国际货运代理公司的新客户 SUN 要用海运方式从上海出口一批天然彩棉到韩国。ABC 国际货运代理公司实习生 Mary 第一次处理海运出口业务，不知道如何填写海运出口托运单，假设你是操作部经理兼 Mary 的指导老师，请你指导 Mary，根据以下材料，完成“任务实施”中的问题。

海运出口托运单

Applicant（开证申请人）：FADA CO.，LTD.
HANS. TOWER 43-5 GURO-DONG GURO-GU，SEOUL，KOREA

Beneficiary（受益人）：SUN INTERNATIONAL HOLDING SHANGHAI TEXTILES IMP&EXP. CO.，LTD. 300 SI PING ROAD，SHANGHAI，CHINA

Consignee or order（收货人或指示）：TO THE ORDER OF INDUSTRIAL BANK OF KOREA

Port of shipment（装运港）：SHANGHAI，CHINA

Port of discharge（卸货港）：BUSAN，KOREA

Partial shipment（分批装运）：NOT ALLOWED

Transshipment（转船）：ALLOWED

Latest date of shipment（最迟装运日期）：MAR. 30，2024

Description of goods（货物描述）：NATURAL COLORED COTTON YARN，CIF BUSAN

Packing（包装）：155 CTNS

Gross weight（毛重）：3399. 46 KGS

Measurement（体积）：4. 25 CBM

Number of B/L（提单份数）：THREE

B/L No.（提单号）：COSUSHA003139

Shipping marks（唛头）：N/M

知识链接

✣ 知识点 1：海上货物运输单证的种类

为了保证进出口货物的安全交接，在整个海运过程中需要用到多种单证。这些单证各有其特定的用途，彼此之间相互联系。它们既把船、港、货各方联系在一起，又能分清各方的权利和义务。

海上货物运输单证主要有以下几种。

1. 托运单（BOOKING ORDER）

托运单即海上出口托运单，俗称“下货纸”，是托运人根据贸易合同和信用证条款内容填制的，向承运人或其代理办理货物托运的单证。承运人根据托运单内容，并结合船舶的航线、挂靠港、船期和舱位等条件综合考虑后，确定是否接受托运。

2. 场站收据（DOCK RECEIPT，D/R）

场站收据又称港站收据或码头收据，是国际集装箱运输专用出口货运单证，它是由发货人或其代理编制、由承运人签发的，证明船公司已从发货人处接收了货物且那时的货物形态符合要求，船公司对货物负有责任的凭证。

3. 海运提单（BILL OF LADING）

海运提单简称提单，是由承运人或其代理签发的，证明已收到特定货物并允诺将货物运至特定目的地交付给收货人的书面凭证。

4. 海运单（SEA WAYBILL，OCEAN WAYBILL）

海运单是由船长或者船公司或其代理签发的，证明已收到特定货物（已经接管或者已经装船）并保证将货物运至目的地交付给指定收货人的一种单证。

5. 订舱委托书（BOOKING NOTE）

订舱委托书又称订舱单，指承运人或其代理在接受发货人或货物托运人的订舱时，根据发货人所提供的货物情况据以安排的集装箱货物运输的单证。订舱单是出口企业向外运公司提供出口货物的必要资料，是外运公司定舱配载的依据。

6. 装货单（SHIPPING ORDER）

装货单是接受了托运人提出装运申请的船公司，签发给托运人的，凭之将货物装船的单据。装货单既可用作装船依据，又是向海关办理出口货物申报手续的主要单据之一，因此装货单又称“关单”。对于托运人而言，装货单是办妥货物托运的证明，对于船公司或其代理而言，装货单是通知船公司接收装运该批货物的指示文件。

7. 收货单（MATES RECEIPT）

收货单又称大副收据，是船舶收到货物的收据及货物已经装船的凭证。船上大副根据理货人员在理货单上所签注的日期、件数及舱位，并与装货单进行核对后，签署大副收据。托运人凭大副签署过的大副收据，向承运人或其代理换取已装船提单。

8. 装货清单（LODING LIST）

装货清单是承运人根据装货单留底，将全船待装货物按目的港和货物性质归类，依航次、靠港顺序排列编制的装货单汇总清单，其内容包括装货单编号、货物品名、件数、包装形式、毛重、估计尺码及特种货物对装运的要求或注意事项等。

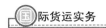

9. 提货单（DELIVERY ORDER）

提货单是收货人凭正本提单或副本提单随同有效的担保向承运人或其代理换取的、可向港口装卸部门提取货物的凭证。

10. 舱单（MANIFEST）

舱单是按照货港逐票罗列全船载运货物的汇总清单。它是在货物装船完毕之后，由船公司根据收货单或海运提单编制的。

11. 货物积载图（CARGO PLAN）

货物积载图是按货物实际装舱情况编制的舱位图。它是船公司进行货物运输、保管和卸货工作的参考资料，也是卸货港据以理货、安排泊位、货物进舱的文件。

✣ 知识点 2：海运出口托运单的定义

海运出口托运单也称为托运单，其英文表达方式比较多，可以是 BOOKING ORDER、BOOKING NOTE、BOOKING NOTE FOR CARGO 或 SHIPPER'S LETTER OF INSTRUCTION。海运出口托运单样单如图 7-1 所示。

海运出口托运单是出口企业向货运代理申请租船订舱的一张单证，是日后缮制海运提单的主要依据。如果缮制错漏，就会直接影响结汇单证的正确制作，进而影响安全结汇。

我国曾在 1990 年进行了集装箱多式联运工业性试验，虽然该试验早已结束，但其中的三大单证原理一直沿用至今，即出口时使用的“场站收据”，进口时使用的“交货记录”和进出口时分别使用的“集装箱设备交接单”。目前使用的海运出口托运单、电子托运凭证、装货单、电子报关装运凭证、场站收据、电子场站凭证、集装箱设备交接单、集装箱设备电子凭证和电子数据签发提单等都是依据这些单证原理制作的，只是单证内容有变更，且形式已数据化、格式化和电子化。

✣ 知识点 3：海运出口托运单的内容与填制

海洋运输有散货运输和集装箱运输两种方式。这两种运输方式分别使用不同格式的海运出口托运单。

一、散货运输海运出口托运单

散货运输海运出口托运单是在装货单和收货单基础上发展而成的一种多功能单据，其内容及填制方法如下。

1. 托运人（SHIPPER）

此处一般填写出口合同的卖方信息，信用证支付方式下应与信用证受益人的名称、地址一致。

2. 委托编号、船名（NO.、S/S）

此处应填写托运单的顺序编号，船名可在船公司安排舱位后填写。

3. 装货港（PORT OF LOADING）

此处应按合同或信用证规定填写装货港具体名称，遇到重名港口时，应在港口名称后面加注国名。

海运出口托运单

SHIPPER'S LETTER OF INSTRUCTION

委托编号： No.	提单号 B/L No.

标记及号码 Marks & Nos.	包装件数 Packages	货物描述 Description of Goods	重量（千克） Weight（KGS）	
			净重 Net	毛重 Gross

共计件数（大写） Total Number of Packages	体积（CBM） Measurement

托运人 Shipper		可否 转船		可否 分批			
收货人 Consignee		装运日期		有效期		提单份数	
		金额					
通知人 Notify Party		银行 编号		信用 证号			
装货港 Port of Loading		卸货港 Port of Discharge					

运费	运费付款方式 Freight Payment		运费 Charges
	运费预付 Freight Prepaid	运费到付 Freight Collect	

备注	

委托单位　　　　　　　　　　　　　　　　　　　　　　　制单　　月　　日

图 7-1　海运出口托运单样单

4. 卸货港（PORT OF DISCHARGE）

此处应按合同或信用证规定填写卸货港具体名称，遇到重名港口时，应在港口名称后面加注国名。

5. 标记及号码（MARKS & NOS.）

此处应按合同或信用证规定的内容和形式填写，如无规定，可由出口商自己编制，没有唛头则填写“N/M”。

6. 包装件数（PACKAGES）

此处应按最大包装实际件数填写，应与唛头中的件数一致。

7. 货物描述（DESCRIPTION OF GOODS）

此处应填写货物大类名称或统称，且应与发票或信用证中的货物品名一致。

8. 重量（WEIGHT）

本栏内容是计算船舶受载吨位和运费的基础资料，以千克为单位，需分别填写整批货物的毛重和净重。

9. 体积（MEASUREMENT）

本栏填写整批货物的体积实数，以立方米为单位，是计算运费的主要依据之一，计算应务求准确。

10. 分批装运（PARTIAL SHIPMENT）、转船（TRANSSHIPMENT）

本栏应严格按合同或信用证填写“允许”或“不允许”。

11. 装运日期（DATE OF SHIPMENT），有效期（DATE OF EXPIRY）

本栏根据信用证规定的最迟装运期和议付有效期分别填写。

12. 收货人（CONSIGNEE）

本栏一般根据信用证要求填写“TO ORDER/ TO ORDER OF SHIPPER”。

13. 通知人（NOTIFY PARTY）

本栏填写接收船公司发出到货通知的人的名称与地址。

14. 运费付款方式（FREIGHT PAYMENT）

本栏一般不显示具体运费，只确认“运费到付”或“运费预付”。

15. 提单份数（NUMBER OF B(S)/L）

提单一般为 3 份，根据实际填写。

16. 备注（REMARK）

本栏填写信用证中有关运输方面的特殊要求。

二、集装箱运输海运出口托运单

集装箱运输海运出口托运单与散货运输海运出口托运单基本相同，只是发货人在办理集装箱运输托运时，除应填写与散货运输海运出口托运单相似的内容外，还应标明所托运货物的交接方式，如 CY—CY、CFS—CFS 等以及所托运货物的种类，如普通、冷藏、液体等。

参考答案

任务实施

阅读“任务描述”，完成以下问题。

1. 写出发货人名称和地址。

____

____

____

2. 写出收货人名称和地址。

____

____

____

3. 写出货物的基本情况。

（1）货物描述：______________________________

（2）件数：______________________________

（3）毛重：______________________________

（4）体积：______________________________

4. 写出货物的运输要求。

（1）运输方式：______________________________

（2）运输时间要求：______________________________

（3）装货港：______________________________

（4）卸货港：______________________________

5. 填写海运出口托运单（见图 7-2）中 1-16 项的内容。

<table>
<tr><td colspan="8">海运出口托运单
SHIPPER'S LETTER OF INSTRUCTION
委托编号：________ 提单号 1________
No. B/L No.</td></tr>
<tr><td rowspan="2">标记及号码
Marks & Nos.</td><td rowspan="2">包装件数
Packages</td><td rowspan="2" colspan="2">货物描述
Description of Goods</td><td colspan="4">重量（千克）
Weight（KGS）</td></tr>
<tr><td colspan="2">净重
Net</td><td colspan="2">毛重
Gross</td></tr>
<tr><td>2</td><td>3</td><td colspan="2">4</td><td colspan="2"></td><td colspan="2">5</td></tr>
<tr><td colspan="4">共计件数（大写）
Total Number of Packages</td><td colspan="4">体积（CBM）
Measurement</td></tr>
<tr><td colspan="4">6</td><td colspan="4">7</td></tr>
<tr><td>托运人
Shipper</td><td>8</td><td>可否
转船</td><td>10</td><td colspan="2">可否
分批</td><td colspan="2">11</td></tr>
<tr><td rowspan="2">收货人
Consignee</td><td rowspan="2">9</td><td>装运日期</td><td>12</td><td>有效期</td><td></td><td>提单份数</td><td>13</td></tr>
<tr><td>金额</td><td colspan="5"></td></tr>
<tr><td>通知人
Notify Party</td><td></td><td>银行
编号</td><td></td><td colspan="2">信用
证号</td><td colspan="2"></td></tr>
<tr><td>装货港
Port of Loading</td><td>14</td><td colspan="3">卸货港
Port of Discharge</td><td colspan="3">15</td></tr>
<tr><td rowspan="3">运费</td><td colspan="3">运费付款方式 16
Freight Payment</td><td colspan="4">运费
Charges</td></tr>
<tr><td>运费预付
Freight Prepaid</td><td colspan="2">运费到付
Freight Collect</td><td colspan="4" rowspan="2"></td></tr>
<tr><td></td><td colspan="2"></td></tr>
<tr><td>备注</td><td colspan="7"></td></tr>
</table>

图 7-2 海运出口托运单

6. 各组选出填写最规范的海运出口托运单上台进行展示、分享。

任务评价

在完成上述任务后，教师组织三方评价，并对学生的任务执行情况进行点评。学生完成考核评价表（见表 7-1）的填写。

表 7-1　　考核评价表

<table>
<tr><td>班级</td><td colspan="2"></td><td>团队名称</td><td colspan="3"></td></tr>
<tr><td>团队成员</td><td colspan="6"></td></tr>
<tr><td colspan="2">考核项目</td><td>要求</td><td>分值</td><td>学生自评
（30%）</td><td>团队互评
（30%）</td><td>教师评定
（40%）</td></tr>
<tr><td rowspan="4">知识能力</td><td>托运单当事人</td><td>发货人、收货人
信息填写正确</td><td>10 分</td><td></td><td></td><td></td></tr>
<tr><td>货物信息</td><td>货物品名、件数、
毛重、体积填写
正确</td><td>40 分</td><td></td><td></td><td></td></tr>
<tr><td>运输信息</td><td>装货港、卸货港等
信息填写正确</td><td>10 分</td><td></td><td></td><td></td></tr>
<tr><td>装运条款</td><td>装运条款填写正确</td><td>10 分</td><td></td><td></td><td></td></tr>
<tr><td rowspan="3">职业素养</td><td>文明礼仪</td><td>形象端庄
文明用语</td><td>10 分</td><td></td><td></td><td></td></tr>
<tr><td>团队协作</td><td>相互协作
互帮互助</td><td>10 分</td><td></td><td></td><td></td></tr>
<tr><td>工作态度</td><td>严谨认真</td><td>10 分</td><td></td><td></td><td></td></tr>
<tr><td colspan="3">合计</td><td>100 分</td><td></td><td></td><td></td></tr>
</table>

任务二　海运提单填制与使用

任务描述

指导实习生填制海运提单

ABC 船公司接到 XYZ 公司订单，客户 SUN 贸易公司要用海运方式从上海出口一批天然彩棉到韩国。ABC 船公司实习生 Jim 第一次处理海运出口业务，担心填写的海运提单不准确，假设你是 ABC 船公司操作部经理兼 Jim 的指导老师，请你指导 Jim，根据以下材料，完成“任务实施”中的问题。

海运提单

Applicant（开证申请人）：FADA CO.，LTD.
HANS. TOWER 43-5 GURO-DONG GURO-GU，SEOUL，KOREA

Beneficiary（受益人）：SUN INTERNATIONAL HOLDING SHANGHAI TEXTILES IMP&EXP. CO.，LTD. 300 SI PING ROAD，SHANGHAI，CHINA

Consignee or order（收货人或指示）：TO THE ORDER OF INDUSTRIAL BANK OF KOREA

Port of loading（装货港）：SHANGHAI，CHINA

Port of discharge（卸货港）：BUSAN，KOREA

Partial shipment（分批装运）：NOT ALLOWED

Transshipment（转船）：ALLOWED

Latest date of shipment（最迟装运日期）：MAR. 30，2024

Description of goods（货物描述）：NATURAL COLORED COTTON YARN，CIF BUSAN

Packing（包装）：155 CTNS

Gross weight（毛重）：3399. 46 KGS

Measurement（体积）：4. 25 CBM

Number of B/L（提单份数）：THREE

Ocean vessel and voyage No.（海运船名和航次）：DONGFENG V. 228

B/L No.（提单号）：COSUSHA003139

Shipping marks（唛头）：N/M

On board date（装船日期）：MAR. 25，2024

Container/Seal No.（集装箱号、封号）：GATU8544340/3320747

The carrier's agents（承运人代理公司）：XYZ COMPANY

知识链接

✣ 知识点 1：海运提单的性质和作用

海运提单是承运人或其代理签发的货物收据。

海运提单是货物所有权的凭证。

海运提单是承运人与托运人之间订立运输合同的证明，也是承运人与托运人或收货人处理双方权利、义务的依据。

✣ 知识点 2：海运提单的种类

海运提单的种类如表 7-2 所示。

表 7-2　　海运提单的种类

分类方法	海运提单种类	英文名称
按货物是否已装船	已装船提单	On board B/L 或 Shipped B/L
	备运提单	Received for shipment B/L
按海运提单上有无不良批注	清洁提单	Clean B/L
	不清洁提单	Unclean B/L 或 Foul B/L
按收货人抬头	记名提单	Straight B/L
	不记名提单	Open B/L
	指示提单	Order B/L
按运输方式	直达提单	Direct B/L
	转船提单	Transshipment B/L
	联运提单	Through B/L
	多式联运提单	Multimodal Transport B/L 或 Intermodal Transport B/L
按海运提单内容的繁简	全式提单	Long form B/L
	略式提单	Short form B/L
按海运提单使用的有效性	正本提单	Original B/L
	副本提单	Copy B/L
按签发海运提单的时间	倒签提单	Anti-dated B/L
	顺签提单	Post-date B/L
	预借提单	Advanced B/L
	过期提单	Stale B/L

续 表

分类方法	海运提单种类	英文名称
其他	集装箱提单	Container B/L
	电放提单	Telex release B/L 或 Surrendered

按照不同的分类方法，海运提单可以有不同的分类。

1. 按货物是否已装船

已装船提单指船公司已将货物装上指定船舶后签发的提单。

备运提单指船公司已收到托运货物，等待装船期间所签发的提单。

2. 按海运提单上有无不良批注

清洁提单指船公司未在提单上加任何有关货物受损或包装不良等批注的提单。

不清洁提单指船公司在提单上对货物表面状况或包装有不良或存在缺陷等情况进行批注的提单。

3. 按收货人抬头

记名提单指收货人栏内填明特定收货人名称的提单。此类提单不能流通，在国际贸易中很少使用。

不记名提单指收货人栏内没有指明任何收货人的提单。该类提单风险很大，在国际贸易中也很少使用。

指示提单指收货人栏填写了“凭指示”（To order）或“凭某人指示”（To order of...）字样的提单。这类提单可经过背书转让，在国际贸易中广为使用。

4. 按运输方式

直达提单指船舶从装运港装货后，中途不经换船而直接驶达目的港所签发的提单。

转船提单指船舶从装运港装货后，需在中途港口换船所签发的提单。一般会在海运提单上注明“转运”或“某某港转船”字样。转船提单往往由第一程承运人签发。由于货物中途转船会增加转船费用和风险，并影响到货时间，因此一般信用证内均规定不允许转船，但去往或途经直达船少或没有直达船的港口时，买方也只好同意转船。

联运提单指需要海运和其他运输方式联合运输时由第一程承运人所签发的适用于全程运输的提单。

多式联运提单指需经海运、铁路、公路、航空等两种或多种运输方式进行联合运输而签发的适用于全程运输的提单。

5. 按海运提单内容的繁简

全式提单在提单正面和提单背面详细列有承运人和托运人的权利和义务条款。

略式提单的背面无条款，而只在正面列出必须记载的事项。

6. 按海运提单使用的有效性

正本提单指提单上有承运人、船长或其代理签字盖章并注明签发日期的提单。

副本提单指提单上没有承运人、船长或其代理签字盖章，而仅供工作上参考之用的提单。

7. 按签发海运提单的时间

倒签提单指承运人应托运人的要求在货物装船后，提单签发的日期早于实际装船完毕日期的提单。

顺签提单指货物装船后，承运人或船公司应货主要求，以晚于该票货物实际装船完毕日期作为提单签发日期的提单。

预借提单指承运人或者其代理应托运人要求事先签发的提单。在装运期限和信用证规定的汇票结算时间，托运人不能及时准备货物或者未完成装货或船公司在装运期间未能到达装货港口，由此引起的一切责任应由预借提单的签发人承担。

过期提单指在信用证付款方式下，出口商取得的提单由于各种原因未能在规定时间内提交给银行进行议付的提单，习惯上也称为滞期提单。

8. 其他

集装箱提单指以集装箱装运货物时所签发的提单。它有两种形式。一种是在普通的海运提单上加注“用集装箱装运”字样；另一种是使用“多式联运提单”。

电放提单指在应当签发或已签发正本提单的情况下，货运代理根据托运人要求，向船公司提出申请，在不签发正本提单或收回已签发的全部正本提单前提下，以电子邮件、传真、电报等方式通知其在目的港的代理，将运输的货物交付给提单上载明的收货人。

电放提单的产生主要是为了解决目的港“货到提单未到”的问题。提单是物权凭证，客户只有拿到提单正本才能在目的港清关提货。电放提单意味着放弃正本提单，凭借电放提单的复印件或传真件就可以提货。一般货物运输时间比较短时会采用电放提单。

✣ 知识点 3：海运提单的格式和内容

一、海运提单正面内容

海运提单正面如图 7-3 所示。

<table>
<tr><td colspan="9">**BILL OF LADING**</td></tr>
<tr><td colspan="5">托运人
Shipper</td><td colspan="4" rowspan="5">中国对外贸易运输总公司
CHINA NATIONAL FOREIGN TRADE
TRANSPORTATION CORP.
联运提单
COMBINED TRANSPORT BILL OF LADING
RECEIVED the goods in apparent good order and condition as specified below unless otherwise stated herein.
The Carrier, in accordance with the provisions contained in this document,
1) undertakes to perform or to procure the performance of the entire transport from the place at which the goods are taken in charge to the place designated for delivery in this document, and
2) assumes liability as prescribed in this document for such transport. One of the Bills of Lading must be surrendered duly indorsed in exchange for the goods or delivery order.</td></tr>
<tr><td colspan="5">收货人或指示
Consignee or order</td></tr>
<tr><td colspan="5">通知人
Notify Party</td></tr>
<tr><td colspan="3">前段运输
Pre-carriage by</td><td colspan="2">收货地点
Place of receipt</td></tr>
<tr><td colspan="3">海运船名
Ocean vessel and voyage no.</td><td colspan="2">装货港
Port of loading</td></tr>
<tr><td colspan="3">卸货港
Port of discharge</td><td colspan="2">交货地点
Place of delivery</td><td colspan="2">运费支付地
Freight payable at</td><td colspan="2">正本提单份数
Number of original B(s)/L</td></tr>
<tr><td>标志和号码
Marks and nos.</td><td colspan="3">件数和包装种类
Number and kind of packages</td><td colspan="2">货物品名
Description of goods</td><td colspan="2">毛重（千克）
Gross weight (KGS)</td><td>体积（立方米）
Measurement (CBM)</td></tr>
<tr><td colspan="9">以上细目由托运人提供
ABOVE PARTICULARS FURNISHED BY SHIPPER</td></tr>
<tr><td colspan="2" rowspan="3">运费和费用
Freight and charges</td><td colspan="7">IN WITNESS whereof the number of original Bills of Lading stated above have been signed, one of which being accomplished, the other(s) to be void.</td></tr>
<tr><td colspan="7">签单地点和日期
Place and date of issue</td></tr>
<tr><td colspan="7">代表承运人签字
Signed for or on behalf of the Carrier
代理
as Agents</td></tr>
</table>

图 7-3 海运提单正面

目前，各船公司所制定的海运提单格式不完全相同，但其内容大同小异。

1. 必要记载事项

根据《中华人民共和国海商法》第七十三条，海运提单正面内容包括下列各项。

①货物的品名、标志、包数或者件数、重量或体积，以及运输危险货物时对危险性质的说明（Description of the goods, mark, number of packages or pieces, weight or measurement, and a statement, if applicable, as to the dangerous nature of the goods）；

②承运人的名称和主营业所（Name and principal place of business of the carrier）；

③船舶名称（Name of the ship）；

④托运人名称（Name of the shipper）；

⑤收货人名称（Name of the consignee）；

⑥装货港和在装货港接收货物的日期（Port of loading and the date on which the goods were taken over by the carrier at the port of loading）；

⑦卸货港（Port of discharge）；

⑧多式联运提单增列接收货物地点和交付货物地点（Place where the goods were taken over and the place where the goods are going to be delivered in case of a multimodal transport bill of lading）；

⑨海运提单的签发日期、地点和份数（Date and place of issue of the bill of lading and the number of originals issued）；

⑩运费的支付（Payment of freight）；

⑪承运人或者其代表的签字（Signature of the carrier or of a person acting on his behalf）。

若海运提单缺少上述规定中的一项或几项，不影响其性质；但是，海运提单必须符合《中华人民共和国海商法》关于提单的定义和功能的规定。

除在内陆签发多式联运提单时需有上述第③项，签发海运提单时需有第⑧项和第⑩项，其他 8 项内容是必不可少的。

2. 有关海运提单的国际公约对必要记载事项的规定

根据《海牙规则》第三条第三款，收到货物之后，承运人或船长或承运人的代理，应依照托运人的请求向托运人签发海运提单，其上应载有：

①与开始装货前由托运人书面提供者相同的，为辨认货物所需的主要唛头；

②由托运人书面提供的包数或件数，或者数量，或者重量；

③货物的表面状况。

3. 一般记载事项

①承运人因业务需要而记载的事项，如航次序号、船长姓名、运费的支付时间和地点、汇率、提单编号及通知人等。

②为区分承运人与托运人之间的责任而记载的事项，如数量争议的批注；为了减轻或

免除承运人的责任而加注的内容；为了扩大或强调海运提单上已印妥的免责条款；对于一些易于受损的特种货物，承运人在海运提单上加盖的以对此种损坏免除责任为内容的印章等。

二、海运提单背面条款

海运提单背面的条款作为承托双方权利和义务的依据，一般分为强制性条款和任意性条款两类。强制性条款的内容不能违反有关的国家法律和国际公约及港口惯例的规定。提单背面通常有下列主要条款。

1. 定义条款

定义条款是提单或有关提单的法规中对与提单有关用语的含义和范围作出明确规定的条款。常见规定如，货方（Merchant）可以包括托运人（Shipper）、发货人（Consignor）、收货人（Consignee）、提单持有人（Holder of B/L），以及货物所有人（Owner of the Goods）。

2. 首要条款

首要条款是承运人按照自己的意志，印刷于提单条款的上方，通常列为提单条款第一条，用以明确本提单受某一国际公约制约或适用某国法律的条款。通常规定：本提单受《海牙规则》或《海牙-维斯比规则》或者采纳上述规则的某一国内法的制约。

3. 运费和其他费用条款

该条款通常规定，托运人或收货人应按提单正面记载的金额、货币名称、计算方法、支付方式和时间支付运费，以及货物装船后至交货期间发生的，并应由货方承担的其他费用，以及运费收取后不再退还等。

该条款通常还规定，货方负有支付运费的绝对义务。即使船舶或货物在航行过程中灭失或损坏，货方仍应向承运人支付全额运费。如货物灭失或损坏的责任在于承运人，则货方可向承运人索赔。

4. 赔偿责任限额条款

赔偿责任限额指提单适用的国内法律或国际公约规定的承运人对货物的灭失或损坏的赔偿上限。若承运人接收货物前，托运人书面申报的货物价值高于赔偿责任限额并已填入提单又按规定收取运费时，则应按申报价值计算。若首要条款中规定提单适用某国际公约或国内法律，则按该国际公约或国内法律办理。

5. 危险货物条款

此条款通常规定，托运人对危险品的性质必须正确申报并标明危险品标志和标签，托运人如果事先未将危险货物性质以书面形式告知承运人，未在货物包装外表按有关法规予以标明，则不得装运；否则，一经发现，承运人为船货安全有权将其变为无害、抛弃或卸船，或以其他方式予以处置；托运人、收货人应对未按上述要求装运的危险品货物，使承运人遭受的任何灭失或者损坏负责，对托运人按要求装运的危险品，当其危及船舶或货物安全时，承运人仍有权将其变为无害、抛弃或卸船，或以其他方式予以处置。

如提单上订明适用《海牙规则》或《海牙-维斯比规则》或相应的国内法，便无需订立此条款。

6. 舱面货物条款

由于《海牙规则》规定，舱面货物和活动物不视为海上运输的货物，因此提单上一般订明，关于这些货物的收受、装载、运输、保管和卸载均由货方承担风险，承运人对货物灭失或损坏不负赔偿责任。

✣ 知识点 4：海运提单的填制

1. 托运人（Shipper）

托运人一般为信用证中的受益人。如果开证人为了贸易上的需要，要求做第三者提单（THIRD PARTY B/L），也可照办。

2. 收货人或指示（Consignee or order）

如要求记名提单，则可在此栏填上具体的收货公司或收货人名称；如属指示提单，则在此栏填写“指示”（ORDER）或“凭指示”（TO ORDER）；如需在提单上列明指示人，则可根据需求填写“凭托运人指示”（TO THE ORDER OF SHIPPER），“凭收货人指示”（TO THE ORDER OF CONSIGNEE）或“凭银行指示”（TO THE ORDER OF ×× BANK）。

3. 通知人（Notify party）

通知人是接收船公司在货物到达目的港后所发送的到货通知的人，有时即为进口人。在信用证项下的提单，一般为信用证的申请人，如信用证上对提单通知人有具体规定，则必须严格按信用证要求填写。如果是记名提单或收货人指示提单，且收货人又有详细地址的，则此栏可以不填。如果是空白指示提单或托运人指示提单则此栏必须填写通知人名称及详细地址，否则船公司就无法与收货人联系，收货人也不能及时报关提货，甚至货物会因超过海关规定的申报时间而被没收。

4. 提单号码（B/L no.）

提单号码一般列在提单右上角，以便于工作联系和查核。发货人向收货人发送装船通知时，也要列明船名和提单号码。

5. 海运船名和航次（Ocean vessel and voyage no.）

此栏应填列装载货物的船名及其航次。

6. 装货港（Port of loading）

此栏应填列实际装船港口的具体名称。

7. 卸货港（Port of discharge）

此栏应填列货物实际卸下的港口名称。如需转船，第一程提单上的卸货港填写转船港，收货人填写第二程船公司；第二程提单装货港填写上述转船港，卸货港填写最后的目的港。如由第一程船公司出具联运提单，则卸货港填写最后的目的港，提单上列明第一程和第二程的船名。如经某港口转运，要显示 VIA××字样。

在使用集装箱运输方式，且使用多式联运提单时，提单上除列明装货港和卸货港，还要列明“收货地点”（Place of receipt）、“交货地点”（Place of delivery）以及“第一程运输工具”、“海运船名和航次”（Ocean vessel and voyage no.）。填写卸货港，还要注意同名港口问题。

8. 货物品名（Description of goods）

此栏填写的内容一般需要与货物出口时向当地海关申报的货物品名一致，在信用证项下货物品名必须与信用证上的一致。

9. 件数和包装种类（Number and kind of packages）

此栏要按实际包装情况填写。

10. 标志和号码（Marks and nos.）

信用证有规定的，必须按规定填列，否则可按发票上的唛头填列。

11. 毛重、尺码（Gross weight，Measurement）

除信用证另有规定，一般以千克为单位列出货物毛重，以立方米为单位列出货物尺码（体积）。

12. 运费和费用（Freight and charges）

此栏一般填写预付（FREIGHT PREPAID）或到付（FREIGHT COLLECT）。如以 CIF 或 CFR 出口，此栏一般均填上“运费预付”字样，千万不可漏列，否则收货人会因运费问题提不到货。如以 FOB 出口，则此栏可填写“运费到付”字样，除非收货人委托发货人垫付运费。

13. 提单的签发、日期和份数

提单必须由承运人或船长或他们的代理签发，并应明确表明签发人身份。一般表示方法有 CARRIER、CAPTAIN，或“AS AGENT FOR THE CARRIER：×××”等。提单份数一般按信用证要求出具，如“FULL SET OF”一般理解成三份正本，若干份副本。

提单还是结汇的必需单据，特别是在跟单信用证结汇时，银行要求所提供的单证必须一致，因此提单上所签的日期必须与信用证或合同上所要求的最后装船日期一致或先于该装运期。如果卖方估计货物无法在该装运期前装上船，应尽早通知买方，提出修改信用证的要求，而不应利用“倒签提单”“预借提单”等欺诈行为取得货款。

✣ 知识点 5：使用海运单的好处

海运单的正面内容与提单的正面内容基本一致，但是印有“不可转让”的字样。有的海运单在背面印有货方定义条款，承运人责任、义务与免责条款，装货、卸货与交货条款，运费及其他费用条款，留置权条款，共同海损条款，双方有责碰撞条款，首要条款，法律适用条款等内容。

海运单如图 7-4 所示。

<table>
<tr><td colspan="3">海运单
SCHENKER OCEAN Non Negotiable SEA WAYBILL
For Combined Transport</td></tr>
<tr><td colspan="2" rowspan="2">Shipper/Exporter</td><td>Waybill No.</td></tr>
<tr><td>Reference No.</td></tr>
<tr><td colspan="2">Consignee</td><td>Shipper's Agent</td></tr>
<tr><td colspan="2">Notify Party</td><td>For Delivery of Goods Apply to</td></tr>
<tr><td colspan="2">Vessel/Voyage (See Clause 16.1 of the Bill of Lading Terms)</td><td>Place of Receipt</td></tr>
<tr><td>Port of Loading</td><td>Port of Discharge</td><td>Final Destination</td></tr>
<tr><td colspan="3">Bellow Particulars Furnished by Shipper-Carrier Not Responsible-for Merchant's Use Only and Part of the Bill of Lading Contract.</td></tr>
<tr><td colspan="3">Container No. / Seal No. No. & Kind of Packages Gross Weight Measurement

Marks and Nos. Description of Goods

Above Particulars as Declared by Shipper, But Without Responsibility of or Representation by the Carrier (See Clause 8).</td></tr>
<tr><td colspan="2">Carrier's Receipt</td><td rowspan="2">The particulars given above as stated by the merchant and the weight, measure, quantity, marks, contents and value of the goods considered unknown by the carrier, RECEIVED by the Carrier from the Shipper.</td></tr>
<tr><td colspan="2" rowspan="4">Freight and Charges | Prepaid | Collect</td></tr>
<tr><td>Declared Cargo Value</td></tr>
<tr><td>Place and Date of Issue of Waybill</td></tr>
<tr><td>Issued as Agents for SCHENKER OCEAN as Carrier by</td></tr>
</table>

图 7-4 海运单

海运单仅涉及托运人、承运人、收货人三方，程序简单，操作方便，有利于货物的转移。

海运单是一种安全凭证，它不具有流通性，可避免单据遗失和伪造提单所产生的后果。

海运单不是物权凭证。扩大海运单的使用，可以为今后推行 EDI 电子提单提供实践的依据和可能。

✣ 知识点 6：海运单的使用方法

海运单可用于跨国公司的总、分公司或相关子公司间的业务往来。

在赊销或双方买方付款作为转移货物所有权的前提条件，海运提单已失去其使用意义，使用海运单可以简化业务流程。

海运单可用于往来已久且关系密切的伙伴间的贸易往来。

海运单可用于运送无资金风险的家用的私人物品、具有商业价值的样品。

在短途海运的情况下，往往是货物先到而提单未到，此时宜采用海运单。

✣ 知识点 7：海运单与海运提单的区别和联系

海运提单是货物收据、运输合同的证明，也是物权凭证，海运单只具有货物收据和运输合同这两种性质，它不是物权凭证。

海运提单可以背书流通转让；海运单是一种非流通性单据，海运单上标明了确定的收货人，不能流通转让。

海运单和海运提单都可以做成“已装船”形式，也可以做成“备运”形式。海运单正面各栏目的格式和缮制方法与海运提单基本相同，只是海运单收货人栏必须填写具体的收货人。

海运提单的合法持有人和承运人可凭海运提单提货和交货，海运单上的收货人仅凭提货通知或其身份证明提货。

海运提单有全式提单和略式提单之分，而海运单是简式单证，背面不列详细货运条款但载有一条可援用海运提单背面内容的条款。

海运单和记名提单虽然都有收货人，不作背书转让，但我国法律仍将记名提单当作提单来看。事实上，记名提单不具备物权凭证的性质。在一些国家，收货人提货时需要出具记名提单，在另一些国家，比如美国，只要能证明收货人身份也可以提货。海运单并不经过银行环节，这一点与记名提单不同。

✣ 知识点 8：海运单的填制

海运单的填制方法和海运提单基本相同，海运单的正面内容与海运提单的正面内容基本一致，但是印有“不可转让”的字样。特别注意：

①海运单上的“Reference No.”通常指与这票货物相关的参考号码，比如这票货物的合同号，也可以是这票货物的发票号等。

②海运单上"For Delivery of Goods Apply to"指交付货物申请，意思是收货人应持此提单跟×××联系，这个×××就是APPLY TO的换单代理。例如，For delivery of goods apply to XYZ Worldwide Logistics 8th Floor，No. 60999 RST Street. 意思是"如需发货请向RST街60999号8楼的XYZ环球物流公司申请"。

✣ 知识点9：《UCP600》关于提单的规定

《跟单信用证统一惯例》（2007年修订版，简称《UCP600》）的英文全称是Uniform Customs and Practice for Documentary Credits UCP600，由国际商会（International Chamber of Commerce，ICC）起草，并在国际商会2006年10月的巴黎年会通过，新版本于2007年7月1日起实施，是信用证领域最权威、影响最广泛的国际商业惯例，包括39个条款。

《UCP600》关于提单的规定见第二十条，摘录如下：

a. 提单，无论名称如何，必须看似：

i. 表明承运人名称，并由下列人员签署：

* 承运人或其具名代理人，或者
* 船长或其具名代理人。

承运人，船长或代理的任何签字必须标明其承运人，船长或代理的身份。

代理的任何签字必须标明其系代表承运人还是船长签字。

ii. 通过以下方式表明货物已在信用证规定的装货港装上具名船舶：

* 预先印就的文字，或
* 已装船批注注明货物的装运日期。

提单的出具日期将被视为发运日期，除非提单载有表明发运日期的已装船批注，此时已装船批注中显示的日期将被视为发运日期。

任务实施

参考答案

阅读"任务描述"，完成以下问题。

1. 写出发货人名称和地址。

____

____

____

2. 写出收货人名称和地址。

____

____

____

3. 写出货物的基本情况。

（1）货物描述：______________________________

（2）件数：____________________

（3）毛重：____________________

（4）体积：____________________

4. 写出货物的运输要求。

（1）运输方式：____________________

（2）运输时间要求：____________________

（3）装货港：____________________

（4）卸货港：____________________

5. 填写海运提单（见图 7-5）中 1-17 项的内容。

<table>
<tr><td colspan="6" align="center">海运提单
BILL OF LADING</td></tr>
<tr><td colspan="2">1 SHIPPER（托运人）</td><td colspan="4" rowspan="7">2 B/L NO：
（提单号）

COSCO
中国远洋运输（集团）公司

CHINA OCEAN SHIPPING（GROUP）CO.

ORIGINAL

BILL OF LADING</td></tr>
<tr><td colspan="2">3 CONSIGNEE OR ORDER（收货人或指示）</td></tr>
<tr><td colspan="2">4 NOTIFY PARTY（通知人）</td></tr>
<tr><td>PRE-CARRIAGE BY
（前段运输）</td><td>5 PORT OF LOADING（装货港）</td></tr>
<tr><td>6 VESSEL AND（船名）
VOYAGE NO.（航次）</td><td>PORT OF TRANSSHIPMENT
（转运港）</td></tr>
<tr><td>7 PORT OF DISCHARGE
（卸货港）</td><td>FINAL DESTINATION（最后交货地）</td></tr>
<tr><td colspan="2"></td></tr>
</table>

8 Container/Seal No.（集装箱封志号）Marks & Nos.（唛头）	9 No. & Kinds of Containers or Packages（件数及包装）	10 Description of Goods（货物描述）	11 Gross Weight（KGS）（毛重）	12 Measurement（CBM）（体积）

13 TOTAL NO. OF PACKAGES OR CONTAINERS（IN WORDS）（总包装件数或集装箱数，大写）

FREIGHT & CHARGES	REVENUE TONS	RATE	PER	PREPAID	COLLECT

PREPAID AT	14 PAYABLE AT（运费预付地点）	15 PLACE AND DATE OF ISSUE（提单签发地点和日期）
TOTAL PREPAID	16 NUMBER OF ORIGINAL B(S) /L（正本提单份数）	17 SIGNED FOR OR ON BEHALF OF THE MASTER AS AGENT

图 7-5　海运提单

6. 各组选出填写最规范的海运提单上台进行展示、分享。

任务评价

在完成上述任务后，教师组织三方评价，并对学生的任务执行情况进行点评。学生完成考核评价表（见表 7-3）的填写。

表 7-3　考核评价表

班级			团队名称			
团队成员						
考核项目		要求	分值	学生自评（30%）	团队互评（30%）	教师评定（40%）
知识能力	海运提单当事人	发货人、收货人信息填写正确	10 分			
	货物信息	货物品名、件数、毛重、体积填写正确	40 分			
	运输信息	装货港、卸货港等信息填写正确	10 分			
	装运条款	装运条款填写正确	10 分			
职业素养	文明礼仪	形象端庄 文明用语	10 分			
	团队协作	相互协作 互帮互助	10 分			
	工作态度	严谨认真	10 分			
合计			100 分			

牛刀小试

参考答案

一、单项选择题

1. 以下关于海运提单的说法不正确的是（　　）。

A. 货物收据　　B. 运输合同证明

C. 物权凭证　　D. 无条件支付命令

2. 香港某进口商向上海某企业购货，双方约定贸易术语 FOB。托运前，香港某进口商要求上海某企业将货物直接运往美国纽约，并同意承担上海至纽约的全程运费。海运出口托运单上运费支付栏内应填写（　　）。

A. Freight Prepaid　　B. Freight Collect

C. Freight Prepayable　　D. Freight Collectable

3. 根据《UCP600》规定，海运提单的签单日期应理解为（　　）。

A. 货物开始装船的日期　　B. 货物装船完毕的日期

C. 货物装船过程中的任何一天　　D. 运输合同中的装运日

4. 海运提单的抬头是指（　　）。

A. Shipper　　B. Consignee　　C. Notify Party　　D. Title

5. 以下运输单据中，能同时具有货物收据、运输合同证明和物权凭证作用的是（　　）

A. 铁路运单　　B. 航空运单　　C. 海运提单　　D. 海运单

6. 对不同包装种类的货物混装在一个集装箱内的海运提单，在填写货物的总件数时，包装种类应该用（　　）来表示。

A. CARTONS　　B. CONTAINERS　　C. PALLETS　　D. PACKAGES

7. 信用证规定贸易术语为 CIF，则对应的海运提单的运费应表示为（　　）。

A. FREIHGT PREPAID　　B. FREIGHT PREPAYABLE

C. FREIGHT TO BE PREPAID　　D. FREIGHT TO COLLECT

8. 根据国际惯例，出口商超过提单签发日期后 21 天才交到银行议付的提单称为（　　）。

A. 倒签提单　　B. 预借提单　　C. 过期提单　　D. 转船提单

9. 关于海运提单的性质和作用，以下说法不对的是（　　）。

A. 海运提单是货物收据　　B. 海运提单物权凭证

C. 海运提单是运输合同证明　　D. 海运提单是收款凭证

10. 海运单上的 Reference No. 通常是指与这票货相关的（　　）。

A. 参考号码　　B. 参考单据　　C. 参考金额　　D. 参考货币

二、多项选择题

1. 按货物是否已装船，海运提单可分为（　　）。

A. 已装船提单　B. 备运提单　C. 清洁提单　D. 不清洁提单

2. 按有无不良批注，海运提单可分为（　　）。

A. 已装船提单　B. 备运提单　C. 清洁提单　D. 不清洁提单

3. 按收货人抬头，海运提单可分为（　　）。

A. 不记名提单　B. 记名提单　C. 指示提单　D. 不清洁提单

4. 按运输方式，海运提单可分为（　　）。

A. 直达提单　B. 转船提单　C. 联运提单　D. 多式联运提单

5. 按内容的繁简，海运提单可分为（　　）。

A. 正本提单　B. 副本提单　C. 全式提单　D. 略式提单

6. 按提单使用的有效性，海运提单可分为（　　）。

A. 全式提单　B. 略式提单　C. 正本提单　D. 副本提单

7. 按签发时间，海运提单可分为（　　）。

A. 倒签提单　B. 顺签提单　C. 预借提单　D. 过期提单

8. 海运单具有（　　）这两种性质。

A. 货物收据　B. 运输合同的证明　C. 物权凭证　D. 收款证明

9. 出口货物托运人缮制国际货物托运委托书的依据文件是（　　）。

A. 外销出仓单　B. 销售合同　C. 信用证　D. 配舱回单

10. 场站收据又称（　　）。

A. 港站收据　B. 码头收据　C. 下货纸　D. 订舱委托书

三、判断题

1. 海运出口托运单和海运提单都是托运人和承运人运输合同的契约，尽管形式不同，但作用相同。（　　）

2. 托运人是办理出口货物托运手续，向承运人递交托运书和随附文件、自行安排报检、报关，协助承运人安排装运并取得装运文件的法人，因此托运人只能是进出口企业。（　　）

3. 海运提单的签发日期是指货物被全部装船完毕的日期。（　　）

4. 过期提单是收货人在船舶到港后才收到的提单。（　　）

5. 大副收据是货物装上船后，由承运人签署给托运人的作为证明船公司已经收到该票货物并已装上船的重要凭证，托运人可以凭大副收据向银行办理结汇。（　　）

6. 海运单是货物所有权的凭证。（　　）

7. 海运提单的收货人指进口商。（　　）

8. 海运提单的托运人指出口商。（　　）

9. 海运提单按货物是否已装船分为已装船提单和没有装船提单。(　　)

10. 清洁提单是提单正面干净无污渍的提单。(　　)

四、考证知识训练

某提单显示如下信息。

Shipper：XYZ Co.，Ltd.

Consignee：To Order

Notify Party：ABC Co.，Ltd.

请问：

(1) 该海运提单属于哪种提单？

(2) 该海运提单是否可以转让？如果可以转让，通过什么方式进行转让？

(3) 该海运提单由谁首先背书？

(4) 该海运提单是否一定要经过 ABC Co.，Ltd. 背书？

五、技能大赛训练

阅读下面邮件，完成海运提单填制。

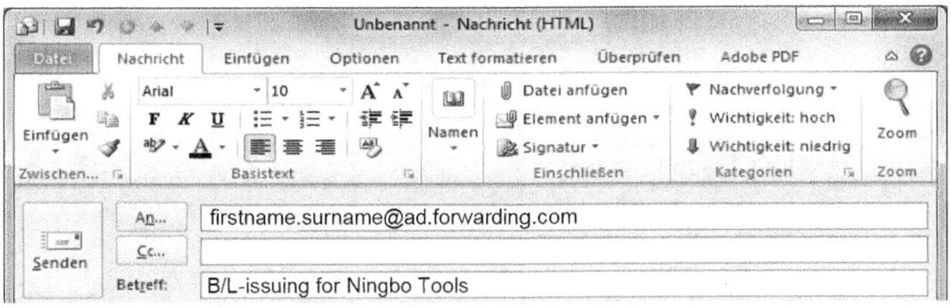

Hello . . . ,

encl. please find L/C-copy and invoice for the current shipment ex Ningbo Tools.

Please prepare the instruction for B/L issuing by the ocean line according to L/C and invoice received from the Shipper.

Vessel：Hamburg Express/Voyage No. 720E

Thanks in advance.

Best regards

Peter Baker

team manager ocean freight

AD Forwarding L. L. C.

phone：+971 2 634 7438

e-mail：peter. baker@ ad. forwarding. com

Encl：1 invoice Ningbo

1 L/C-copy

素材 1　商业发票

NT-NINGBO TOOLS

Waigao Free Trade Zone, 200131 Shanghai-Pudong/Republic of China
phone+86 21 6450-8703
Fax +86 21 6450-8700

New Age Company Ltd.
1034 Lexington Avenue
San Francisco, California 94080

Shanghai, 03. 10. 2023

INVOICE No.: 20/10073

Art. No.	Pieces	Goods	Price Per Unit	Total Price
C9978	1100	Lady handbags as per Proforma-invoice no. 0017-2023 CIF San Francisco L/C No. 0987	USD22. 70	USD24970. 00

Package: 550 cartons=totally 1375 kgs
packed in a 20 ft Container HLCU 234. 443-9

Country of origin: Republic of China

Terms of delivery: CIF San Francisco

Encl. documents: Packing list

Payment: L/C No. 0987

素材 2 信用证

Letter of Credit

09 August 2023 10: 36: 59 Logical Terminal P624
MT S700 Issue of a Documentary Credit Page 00001
Func BASDOKD

MSGACK DWS7651 Auth OK, key B1990620A3DCC960, BKAUATWW ACOMBKBA record
Basic Header F 01 BKAUATWW2XXX 2442 599582
Application Header 0 700 1319 010505 ACOMBKBAXXX 2681 487672 020505 0519 N
* THE COMMERCIAL BANK OF AMERICA,
* NEW YORK, NY
(HEAD OFFICE)

User Header	Service Code	103:
	Bank. Priority	113:
	Msg User Ref.	108:
	Info. from Ci	115:
Sequence of Total	*27:	1/1
Form of Doc. Credit	*40 A:	IRREVOCABLE
Doc. Credit Number	*20:	L/C No. 0987
Date of Issue	31 C:	2023-08-09
Expiry	*31 D:	Date 2023-11-11
Applicant	*50:	NEW AGE COMPANY LTD. 1034 LEXINGTON AVENUE SAN FRANCISCO, CALIFORNIA 94080
Beneficiary	*59:	NINGBO TOOLS WAIGAO FREE TRADE ZONE 200131 SHANGHAI - PUDONG, REPUBLIC OF CHINA
Amount	*32 B:	Currency USD Amount 24970.00
Pos. /Neg. Tol. (%)	39 A:	MAX.
Available with/by	*41 D:	ANY BANK BY NEGOTIATION
Draft at...	42 C:	SIGHT
Drawee	42 D:	THE COMMERCIAL BANK OF AMERICA HEAD OFFICE NEW YORK, NY
Partial Shipments	43 P:	PROHIBITED
Transshipment	43 T:	NOT ALLOWED
Loading in Charge	44 A:	SHANGHAI PORT
For Transport to...	44 B:	SAN FRANCISCO PORT
Latest Date of Ship.	44 C:	2023-10-20
Descript. of Goods	45 A: +LADY HANDBAGS AS PER PROFORMA-INVOICE NO. 0017-2023 CIF SAN FRANCISCO	
Documents required	46 A: +SIGNED COMMERCIAL INVOICE IN TRIPLICATE +FULL SET CLEAN ON BOARD OCEAN BILL OF LADING MADE OUT TO ORDER, MARKED FREIGHT PREPAID NOTIFY APPLICANT +PACKING LIST IN TRIPLICATE	
Additional Cond.	47 A: +ALL DOCUMENTS SHOULD BEAR L/C NO. +CUSTOMS TARIFF NO. 8415 10 TO BE INDICATED ON ALL DOCUMENTS	
Details of Charges	71 B:	ALL BANKING CHARGES OUTSIDE US ARE FOR ACCOUNT OF BENEFICIARY
Presentation Period	48:	DOCUMENTS MUST BE PRESENTED WITHIN 21 DAYS AFTER THE DATE OF SHIPMENT BUT WITHIN THE CREDIT EXPIRY
Confirmation	*49:	WITHOUT
Reimbursing Bank	53 D:	SHANGHAI BANK, SHANGHAI
Instructions	78:	

SPECIAL INSTRUCTIONS TO NEGOTIATING BANK:
REIMBURSEMENT BY TELETRANSMISSION IS UNACCEPTABLE. ALL DOCUMENTS MUST BE SENT TO OUR ADDRESS: HEAD OFFICE, WALL STREET 7, NEW YORK, NY IN ONE LOT BY D. H. L.. THE NEGOTIATING BANK IS AUTHORIZED TO CLAIM REIMBURSEMENT FROM THE REIMBURSING BANK. PLEASE CLAIM REIMBURSEMENT DEDUCTING A DISCREPANCY FEE OF EUR33.00 IF DOCUMENTS CONTAINING DISCREPANCIES ARE PRESENTED TO YOU UNDER THIS CREDIT

Send. to Rec. Info 72. UPC 500 SHALL APPLY TO THE CREDIT CONCERNED

答题纸：空白提单

<table>
<tr><td rowspan="2">Shipper</td><td colspan="3">CARRIER</td></tr>
<tr><td>Carrier's Reference</td><td>B/L No.</td><td>Page</td></tr>
<tr><td rowspan="2">Consignee or Order</td><td colspan="3">Export References</td></tr>
<tr><td colspan="3" rowspan="2">Forwarding Agent</td></tr>
<tr><td rowspan="3">Notify Address (Carrier Not Responsible for Failure to Notify; See Clause 20 (1) Hereof)</td></tr>
<tr><td colspan="3">Consignee's Reference</td></tr>
<tr><td colspan="3" rowspan="3">Place of Receipt</td></tr>
<tr><td>Precarrying Vessel
Voyage-No.</td></tr>
<tr><td rowspan="2">Ocean Vessel(s)
Voyage-No.</td></tr>
<tr><td colspan="3" rowspan="3">Place of Delivery</td></tr>
<tr><td>Port of Loading</td></tr>
<tr><td>Port of Discharge</td></tr>
</table>

Container Nos., Seal Nos.; Marks and Nos.	Number and Kind of Packages, Description of Goods	Gross Weight	Measurement

<table>
<tr><td colspan="6">Shipper's Declared Value [See Clause 7 (1) And 7 (2)]</td><td colspan="2" rowspan="2">Above Particulars as Declared by Shipper. Without Responsibility or Warranty as to Correctness by Carrier [See Clause 11 (1) and (2)]</td></tr>
<tr><td colspan="3">Total No. of Containers Received by the Carrier</td><td colspan="3">Packages Received by the Carrier</td></tr>
<tr><td colspan="3">Movement</td><td colspan="3">Currency</td><td colspan="2" rowspan="3">RECEIVED by the Carrier from the Shipper in apparent good order and condition (unless otherwise noted herein) the total number of quantity of Containers or other packages or units indicated in the box opposite entitled "Total No. of Containers/Packages received by the Carrier" for Carriage subject to all the terms and conditions hereof (INCLUDING THE TERMS AND CONDITIONS ON THE REVERSE HEREOF AND THE TERMS AND CONDITIONS OF THE CARRIER'S APPLICABLE TARIFF) from the Place of Receipt or the Port of Loading, whichever is applicable, to the Port of Discharge or the Place of Delivery, whichever is applicable. One original Bill of Lading, duly endorsed, must be surrendered by the Merchant to the Carrier in exchange for the Goods or a delivery order. In accepting this Bill of Lading the Merchant expressly accepts and agrees to all its terms and conditions whether printed, stamped or written, or otherwise incorporated, notwithstanding the non-signing of this Bill of Lading by the Merchant.</td></tr>
<tr><td>Charge</td><td>Rate</td><td>Basis</td><td>Wt/Vol/Val</td><td>P/C</td><td>Amount</td></tr>
<tr><td rowspan="2"></td><td rowspan="2"></td><td rowspan="2"></td><td rowspan="2"></td><td rowspan="2"></td><td rowspan="2"></td></tr>
<tr><td colspan="2">Place and Date of Issue</td></tr>
<tr><td colspan="2">Total Freight Prepaid</td><td colspan="2">Total Freight Collect</td><td colspan="2">Total Freight</td><td>Freight Payable at</td><td>Number of Original B(s)/L</td></tr>
</table>

08 PROJ 项目八 空运制单

◎知识目标

- 了解国际航空运输单证的流转过程。
- 了解空运托运书的概念及作用。
- 掌握空运托运书、航空运单的填制方法。

※能力目标

- 能够根据《GBT 28831—2012 国际货运单证缮制规范》以及 TACT-RULES 的规范填制和审核航空运单。
- 能够根据航空托运书和相关运输信息准确缮制航空运单。
- 能够根据客户要求正确填制和使用主运单、分运单。
- 能够与客户、航空公司进行有效沟通。

❈思政目标

- 培养学生严谨、细致的工作态度。
- 培养学生严格遵守国际航空运输相关法律法规的意识。
- 培养学生诚实守信的良好品德，以及维护国家、公司和客户利益的意识。

知识图谱

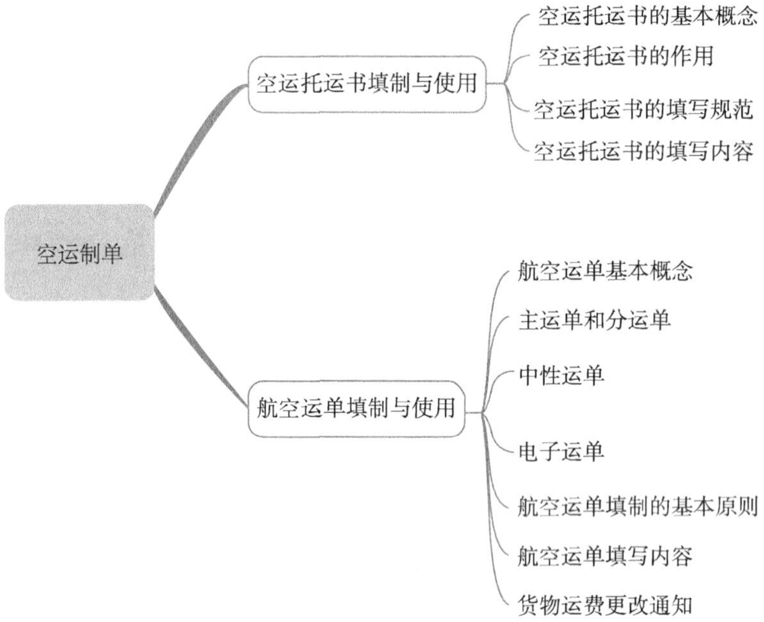
空运制单
空运托运书填制与使用
空运托运书的基本概念
空运托运书的作用
空运托运书的填写规范
空运托运书的填写内容
航空运单填制与使用
航空运单基本概念
主运单和分运单
中性运单
电子运单
航空运单填制的基本原则
航空运单填写内容
货物运费更改通知

岗位分析

岗位：单证员

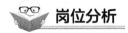

岗位职责：处理和跟进空运单证的相关事务，包括文件的收集、整理和分类等；维护空运单证的准确性和完整性，并对单证进行适当的修订和更新；遵守公司的空运单证政策和流程，确保空运单证的合规性；负责提供海外代理业务文件，安排放货或送货事宜；配合财务部门进行账单的收集、整理及清账工作；承担部分业务助理工作；处理各类突发事件并及时向上级汇报。

典型的工作任务：制作、审核航空托运书、航空运单；收集、整理空运单证；外销合同及发票的收集、整理及清账。

职业素质：具备团队合作精神和良好的人际协调能力；具备细心、谨慎的工作态度；具备较强的责任心，能吃苦耐劳、恪尽职守、爱岗敬业；具备服务意识、质量意识、安全意识、标准意识、成本意识。

职业能力：能清晰阐述航空运输流程；能熟练制作、审核空运相关单证。

可持续发展能力：能进行客户关系管理；能进行业务扩展；能处理公司发展与个人发展的关系。

项目导读

全球经济复苏、跨境电商升温，航空货运业发展动能强劲

国际航空运输协会（以下简称“国际航协”）的统计数据显示，2024 年 1 月，全球航空货运业的需求与 2023 年同期相比激增 18. 4%。亚太地区显著增长 24. 6%，欧洲和中东地区也有两位数增长，凸显了全球航空货运业的复苏之势。

虽然航空货运量现已回到疫情前水平并处于较稳定状态，但在 2024 年 3 月 12 至 14 日香港召开的世界货运研讨会上，国际航协全球航空货运主管布兰登·沙利文提醒，当前的挑战是确保航空货运能够在实现高效、安全和 2050 年净零碳排放目标之下保持增长。

尽管 2023 年 1—8 月，全球航空货运业的表现不尽如人意，但是当年的第四季度迎来了井喷式的需求增长，运价更是一路提升，欧美航线的运价一度超过疫情防控期间的水平。而 2024 年 1—2 月航空货运业的表现延续了 2023 年第四季度的强势增长势头。

“我们对 2024 年的航空货运业发展持乐观态度，相信今年整个行业将会持续增长。”香港机场管理局商务执行总监在接受《中国物流与采购》杂志的记者采访时表示，2024 年 1—2 月的数据表明航空货运业今年有了一个良好的开端；航空货运需求的增长主要得益于电子商务行业尤其是跨境电商的蓬勃发展。

这一说法从机场和航空公司的货运业务表现得到印证。香港特区政府财政司司长3月12日在世界货运研讨会上表示，2023年，香港国际机场的货运量约为430万公吨，有望再次成为全球最繁忙的货运机场。

国泰航空近期发布的数据也显示，2024年2月其运输了10.7万公吨货物，较去年同期增加了3%。2024年的前两个月，国泰航空的载货量与去年相比增长了11.4%。同时，可用货物吨数同比增加17.6%，货物收入吨数也实现了7.5%的增长。

业界认为，全球经济逐渐复苏，贸易活动逐步恢复，这为航空货运市场带来了机遇。全球跨境电商市场的升温则推动了航空货运业需求的快速增长。以我国为例，2023年，中国跨境电商进出口2.38万亿元，增长15.6%，占外贸进出口比重达5.7%。

（资料来源：《中国物流与采购》杂志，有改动。）

任务一　空运托运书填制与使用

任务描述

指导实习生填制空运托运书

ABC 国际货运代理公司的新客户 GC DNN 有一批橡胶套管需要从广州空运到印尼 Jakarta，货物详细情况见发票，如图 8-1 所示，和装箱单，如图 8-2 所示。GC DNN 物流部业务员 Jimmy 第一次处理空运出口业务，在收到 ABC 国际货运代理公司业务员 David 的报价后，不知道如何填写空运托运书。

假如你是 ABC 国际货运代理公司单证部员工 Jenny，请你指导 Jimmy 根据所给信息完成“任务实施”中的问题。

INVOICE

OWN

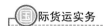

Creditor : GC DNN(GUANGZHOU)CO., LTD.
Phone : 86-20-6281-7109
Fax : 86-20-6281-7114

Address : 55 BAIHE ROAD, NANPING ECONOMIC & TECHNOLOGICAL DEVELOPMENT ZONE, GUANGZHOU CHINA 400060

Sold To : PT DNN INDONESIA JL.GAYA MOTOR I NO.6, SUNTER II, SUNGAI BAMBU TG.PRIOK, JAKARTA UTARA	Document Type : NORMAL Invoice Number : **190101AI** Issued Date : 21-Jan-19 Reference Invoice No. :	Page 1
Attn. : Agung Iman Santoso TEL : (+6221)6512279 Ext.209	Payment Terms : T/T 60 DAYS AFTER B/L DATE Trade Terms : FOB	
Ship To : PT DNN INDONESIA JL.GAYA MOTOR I NO.6, SUNTER II, SUNGAI BAMBU TG.PRIOK, JAKARTA UTARA From : GC DNN(GUANGZHOU)CO., LTD. CHINA	Please Send All Remittance to Our. Account With : BKCHCNBJ59A BANK OF CHINA GUANGZHOU NAN'AN SUB-BRANCH NO.29 NAN PING WEST ROAD NAN PING GUANGZHOU CHINA Type of Shipment : AIR Packing : CARTON	

Delivery Information	Special Information		
Date Shipped : 21-Jan-19 Est.Arrival Date : 25-Jan-19 Net Weight per CTN (KG.) : 6.00 Gross Weight per CTN(KG.) : 14.00 Volume per CTN (CBM) : 0.11 Total Q'ty : 48,000 Total Package : 10 CARTON Delivery Point : Packing List No. : Carrier Name	PARTS FOR OXYGEN SENSOR Signature GC DNN(GUANGZHOU)CO., LTD.	Net Amount ☐ FOB	USD 1,476.00
		Freight	USD 0.00
		Insurance	USD 0.00
		Sub Total	USD 1,476.00
		Handling Charge	USD 0.00
		VAT(0.00%)	USD 0.00
		Total Amount ☐ FOB	USD 1,476.00

Customer Part No. / Case Mark	Description / Customer Order No.	Part No.	Country of Origin / Quantity		Price Terms(FOB) / Unit Price		Amount	
JK949197-1180	Bushing rubber Grey P/O NO:Z12K35	CQ949197-1180	PCS	12,000	USD	0.026	USD	312.00
JK949197-1170	Bushing rubber Green P/O NO:Z12K35	CQ949197-1170	PCS	12,000	USD	0.026	USD	312.00
JK949373-3210	Terminal connector Plate P/O NO:Z12K35	CQ949373-3210	PCS	12,000	USD	0.018	USD	216.00
JK949372-8810	Housing Connector P/O NO:Z12K35	CQ949372-8810	PCS	12,000	USD	0.053	USD	636.00

CASE MARK: -AS PER- ATTACHED SHEET

END

NO WOODEN PALLET

图 8-1 发票

PACKING LIST

GC DNN(GUANGZHOU)CO., LTD.

Customer Invoice Address	Customer Remark	Page 1
PT DNN INDONESIA JL.GAYA MOTOR I NO.6, SUNTER II, SUNGAI BAMBU TG.PRIOK, JAKARTA UTARA PPN: 01.000.230.1-092.000		**190101AI** Shipping Date 21-Jan-19

Delivered From	Signature	Invoice No.
GC DNN(GUANGZHOU)CO.,LTD. 55 BAIHE ROAD,NANPING ECONOMIC & TECHNOLOGICAL DEVELOPMENT ZONE, GUANGZHOU CHINA 400060 USCI:915000006219142438 Supplier's code CHINA	GC DNN(GUANGZHOU)CO., LTD.	**190101AI** Date 21-Jan-19

Customer Identify	Order No. Date	Packing Size	Supplier Dept.	Tel.Ext.	Supplier Reference
		65 × 58 × 30 cm	LOGISTIC	86-20-6281-7109	

Type of Shipment	Origin	Packaging	Measurement	Weight	
				Gross KGS	Net KGS
AIR	GUANGZHOU CHINA	CARTON	0.11 CBM	14.00	6.00

Ship To Address	Unloading Location
PT DNN INDONESIA JL.GAYA MOTOR I NO.6, SUNTER II, SUNGAI BAMBU TG. PRIOK, JAKARTA UTARA	*

Pos	Customer Part No.	Delivery Description Packing Detail on Tag No.	Quantity	Unit	Net Weight	Gross Weight
	JK949197-1180	Bushing rubber Grey	12,000	PCS	1.00	2.00
	JK949197-1170	Bushing rubber Green	12,000	PCS	1.00	2.00
	JK949373-3210	Terminal connector Plate	12,000	PCS	0.50	2.00
	JK949372-8810	Housing Connector	12,000	PCS	3.50	8.00
		48000/CARTON				
		Total Q'ty	480,000			
		Total Package	10			

	Receiver Remark	Quantity Check	Quality Check	Receiver	
Date Name No.					

图 8-2 装箱单

知识链接

✣ 知识点 1：空运托运书的基本概念

空运托运单也叫空运托运书、国际货物托运书，是由托运人用于委托承运人或其代理填写航空运单的一种表单。空运托运书应该由托运人填写，并由托运人在空运托运书上签字或盖章，以表示对所填写的真实性负责。空运托运书是填开航空运单的依据。

此外，托运人还需提供相关资料和文件并对所提供的资料和文件的真实性负责。所托运的货物需符合各国法律法规和航空公司规章，托运前需办理海关、卫生检疫手续。

空运托运书样单如图 8-3 所示。

<table>
<tr><td colspan="4">Shipper(Full Name&Address)(托运人)</td><td colspan="6">BOOKING NO：
（托运单号）
ABC国际货运代理有限公司
航空货物托运单
AIR WAY BOOKING NOTE</td></tr>
<tr><td colspan="4">Consignee(收货人)</td><td colspan="6">Freight & Charges(运费与附加费)
☐ PREPAID 运费预付　☐ COLLECT 运费到付</td></tr>
<tr><td colspan="4">Notify Party(通知人)</td><td colspan="6">Type of Service Required
☐ IATA(Direct)　☐ Consolidation　☐ Charter</td></tr>
<tr><td colspan="2">Carrier(航班)</td><td colspan="2">From(Airport of Departure)
始发地机场</td><td colspan="6">Transport Insurance(货物运输保险)
Insured Amount (保价金额)　Insurance Rate: 3‰ (保险费率)</td></tr>
<tr><td colspan="2">To(Air of Destination)
目的地机场</td><td colspan="4">Airline Counter-Signature 航空公司加签
☐ YES　☐ NO</td><td colspan="2">Export Licence No.
许可证号</td><td colspan="2">C. O.
原产地证书
China</td></tr>
<tr><td>Country of Origin
来源地</td><td colspan="2">Shipper's C.O.D
代收金额</td><td colspan="2">Insurance Amount Requested
保险金额</td><td colspan="3">Declared Value for Carriage
运输金额</td><td colspan="2">Declared Value for Customs
报关金额</td></tr>
<tr><td>Marks & Nos.
（唛头）</td><td colspan="3">Number and Kind of Packages & Description of Goods
(件数及包装种类与货物品名)</td><td colspan="4">Gross Weight(KGS)
毛重（千克）</td><td colspan="2">Measurement(CBM)
尺码（立方米）</td></tr>
<tr><td colspan="10">SPECIAL REQUIRMENTS（特殊事项）
委托此单业务的往来方或利益相关方 ____________（公司或个人名称）代为支付部分或全部费用
并承担由此产生的相关法律责任、风险和费用。
ABOVE DETAILS DECLARED BY SHIPPER
（以上内容由托运人提供）</td></tr>
<tr><td colspan="10">Documents to Accompany Air Waybill or House Air Waybill随附单据文件
☐ Packing List装箱单　☐ Commercial Invoice发票　☐ Certificate of Origin原产地证书　☐ Others其他</td></tr>
<tr><td>附加条款及注意事项</td><td colspan="6">1. 此航空货物托运单上所填货物品名和货物运输声明与实际交运货物品名和货物实际价值完全一致，托运人对所填航空货物托运单和所提供的与运输有关文件的真实性和准确性负责。
2. 经订舱后，由于托运单填写错误或资料不全，或其他原因造成的货物不能及时出运，运错目的地，托运单错误不能提货等而产生一切责任、风险、费用概由托运人承担。
3. 如货物在运输途中被罚没或因其他原因而退运、放弃、拒收，托运人均保证支付运费(包括在目的地发生的费用)。
4. 如货物在运输途中遗失及损毁，一切责任根据国际“华沙公约1929”作出赔偿（依货价而定，最高赔偿金为：USD 20/KGS）。
5. 托运人应按照我司要求如期支付运费。如逾期，我司有权按每逾期一日收取运费的0.2%作为滞期罚金，并留置托运人名下托运的任何进出口货物及其任何相关单证及文件(如提单、核销单等)。
6. 托运人填报本托运单，即表示已接受以上附加条款。</td><td colspan="3">订舱/付货人盖章/签字</td></tr>
</table>

图 8-3　空运托运书样单

✣ 知识点 2：空运托运书的作用

空运托运书是国际物流中重要的文件，包含货物、托运人和承运人信息、运输路线和方式、费用和支付条件等详细信息。

空运托运书的准确性和完整性对于确保货物顺利运输至关重要。它是货主通过货运代理进行航空运输、订舱的申请书，而且在发生争议时，可以作为法律诉讼或仲裁的依据。在实际操作中，空运托运书通常是订舱流程的第一步，直接影响后续的运输安排和航空运单的签发。

✣ 知识点 3：空运托运书的填写规范

空运托运书的填写规范包括以下几项。

（1）空运托运书应使用钢笔、圆珠笔书写，有些项目如名称、地址、电话等可盖戳印代替书写。字迹要清晰易认，不能潦草。不能使用非国家规定的简化字。必要时，应使用英文填写。

（2）一张空运托运书只能有一个目的地、一个收货人，并以此填写一份航空运单。

（3）运输条件或性质相互抵触的货物，不能使用同一张空运托运书托运，如活体动物和普通动物不能填写一张空运托运书；急救药品和普通货物不能填写一张空运托运书。

（4）空运托运书应当和相应的货运单存根联以及其他必要的运输文件副本放在一起，按照货运单号码顺序装订成册，作为核查货物运输的原始依据。

✣ 知识点 4：空运托运书的填写内容

空运托运书一般包括以下内容。

1. 托运人（SHIPPER）

此栏应填托运人的全称、街名、城市名称、国名，以及便于联系的电话或传真号。

2. 收货人（CONSIGNEE）

此栏应填收货人的全称、街名、城市名称、国名（特别是在不同国家内有相同城市名称时，必须填上国名）以及电话或传真号。此栏内不得填写“Order”或“To Order Of The Shipper”等字样，因为航空运单不能转让。

3. 始发站机场（AIRPORT OF DEPARTURE）

此栏应填始发站机场的全称。

4. 目的地机场（AIRPORT OF DESTINATION）

此栏应填目的地机场（不知道机场名称时，可填城市名称）的全称，如果某一城市名称有重复时，应加上国名。例如：LONDON UK 伦敦，英国；LONDON KY US 伦敦，肯塔基州，美国；LONDON ON CA 伦敦，安大略省，加拿大。

5. 要求的路线/申请订舱（REQUESTED ROUTING/REQUSETING BOOKING）

此栏用于航空公司安排运输路线时使用，但如果托运人有特别要求，也可填入此栏。

6. 供运输用的声明价值（DECLARED VALUE FOR CARRIAGE）

此栏应填托运人或其代理向承运人申报的货物价值。申报该价值的目的是确定货物在运输过程中遭受损失或损坏时，承运人需要承担的赔偿金额。如无声明价值，可在本栏填入“NVD”（No Value Declared）。如果本栏空着未填写，则视为未声明价值。

7. 供海关用的声明价值（DECLARED VALUE FOR CUSTOMS）

国际货物通常要受到目的站海关的检查，海关根据此栏所填数额征税。

8. 保险金额（INSURANCE AMOUNT REQUESTED）

中国民航各空运企业暂未开展国际航空运输代缴保险业务，本栏可空着不填。

9. 处理事项（HANDLING INFORMATION）

此栏应填附加的处理要求，如另请通知（ALSO NOTIFY）。除填收货人之外，如托运人希望在货物到达的同时通知他人，可填写通知人的全名和地址。

10. 随附单据文件（DOCUMENTS TO ACCOMPANY AIR WAYBILL OR HOUSE AIR WAYBILL）

此栏应填随附在空运托运书上送往目的地的文件。

11. 件数和包装种类（NUMBER AND KIND OF PACKAGES）

此栏应填该批货物的总件数，并注明其包装方法，如包裹（Package）、纸板盒（Carton）、盒（Case）、板条箱（Crate）、袋（Bag）、卷（Roll）等，如货物没有包装，则注明为散装（Loose）。

12. 实际毛重（ACTUAL GROSS WEIGHT）

本栏内的重量应由承运人或其代理在称重后填入。如托运人已经填上重量，承运人或其代理必须进行复核。

13. 运价类别（RATE CLASS）

本栏可空着不填，由承运人或其代理填写。

14. 计费重量（千克）（CHARGEABLE WEIGHT）（KGS）

本栏内的重量应由承运人或其代理在量过货物的尺寸（以厘米为单位）并算出计费重量后填入。如托运人已经填上，则承运人或其代理必须进行复核。

15. 费率（RATE/CHARGE）

此栏应填本票货物的航空运费单价。

16. 货物品名（包括体积及尺寸）［DESCRIPTION OF GOODS（INCL. DIMENSIONS OR VOLUME）］

货物中的每一项信息均须分开填写，并尽量填写详细，如儿童套头运动服不能写成“服装”这类比较笼统的名称。本栏所填写的内容应与出口报关发票和进口许可证上所列的内容相符。危险品应填写适用的准确名称及标贴的级别。

17. 托运人签字（SIGNATURE OF SHIPPER）

托运人必须在本栏内签字。

18. 日期（DATE）

此栏应填托运人或其代理交货的日期。

参考答案

任务实施

阅读“任务描述”，完成以下问题。

1. 写出发货人名称、地址及联系方式。

____

____

____

2. 写出收货人名称、地址及联系方式

____

____

____

3. 写出货物的基本情况

（1）货物描述：______________________________

（2）件数：______________________________

（3）毛重：______________________________

（4）体积：______________________________

（5）包装：______________________________

4. 写出货物的运输要求：

（1）运输方式：______________________________

（2）运输时间要求：______________________________

（3）启运港：______________________________

（4）目的港：______________________________

5. 填写空运托运书（见图 8-4）中 1-11 项的内容。

CARGO SHIPPING INSTRUCTIONS			
Shipper's name & address 1	Account code	Office address 1508A,Mertopolitan Tower,No.68 Zourong Road,Yuzhong District,Chongqing China 400010 Tel:+86-23-60332710	
Consignee's name & address 2	Consignee code	Document accompanied □ Invoice　□ Packing list　□ C.O. □ Form A　□ Others:________ Insurance covered by □ Shipper　□ Consignee Amount to be insured/Currency: ________	
Notify party		Special handling information and remarks If third party billing please specify	
Airport of departure 3	Airport of destination 4	Date of shipment　年 月 日	Date of flight　年 月 日
Air freight □ prepaid　□ collect	Other charges □ prepaid　□ collect	Pick up 提货 □ YES　☑ NO	C/C 报关 □ YES　□ NO
Marks & number of package		Description of goods(with Weight & Dimension)	
5		CARGO NAME 7 TOTAL PACKAGE　8　________ carton TOTAL G/W　9　________ KGS MEASUREMENT　10　________ CBM	
Cargo size in cm 6 11 Trade terms		Invoice No. L/C No.　P/O No. Country of origin　Licence No.	
Checked by(For Offical Use Only) C.S. Staff　Warehouseman　Operation　Supervisor I/We hereby declare that the about particulars furnished by me/us are correct and complete and I/we will be fully responsible for the contents of such declaration.I/We further undertake to reimburse you with all charges and expense incurred on the above shipment and shall assume full responsibility for the air freight of the goods herein mentioned or in case of freight being payable at destination,to reimburse you with any amount incurred should the consignee fail to pay same.		Signature (with Company Chop) Date　年　月　日	
//Remarks//All business transactions are handled in accordance with China International Freight Forwarding Association Trading Conditions.Copy of which is available upon request or visit http://www.cifa.org.cn for information.			

图 8-4　空运托运书

6. 各组选出填写最规范的空运托运书上台进行展示、分享。

任务评价

在完成上述任务后，教师组织三方评价，并对学生的任务执行情况进行点评。学生完

成考核评价表（见表 8-1）的填写。

表 8-1　　考核评价表

班级			团队名称			
团队成员						
考核项目		要求	分值	学生自评（30%）	团队互评（30%）	教师评定（40%）
知识能力	托运单当事人	发货人、收货人信息填写正确	10 分			
	货物信息	货物品名、件数、毛重、体积填写正确	40 分			
	运输信息	起运地、目的地等信息填写正确	10 分			
	装运条款	装运条款填写正确	10 分			
职业素养	文明礼仪	形象端庄 文明用语	10 分			
	团队协作	相互协作 互帮互助	10 分			
	工作态度	严谨认真	10 分			
合计			100 分			

任务二　航空运单填制与使用

任务描述

签发航空运单

ABC 国际货运代理公司根据客户 GC DNN 的需求，将一批橡胶套管从广州空运到印尼 Jakarta，货物详细情况见发票，如图 8-1 所示，和装箱单，如图 8-2 所示。ABC 国际货运代理公司单证部员工 Judy 根据运输时间要求，经过客户同意，订了新加坡航空的 SQ0960 航班，新加坡航空公司报价如图 8-5 所示。

航空运单

新加坡航空（SQ）广州起飞优惠报价

目的地	+100KG	+300KG	+500KG	+1000KG
JKT SIN DPS SGN MNL KUL RGN BKK	¥10.00	¥10.00	¥9.50	¥9.50
BWN HAN SUB	¥11.00	¥11.00	¥10.50	¥10.50
BOM MAA CCU	¥10.50	¥10.50	¥10.00	¥10.00
BLR MLE AMD DAC DEL	¥12.50	¥12.50	¥12.00	¥12.00
CMB	¥13.70	¥13.70	¥13.20	¥13.20

备注

1. 已含燃油：RMB1.75/K（东南亚/北亚/西亚/CMB），RMB3.50/K（大洋洲/欧洲/美加/中东/非洲/南美）；战险：RMB2.5/K(CMB)，其他：RMB1.30/K；货站理货费：RMB0.40 KG。
2. 提单费：RMB50/票，入闸费：RMB40.00/BILL，报关费：RMB250/BILL。
3. 美线AMS费：RMB40.00/HAWB；欧线ICS/ENS费：RMB40.00/HAWB。
亚线ICS/ENS费：RMB30.00/HAWB。
海关舱单信息传输费：RMB10.0/MAWB（多套单证的，RMB10.0/套）。
4. 前往印度尼西亚各点（BPN AMI MDC MES PLM SOC SUB DPS CGK）需收海关传输费：RMB 50.00/票。
5. MI航班为小型客机，故单件货物尺寸重量限制为：121 × 114 × 86 cm，单件不得超过150 kg。
6. 运单更正处理费（CCA）：主运单更改RMB300/票/次，分运单更改RMB800/票/次，电子运单信息发送RMB300/票/次。
7. 以上普货价格仅供参考，具体结算价格以确认为准！
8. 取消舱位请提前24小时，否则将收取空仓费RMB1.5/KG。

图 8-5　新加坡航空公司报价

客户 GC DNN 根据入仓单将货物送到广州白云国际机场货运站，货运站反馈收到货物如下：

客户：GC DNN

主单号：618-80159260

分单号：YLC03455465

件数：10

体积：65 cm×58 cm×30 cm/10

重量：140 kg

Judy 收到货运站的数据后马上代表 ABC 国际货运代理公司签发航空运单，安排并跟进报关的工作。该货物当天顺利通关，按计划装机、发运。

请以项目组为单位，根据客户的空运托运书（如图 8-6 所示）以及相关材料结合航空出口流程，梳理航空运单的流转顺序，依据托运单、入仓数据、航班信息等填写航空运单，完成“任务实施”中的问题。

CARGO SHIPPING INSTRUCTIONS			
Shipper's name & address　　Account code 1 GC DNN (GUANGZHOU) CO.,LTD. 55 BAIHE ROAD,NANPING, ECONOMIC & TECHNOLOGICAL DEVELOPMENT ZONE, GUANGZHOU CHINA 400060 USCI:915000006219142438 Phone: 86-20-6281-7109　　Fax: 86-20-6281-7114		Office address 1508A,Mertopolitan Tower,No.68 Zourong Road,Yuzhong District,Chongqing China 400010 Tel:+86-23-60332710	
Consignee's name & address　　Consignee code 2 PT DNN INDONESIA JL.GAYA MOTOR I NO.6, SUNTER II, SUNGAI BAMBU TG.PRIOK, JAKARTA UTARA PPN: 01.000.230.1-092.000 TEL: (+6221)6512279 Ext.209		Document accompained □ Invoice　□ Packing list　□ C.O. □ Form A　□ Others:________ Insurance covered by □ Shipper　□ Consignee Amount to be insured/Currency: ________	
Notify party		Special handling information and remarks If third party billing please specify	
Airport of departure 3 GUANGZHOU	Airport of destination 4 JAKARTA	Date of shipment　年 月 日	Date of flight　年 月 日
Air freight □ prepaid　□ collect	Other charges □ prepaid　□ collect	Pick up 提货 □ YES　☒ NO	C/C 报关 □ YES　□ NO
Marks & number of package		Description of goods(with Weight & Dimension)	
5 N/M 10 CARTON		CARGO NAME 7 PARTS FOR OXYGEN SENSOR TOTAL PACKAGE　8　10 carton TOTAL G/W　9　140 KGS MEASUREMENT　10　1.13 CBM	
Cargo size in cm 6 65 cm × 58 cm × 30 cm 11. Trade terms FOB		Invoice No. L/C No.　P/O No. Country of origin　Licence No.	
Checked by(For Offical Use Only) C.S. Staff　Warehouseman　Operation　Supervisor I/We hereby declare that the about particulars furnished by me/us are correct and complete and I/we will be fully responsible for the contents of such declaration.I/We further undertake to reimburse you with all charges and expense incurred on the above shipment and shall assume full responsibility for the air freight of the goods herein mentioned or in case of freight being payable at destination,to reimburse you with any amount incurred should the consignee fail to pay same.		Signature (with Company Chop) Date　年　月　日	
//Remarks//All business transactions are handled in accordance with China International Freight Forwarding Association Trading Conditions.Copy of which is available upon request or visit http://www.cifa.org.cn for information.			

图 8-6　客户的空运托运书

知识链接

✣ 知识点 1：航空运单基本概念

航空运单不作为物权凭证，不可以通过背书转让，只相当于运输和交付凭据，即承运人（航空公司）收到承运货物并接受托运人空运要求后，签发给托运人的一份货物收据和证明。目的港代理提货不是凭借航空运单，而是根据航空公司发出的提货通知。航空运单具有“运输契约”和“货物收据”的特征。“运输契约”即托运人和承运人之间订立的航空货物运输合同；“货物收据”即承运人收到托运人的货物并进行运输的凭证。航空运单一般由三份正本、三份副本和六份额外副本共十二联组成。

航空运单（Air Waybill，AWB）按照签发对象的不同可以分为主运单（Master Air Waybill，MAWB）和分运单（House Air Waybill，HAWB）。

航空运单按照有无承运人可以分为中性运单（Neutral Air Waybill）和非中性运单（Airline Air Waybill）。

航空运单按照出单方式可以分为直单和套单。

✣ 知识点 2：主运单和分运单

主运单是指由航空公司签发给托运人（货运代理或者发货人）的运输依据，表示托运人已完成交付操作且航空公司已经收到需承运的货物，相当于航空公司和托运人订立的运输合同。每个主运单号对应一批货物，主运单上的 SHIPPER 是启运港的货运代理，CONSIGNEE 是目的港的货运代理，当货物到达目的港后，由目的港的货运代理安排清关或者委托其他进口商进行清关并将货物交付给收货人。

分运单是指由集中托运人（货运代理）签发给托运人的运输依据和交货凭证，是货运代理和托运人之间的货物运输合同，也叫货代单。除此之外，如果收货人没有清关能力，需要委托相关代理或者进口商清关，则需要出分运单，如果涉及三方贸易，为了不让收货人知道真实的发货人，则需要出分运单。分运单上的 SHIPPER 是托运人，CONSIGNEE 是实际收货人。

主运单与分运单既有联系，也有区别。

1. 主运单与分运单间的联系

如果有分运单，就必然有主运单。如果有分运单，则主运单上的收发货人一般均为货运代理；分运单件数相加必须等于主运单件数；分运单毛重相加一般必须等于主运单毛重（在收货国没有重量限制规定时，可不相等）。如果有分运单，则主运单的货物品名栏必须显示 Consolidation as per Attached Manifest；无论分运单的运费支付方式是 PP 还是 CC，主运单的运费支付方式一定是 PP。

2. 主运单与分运单的区别

（1）签发人不同

主运单由航空公司签发（目前很大部分航空公司仍使用印刷的航空运单，主运单号直接印刷在航空运单上，有一部分航空公司开始使用中性运单，则不适用上述情况），分运单由货运代理签发。

（2）运单号的规律不同

主运单号的构成是航空公司三字代码+8位数字，如999-11111111，其中最后一位数字为校验码。主运单号是唯一的。如果出现了主运单号重复的情况，可能会导致货物交付错误或者其他混乱。关于主运单号的唯一性，可以参考国际航空运输协会（IATA）的规定和标准。分运单号的组成没有必然的规律，一般为签发分运单的公司代码+一串数字，如CHTL123456。

✣ 知识点3：中性运单

中性运单就是原始运单，即没有任何承运人的标志，如航空公司的名称、Logo、地址等的运单。

非中性运单就是航空公司的运单。这种运单上面印有航空公司的名称、Logo、承运人的代码及包括校验码在内的运单号等信息，这些信息用于区分不同航空公司的运单。

为什么要出中性运单？中性运单一般操作起来比较方便，尤其是在需要改单时。如果非中性运单打错了，需要改单，航空公司一般会收取改单费或废单费。特别是当一票已经订舱并分配了运单号的货物，由于种种原因取消订舱时，航空公司一般会收取100—200元的废单费。

什么时候可以出中性运单以及是否使用中性运单，主要取决于航空公司。大多数航空公司不接受中性运单，必须使用航空公司自己的运单。

✣ 知识点4：电子运单

电子运单，即抛弃传统的纸质运单的形式，以电子数据的形式存储信息的航空运单。现在一些航空公司已使用电子运单，部分航空公司同时使用电子运单和纸质航空运单。《“十四五”航空物流发展专项规划》中指出，要建立物流信息基础数据元标准和交换标准，制定统一的条码管理、射频识别等技术应用标准，推动航空货运单证简化及电子化。

✣ 知识点5：航空运单填制的基本原则

航空运单填制的基本原则主要包括以下几点。

1. 准确性原则

所填写的信息必须准确无误。任何错误的信息都可能导致运输过程中的延误、错发甚至货物损失。

2. 完整性原则

航空运单上的每一项内容都应完整填写，不得遗漏。任何缺失的信息都可能影响货物的正常运输和交付。

3. 清晰性原则

填写的内容必须清晰，避免使用模糊或易混淆的词语和符号。

4. 规范性原则

航空运单的填写应遵循航空公司和国际航空运输协会的相关规定和标准，不得随意涂改或添加内容。

5. 及时性原则

航空运单的填制应在货物装运前完成，并确保在货物启运时随货同行。这有助于确保货物的运输过程顺利进行，避免因航空运单延误而导致货物无法正常运输。

遵循这些基本原则，可以确保航空运单的准确性和有效性，保障货物的安全、及时、准确运输，也有助于提高航空运输的效率和质量，促进国际贸易的发展。

✣ 知识点 6：航空运单填写内容

航空运单样单如图 8-7 所示。

航空运单应填写的栏目说明如下。

序号（1）处填航空公司的数字代码，如中国国际航空公司的数字代码为 999。

序号（2）处填始发站机场代码，即 IATA 公布的机场三字代码。

序号（3）处填货运单序号，与序号（1）处合起来是航空运单号。航空运单号（The Air Waybill Number）通常印在每份运单的左上角和右下角，即序号（54）处。在序号（55）处，可填写主运单号或者分运单号。

序号（4）托运人姓名和地址（Shipper's Name and Address）处填托运人姓名（名称）、地址、国家（或国家二字代码）以及托运人的电话、传真号码。

序号（5）托运人账号（Shipper's Account Number）处不需要填写，除非承运人需要。

序号（6）收货人姓名和地址（Consignee's Name and Address）处填收货人姓名（名称）、地址、国家（或国家二字代码）以及收货人的电话、传真号码。

序号（7）收货人账号（Consignee's Account Number）处不需要填写，除非承运人需要。

序号（8）填开航空运单的承运人的代理（Issuing Carrier's Agent Name and City）处填向承运人收取佣金的国际航协代理的名称和所在机场或城市。

序号（9）国际航协代码（Agent's IATA Code）是一些航空公司为便于内部系统管理而要求其代理在此处填写的相应代码。

序号（10）账号（Account No.）处一般不需填写，除非承运人需要。

序号（11）始发站机场和所要求的运输路线（Airport of Departure and Requested Routing）处填始发站机场名称以及所要求的运输路线。

(1) (2) (3) (55)

Shipper's Name and Address (4) | Shipper's Account Number (5)

Not Negotiable

Air Waybill

Issued by

Copies 1,2 and 3 of this Air Waybill are originals and have the same validity.

Consignee's Name and Address (6) | Consignee's Account Number (7)

It is agreed that goods described herein are accepted in apparent good order and condition (except as noted)for carriage SUBJECT TO THE CONDITIONS OF CONTRACT ON THE REVERSE HEREOF.THE SHIPPER'S ATTENTION IS DRAWN TO THE NOTICE CONCERNING CARRIER'S LIMITATION OF LIABILITY.Shipper may increase such limitation of liability by declaring a higher value for carriage and paying a supplemental charge if required.

Issuing Carrier's Agent Name and City (8)

Accounting Information (20)

Agent's IATA Code (9) | Account No. (10)

Airport of Departure(Addr.of First Carrier)and Requested Routing (11)

To	By First Carrier / Routing and Destination	to	by	to	by	Currency	CHGS Code	WT/VAL PPD	WT/VAL COLL	OTHER PPD	OTHER COLL	Declared Value for Carriage	Declared Value for Customs
(12)	(13)	(14)	(15)	(16)	(17)	(21)	(22)	(23)				(24)	(25)

Airport of Destination (18) | Flight/Date (19) | Amount of Insurance (26)

INSURANCE–If Carrier offers insurance and such insurance is requested in accordance with conditions there of indicate amount to be insured in figures in box marked Amount of Insurance.

Handing Information
(27)

No.of Pieces RCP	Gross Weight	kg lb	Rate Class / Commodity Item No.	Chargeable Weight	Rate / Charge	Total	Nature and Quantity of Goods (Incl.Dimensions or Volume)
(28)	(29)	(30)	(31) (32)	(33)	(34)	(35)	(36)

Prepaid | Weight Charge(37) | Collect

Other Charges (49)

Valuation Charge (38)

Tax (39)

Total Other Charges Due Agent (40)

Shipper certifies that the particulars on the face here of are correct and that insofar as any part of the consignment contains dangerous goods, such part is properly described by name and is in proper condition for carriage by air according to the applicable Dangerous Goods Regulations.

Total Other Charges Due Carrier (41)

Signature of Shipper or His Agent (50)

Total Prepaid (42) | Total Collect (43)

Currency Conversion Rates (44) | CC Charges in Dest.Currency (45)

Executed on (date) (51) | at(place) (52) | Signature of Issuing Carrier or Its Agent (53)

For Carrier's Use Only at Destination (46) | Charges at Destination (47) | Total Collect Charges (48) | (54)

图 8-7 航空运单样单

序号（12）—（17）中，第一个 to 指的是目的地机场或者是第一个中转站，第一个 by（First Carrier）指第一承运人或者第一程承运人，此处填写航空公司的二字代码，如果涉及多程转运，中间的 to 和 by 分别表示目的地机场或者是第二个中转站和第二程承运人；第三个 to 和 by 分别表示目的地机场和第三程承运人。

序号（18）目的地机场（Airport of Destination）处填目的地机场全称，不知道机场全称时，可用城市全称。

序号（19）航班/日期（Flight/Date）栏仅供承运人使用，此栏一般不需要填写，除非各有关承运人需要。

序号（20）财务说明（Accounting Information）处应填财务结算信息，常见的会打上 FREIGHT PREPAID 或者 FREIGHT COLLECT。如果运费是以现金或者支票支付，需要在此处注明。如果航空提单上没有 NOTIFY PARTY 栏，有的货运代理会将相关信息填在此处。

序号（21）货币（Currency）处应填写始发地的货币代号，如人民币则填写 CNY。

序号（22）运费代号（CHGS Code）栏一般不需要填写，仅供电子传送货运单信息时使用。

序号（23）运费（Charges），其中 WT/VAL 指航空运费和声明价值附加费付款方式，全称为 Weight Charge/Valuation Charge；OTHER（Charges at Origin）指除了航空运费以及声明价值附加费以外的其他费用的付款方式。PPD（Prepaid）代表费用预付，选择此方式则打上“PP”或者打上“×”，COLL（Collect）代表费用到付，选择此方式则打上“CC”或者打上“×”。

序号（24）供运输用的声明价值（Declared Value for Carriage）指托运人或其代理向承运人申报的货物价值。申报该价值的目的是确定货物在运输过程中遭受损失或损坏时，承运人需要承担的赔偿金额。如无声明价值，则在此栏填“NVD”（No Value Declared）。一般只有比较贵重的货物才需要声明价值。

序号（25）供海关用的声明价值（Declared Value for Customs）指提供给海关的声明价值，海关根据此栏所填数额征税。如无声明价值，则在此栏填“NCV”（No Commercial Value），如以发货人提供的发票价值为准，则在此栏填“AS PER INV.”。

序号（26）保险金额（Amount of Insurance）：若航空公司提供相关保险服务则此处打上货物的投保金额，如果航空公司、货运代理不提供相关保险服务或者发货人不需要投保服务，则此处打上“NIL”。

序号（27）处理事项（Handling Information）处一般填写运输货物的注意事项或者特殊处理要求，也可填写紧急联系人和除通知人以外的联系人信息等。

序号（28）件数（No. of Pieces）处填写所运输货物的件数。

序号（29）毛重（Gross Weight）处填货物的毛重，一般保留一位小数。

序号（30）重量单位（kg/lb）处填货物毛重的单位，以千克为单位用代码“K”，以磅为单位用代码“L”。

序号（31）运价等级（Rate Class）处填相应的等级代码。

序号（32）商品品名编号（Commodity Item No.）：使用指定商品运价时，此栏填指定商品品名编号；使用等级货物运价时，此栏填附加或附减运价的百分比；如果是集装货物，此处填集装货物运价等级。

序号（33）计费重量（Chargeable Weight）处按照货物毛重和体积重量取较大值。

序号（34）运价/运费（Rate/Charge）：当使用最低运费时，此栏应填最低运费；当使用其他等级的运价时，此栏应填对应的运价。

序号（35）总计（Total）处填运费总金额，即货物运费单价和计费重量的乘积。

序号（36）货物品名和数量（Nature and Quantity of Goods）处一般填货物的尺寸和体积。如果货物中带有危险品，需将危险品填在第一列。货物品名应填写具体、明确。

序号（37）航空运费（Weight Charge）：如果运费是预付则将金额填在左边的 Prepaid 框内，如果运费是到付则将金额填在右边的 Collect 框内。

序号（38）声明价值附加费（Valuation Charge）：如果托运人向承运人进行运输货物价值声明的话，则需要填写。声明价值附加费计算公式为：（声明价值-实际毛重×最高赔偿额）×0.5%。如果声明价值附加费是预付则将费用金额填在左边的 Prepaid 框内，如果费用是到付则将金额填在右边的 Collect 框内。

序号（39）税费（Tax）：如果税费是预付则将费用金额填在左边的 Prepaid 框内，如果税费是到付则将费用金额填在右边的 Collect 框内。

序号（40）由代理收取的其他费用（Total Other Charges Due Agent）：若是预付则将费用金额填在左边的 Prepaid 框内，如果是到付则将费用金额填在右边的 Collect 框内。

序号（41）由承运人（航空公司）收取的其他费用（Total Other Charges Due Carrier）：若是预付则将费用金额填在左边的 Prepaid 框内，若是到付则将费用金额填在右边的 Collect 框内。

序号（42）和（43）预付总计金额/到付总计金额（Total Prepaid/Total Collect）处应分别填入预付的总金额和到付的总金额。

序号（44）币种汇率（Currency Conversion Rates）处应填写目的地国家的币种和汇率。

序号（45）在目的地国家到付的货币单位（CC Charges in Dest. Currency）处通常不填。

序号（46）仅供承运人在目的地使用（For Carrier's Use Only at Destination）处无须填写。

序号（47）目的地费用（Charges at Destination）处填写目的站发生的费用金额。

序号（48）到付费用总额（Total Collect Charges）处填写到付费用金额。

序号（49）其他费用（Other Charges）处既可以填在始发站发生的其他费用，也可以填在目的地发生的其他费用。按照费用代码加金额的形式填写，常见的费用代码有 AWC 运单费、MYC/FSC 燃油附加费、SCC/SC 安全附加费、UH 集装设备操作费、ADC 文件费等。

序号（50）发货人或其代理签名（Signature of Shipper or His Agent）处应签字或者盖章。

序号（51）—（53）分别为签单时间、地点以及承运人或者其代理的签名或盖章。签单时间按照按日、月、年的顺序填写，地点可以是启运地机场或城市的全称或缩写。

✣ 知识点 7：货物运费更改通知

每一份航空运单都记载着货物的具体信息、收货人及发货人的联系方式。如果载有货物的飞机从启运机场起飞后才发现航空运单上的运费信息打错了，此时应该怎么办呢？

这时就需要用到货物运费更改通知（Cargo Charges Correction Advice，CCA）。其实 CCA 的功能不仅限于更改运费，如果航空运单的收货人信息、通知人信息需要修改，也可以在航班到达前通过发送 CCA 来更改相关信息。

航空公司发送 CCA 是一种有偿服务，不同的航空公司收费不同。

但需要注意，不是所有的货物都可以通过 CCA 修正信息，而是要根据目的港海关的要求。如果有发往不接受 CCA 目的港的货物，一定要仔细核对航空运单内容，避免不必要的损失。当货物起飞之后发现航空运单上有任何错误，都应该及时与货运代理沟通，以免耽误货物的清关提货。

任务实施

参考答案

阅读“任务描述”，回答以下问题。

1. 航空运单有什么作用？

2. 航空运单由谁填制？在什么时候填制？

3. Judy 代表 ABC 国际货运代理公司签发的航空运单，是主运单还是分运单？你是如何判断的？

4. 客户提供的装箱单显示纸箱尺寸为 65 cm×58 cm×30 cm，货运站工作人员实测纸箱尺寸为 65 cm×60 cm×30 cm，该如何处理？填写航空运单时以哪个数据为准？

5. 根据相关材料填写以下航空运单（见图 8-8）。

Shipper's Name and Address	Shipper's Account Number	Not Negotiable Air Waybill Issued by Copies 1,2 and 3 of this Air Waybill are originals and have the same validity.
Consignee's Name and Address	Consignee's Account Number	It is agreed that goods described herein are accepted in apparent good order and condition (except as noted)for carriage SUBJECT TO THE CONDITIONS OF CONTRACT ON THE REVERSE HEREOF.THE SHIPPER'S ATTENTION IS DRAWN TO THE NOTICE CONCERNING CARRIER'S LIMITATION OF LIABILITY.Shipper may increase such limitation of liability by declaring a higher value for carriage and paying a supplemental charge if required.
Issuing Carrier's Agent Name and City		Accounting Information
Agent's IATA Code	Account No.	
Airport of Departure(Addr.of First Carrier)and Requested Routing		

To	By First Carrier \ Routing and Destination /	to	by	to	by	Currency	CHGS Code	WT/Val PPD	WT/Val COLL	OTHER PPD	OTHER COLL	Declared Value for Carriage	Declared Value for Customs

Airport of Destination	Flight/Date	Amount of Insurance	INSURANCE–If Carrier offers insurance and such insurance is requested in accordance with conditions there of indicate amount to be insured in figures in box marked Amount of Insurance.

Handing Information

No.of Pieces RCP	Gross Weight	kg lb	Rate Class	Commodity Item No.	Chargeable Weight	Rate / Charge	Total	Nature and Quantity of Goods (Incl.Dimensions or Volume)

Prepaid	Weight Charge	Collect	Other Charges
Valuation Charge			
Tax			
Total Other Charges Due Agent			Shipper certifies that the particulars on the face here of are correct and that insofar as any part of the consignment contains dangerous goods, such part is properly described by name and is in proper condition for carriage by air according to the applicable Dangerous Goods Regulations.
Total Other Charges Due Carrier			Signature of Shipper or His Agent
Total Prepaid	Total Collect		
Currency Conversion Rates	CC Charges in Dest.Currency		Executed on (date) at(place) Signature of Issuing Carrier or Its Agent
For Carrier's Use Only at Destination	Charges at Destination	Total Collect Charges	

图 8-8 航空运单

6. 各组选出填写最规范的航空运单上台进行展示、分享。

任务评价

在完成上述任务后，教师组织三方评价，并对学生的任务执行情况进行点评。学生完成考核评价表（见表 8-2）的填写。

表 8-2　　考核评价表

班级				团队名称		
团队成员						
考核项目		要求	分值	学生自评（30%）	团队互评（30%）	教师评定（40%）
知识能力 70	航空运单号	按知识点 5 的原则填写正确	10 分			
	托运单当事人	发货人、收货人信息填写正确	5 分			
	运输信息	启运地、目的地、航班信息填写正确	5 分			
	装运条款	装运条款、币种、支付方式填写正确	10 分			
	声明价值	运输声明价值、海关声明价值填写正确	5 分			
	货物重量	填写正确	10 分			
	航空运费	填写正确	15 分			
	货物信息	填写正确	5 分			
	签发信息	填写正确	5 分			
职业素养	文明礼仪	形象端庄 文明用语	10 分			
	团队协作	相互协作 互帮互助	10 分			
	工作态度	严谨认真	10 分			
合计			100 分			

牛刀小试

参考答案

一、单项选择题

1. 航空运单是（　　）。

A. 可议付的单据　　B. 物权凭证

C. 货物收据和运输合同　　D. 提货凭证

2. 在航空运单中，缩写“CC”表示（　　）。

A. 运费到付　　B. 货物运费更改通知

C. 货运账目清算系统　　D. 集装器

3. 航空运单上 Not Negotiable 的意义是（　　）。

A. 航空业务权不可转让　　B. AWB 是不可转让的文件

C. AWB 上航程不可改变　　D. AWB 不可以在运输始发国以外销售

4. 由于航空运单所填内容不准确、不完全，致使承运人或其他人遭受损失，（　　）负有责任。

A. 托运人　　B. 承运人

C. 货运代理　　D. 机场服务人员

5. 航空运输的计费重量，以实际毛重表示时，计费重量的最小单位是（　　）。

A. 0.5 kg　　B. 0.1 kg　　C. 2 kg　　D. 5 kg

二、多项选择题

1. 航空运单包括（　　）。

A. 主运单　　B. 分运单　　C. 提单　　D. 承运单据

2. 航空运单除了是承运人与托运人之间缔结的运输契约和承运人收运货物证明文件，还是（　　）。

A. 运费结算凭证及运费收据

B. 承运人在货物运输全过程中的依据

C. 办理清关的证明文件

D. 保险证明

三、判断题

1. 按照国际航空货物运输的有关规定，托运人托运危险货物时，申报单可以由托运人的代理填写、签字并对申报的所有内容负责。（　　）

2. 在国际航空货物运输中，有关调整航空货物运输方面的国际条约主要包括《华沙公约》《海牙协定》和《蒙特利尔第四号议定书》等文件。我国已经加入《海牙协定》。

(　　)

3. 对于在航空运单上所填内容的正确性，承运人应负责任。(　　)

4. 填制航空运单时，货物品名一栏一般用英文填写，到达中国香港特别行政区的可以用中文填写。(　　)

5. 必须用英文大写字母填制航空运单。(　　)

6. 主运单的发货人栏和收货人栏必须列明真正的托运人和收货人。(　　)

四、简答题

简述航空运单的作用。

五、技能大赛训练

Please fulfill AWB on the basis of the Offer of Air Freight, the Proforma Invoice and the Packing List of ABC TRADING CO., LTD.

Offer of Air Freight

ITEM	CNY
PICKUP TRUCK	950
AWB	50
EXPORT CUSTOMS CLEARANCE	300
THC	15
AIR FREIGHT	500
FSC	50
SSC	60

Proforma Invoice

INV NO.　YG20190514PIA
DATE　2019/5/14

SHPR　ABC TRADING CO., LTD.
TIANHE INDUSTRY PARK, INDUSTRIAL CONCENTRATION
DISTRICT, TIANHE COUNTY, FANGCUN, GUANGDONG, CHINA
TEL: +86-020-81405555
USCI: 999999999911111111

CNEE　DDD VIETNAM CO., LTD.
LOT M, BINH XUYEN INDUSTRIAL ZONE,
HUONG CANH TOWN, BINH XUYEN DISTRICT, VINH PHUC
TAX ID: 2222111111
TEL: +84(0)22223333

INCO TERMS: CFR
POL: GUANGDONG,CN
POD: HANOI.VN

ITEM	PART NO.	DESCRIPTION	QTY set	UNIT PRICE USD	AMOUNT USD
1	aaa	CAMSHAFT WTTH LP(1A015894)	35	7.18	251.3
2	bbb	CAMSHAFT WTTH LP(1A015897)	35	7.18	251.3
TOTAL			70		502.60

Vendor's Bank Information
Bank Name: CCC Bank
SWIFT CODE: 1234567890
Beneficiary: ABC TECHNOLOGY CO., LTD.
USD Account No: 99887766554433

ABC TRADING CO., LTD.

Packing List

INV NO.　YG20190514PIA
DATE　2019/5/14

SHPR　ABC TRADING CO., LTD.
TIANHE INDUSTRY PARK, INDUSTRIAL CONCENTRATION
DISTRICT, TIANHE COUNTY, FANGCUN, GUANGDONG, CHINA
TEL: +86-020-81405555
USCI: 999999999911111111

CNEE　DDD VIETNAM CO., LTD.
LOT M, BINH XUYEN INDUSTRIAL ZONE,
HUONG CANH TOWN, BINH XUYEN DISTRICT, VINH PHUC
TAX ID: 2222111111
TEL: +84(0)22223333

INCO TERMS: CFR
POL: GUANGDONG,CN
POD: HANOI.VN

ITEM	PART NO.	DESCRIPTION	QTY set	NET WEIGHT kg	GROSS WEIGHT kg	PACKING Carton	SIZE/PACKAGE cm
1	aaa	CAMSHAFT WTTH LP(1A015894)	35	6.25	7.5	1	36 × 25 × 14
2	bbb	CAMSHAFT WTTH LP(1A015897)	35	6.25	7.5	1	36 × 25 × 14
TOTAL AMOUNT			70	12.5	15	2	0.0252 cbm

Vendor's Bank Information
Bank Name: CCC Bank
SWIFT CODE: 1234567890
Beneficiary: ABC TECHNOLOGY CO.,LTD.
USD Account No: 99887766554433

ABC TRADING CO., LTD.

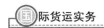

784 | CAN | 11112222 HAWB No: YLC22223333

Shipper's Name and Address	Shipper's Account Number	
1		Issued by Copies 1,2 and 3 of this Air Waybill are originals and have the same validity.

Consignee's Name and Address	Consignee's Account Number	
2		It is agreed that goods described herein are accepted in apparent good order and condition (except as noted)for carriage SUBJECT TO THE CONDITIONS OF CONTRACT ON THE REVERSE HEREOF.THE SHIPPER'S ATTENTION IS DRAWN TO THE NOTICE CONCERNING CARRIER'S LIMITATION OF LIABILITY.Shipper may increase such limitation of liability by declaring a higher value for carriage and paying a supplemental charge if required.

Issuing Carrier's Agent Name and City		Accounting Information
YL LOGISTICS (CHINA) CO., LTD. GUANGZHOU		
Agent's IATA Code	Account No.	

Airport of Departure(Addr.of First Carrier)and Requested Routing: 3

Optional Shipping Information: C06186735 TERMS: 6

To	By First Carrier (Routing and Destination)	to	by	to	by	Currency	CHGS Code	WT/Val PPD	WT/Val COLL	OTHER PPD	OTHER COLL	Declared Value for Carriage	Declared Value for Customs
4	CZ					CNY	PP	X		X		NVD	NCV

Airport of Destination	Requested Flight/Date		Amount of Insurance	INSURANCE–If Carrier offers insurance and such insurance is requested in accordance with conditions there of indicate amount to be insured in figures in box marked "amount of Insurance".
5	CZ8161/24	/	XXX	

Handing Information

SCI

No.of Pieces RCP	Gross Weight	kg lb	Rate Class / Commodity Item No.	Chargeable Weight	Rate / Charge	Total	Nature and Quantity of Goods (Incl.Dimensions or Volume)
7	8	K	9	10	11	12	Description: 13 INVOICE NO: Country of Origin: DIMS VOL

Prepaid	Weight Charge	Collect	Other Charges
	Valuation Charge		
	Tax		
	Total Other Charges Due Agent		Shipper certifies that the particulars on the face here of are correct and that insofar as any part of the consignment contains dangerous goods, such part is properly described by name and is in proper condition for carriage by air according to the applicable Dangerous Goods Regulaitons.
	Total Other Charges Due Carrier		YL LOGISTICS（CHINA）CO., LTD. Signature of Shipper or His Agent
Total Prepaid 16	Total Collect		22–May–20 GUANGZHOU ELAINE YANG Executed on (date) at(place) Signature of Issuing Carrier or Its Agent
Currency Conversion Rates	CC Charges in Dest.Currency		
For Carrier's Use Only at Destination	Charges at Destination	Total Collect Charges	784–11112222

EMAIL COPY

09 PROJ 项目九 陆运制单

◎**知识目标**

- 理解铁路运单的主要内容和格式要求。
- 掌握国际道路货物运单的基本概念、作用及其在国际贸易和道路运输中的地位。
- 了解铁路运输、国际道路货运运输的相关法规，以及运单填制规范。
- 理解不同国家和地区的道路货物运输政策与制度差异，及其对运单填制和使用的影响。
- 认识陆路运输单据在货物交接、运输责任划分、费用结算等环节中的应用及其重要性。

※**能力目标**

- 能够根据客户要求正确填制铁路运单、国际道路运单。
- 能够准确、完整地填写铁路运单、国际道路货物运单，确保运单信息的真实性和有效性。
- 能够识别和处理运单填制与使用过程中可能出现的风险和问题，具备解决问题的能力。

❖**思政目标**

- 培养学生的国际视野和跨文化交流能力，以及遵守法律法规、行业规范的意识。
- 培养学生的责任意识和团队协作精神。
- 增强学生的国家意识和民族自豪感。

知识图谱

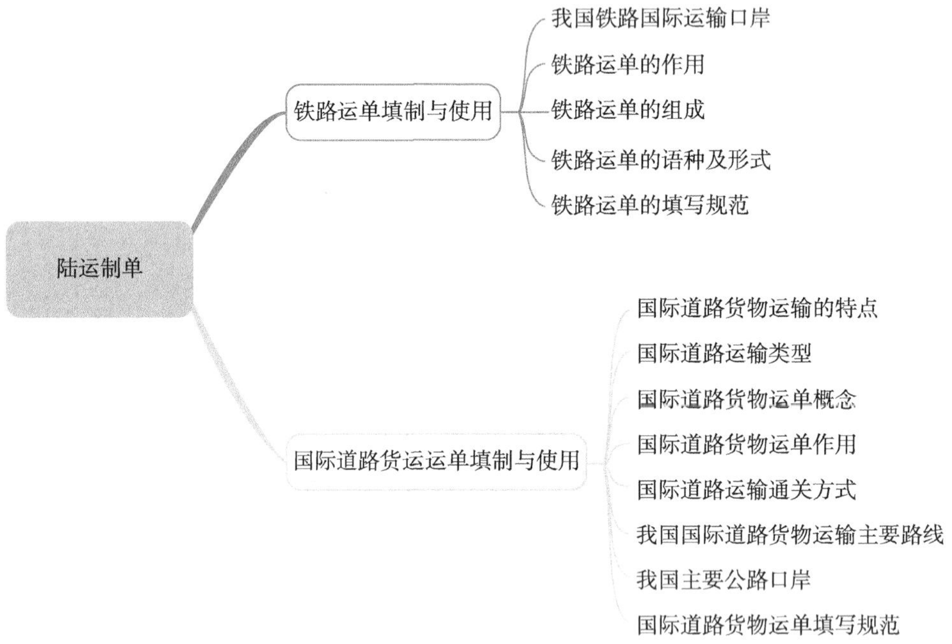

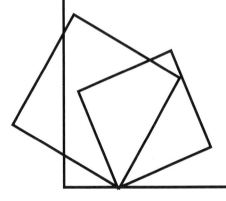

陆运制单
铁路运单填制与使用
我国铁路国际运输口岸
铁路运单的作用
铁路运单的组成
铁路运单的语种及形式
铁路运单的填写规范
国际道路货运运单填制与使用
国际道路货物运输的特点
国际道路运输类型
国际道路货物运单概念
国际道路货物运单作用
国际道路运输通关方式
我国国际道路货物运输主要路线
我国主要公路口岸
国际道路货物运单填写规范

岗位分析

岗位1：单证员

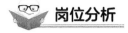

岗位职责：处理和跟进陆运单证的相关事务，包括文件的收集、整理和分类等；确保陆运单证的合规性、准确性和完整性，并对单证进行适当的修订和更新；负责提供海外代理业务文件，安排放货或送货事宜；配合财务部门进行账单的收集、整理及清账工作；承担部分业务助理工作；处理各类突发事件并及时向上级汇报。

典型的工作任务：制作、审核陆运单证；录入并核对应收、应付账单；负责陆运纸质单据、月底结账单据的回收保存。

职业素质：具备团队合作精神和良好的人际协调能力；具备细心、谨慎的工作态度；具备较强的责任心，能吃苦耐劳、恪尽职守、爱岗敬业；具备服务意识、质量意识、安全意识、标准意识、成本意识。

职业能力：能清晰阐述陆路运输流程；能熟练制作、审核陆运相关单证；运输情况跟踪更新。

可持续发展能力：能进行客户关系管理；能进行业务扩展；能处理公司发展与个人发展的关系。

岗位2：跨境物流专员

• **岗位职责**：整合客服、调度、司机、各供方的作业信息与沟通；跟进每票订单在边境内外的操作进度，及时反馈给营运部门，协助中国客服与境外客服完成业务操作；现场作业遇异常时，及时反馈给营运部门；跟进供方处理异常的情况；与现场操作人员保持紧密联系，随时了解现场作业的动态；协助境内外营运（客服）部门处理该业务在境内外的进出口报关业务；跟进供方（报关行）的报关事务；整车、散货业务协助调度跟进车辆到达情况；散货业务监督与跟进供方（仓库）的收发货、增值操作进度；制作相关操作报表、客服报表等上报部门负责人，保证数据准确并及时提交。

典型工作任务：跟进订单操作进度；跟踪货物运输、报关情况；处理、完善运输后续的业务环节；制作相关操作报表、客服报表等上报部门负责人，保证数据准确并及时提交；跟进供方（报关行）的报关事务。

职业素质：具备较强的沟通表达能力、服务意识、质量意识、安全意识、标准意识、成本意识；熟悉进口报关的相关要求和流程。

职业能力：能够熟练操作 office 办公软件、熟练使用邮箱办公；能够在边境口岸进行进出口货物交接作业；能够处理中国到东盟国家陆路运输业务（整车、散货）操作；能够根据货物的运输要求及货物要求制订运输计划；具备运用大数据、智慧物流、物联网、自动化等先进技术提升物流运作效率的能力。

可持续发展能力：能进行客户关系管理；能进行业务扩展；具备全局协调能力。

项目导读

从公路运输到公铁联运 提升的不只是时效

5 月 25 日，位于彭州市濛阳街道的四川雨润国际农产品交易中心车水马龙，一批由泰国进口，经由中老铁路（万象—成都）运输的新鲜山竹在这里开箱。这是成都国际班列首次为濛阳市场商户提供“门到门”水果冷链运输服务的进口水果。当天，成都国际班列“东南亚—濛阳”专线开通仪式在濛阳街道举行。这条专线，一头连接盛产水果的东南亚，另一头连着我国重要的果蔬交易集散中心。“东南亚—濛阳”专线的开通将带来什么？

图 9-1 四川雨润国际农产品交易中心

1. 运输时效提升

从公路运输到公铁联运，用时至少缩短 1 天。

四川雨润国际农产品交易中心作为国家级蔬菜水果专业批发市场，每天果蔬交易量达 1.5 万吨，其中，进口水果交易量约 430 吨，这些水果中的榴莲、山竹、龙眼、火龙果、菠萝蜜、荔枝等来自东南亚地区，占比 90%。过去，这里的商户普遍采用公路运输方式从东南亚进口果蔬，现在，成都国际铁路班列有限公司为四川雨润国际农产品交易中心量身定制了班列产品——成都国际班列“东南亚—濛阳”专线。该专线采用公铁联运方式，提供“门到门”的水果冷链运输服务，从泰国尖竹汶发车，在老挝万象南站换转铁路，经由中老铁路“澜湄快线”到达磨憨口岸入境，再经成昆铁路复线到达成都国际铁路港，后由公路运输分拨至彭州濛阳，全程以“公路+铁路+铁路+公路”多种联运方式，从产地直达市场。“准确地说，运输全程用时 115 小时，不到 5 天。”成都国际铁路班列有限公司副总经理李俊峰说，此次公铁联运较以往的公路运输，时间缩短至少一天。

2. 安全稳定性更高

打通报关、清关等环节，精准控温运输时效提升，安全性、稳定性也更高。四川雨润国际农产品交易中心总经理吴军介绍，该条专线绝大部分路程由铁路运输完成，“规避了以往公路运输模式中由于气候、路况、通关等因素造成的时效延误和损耗，更具稳定性与安全性，极大保障了水果的鲜度。”保鲜还得益于水果冷链运输班列的精准服务。“针对山竹、榴莲等热带水果存储温度要求精度高等特点，班列采用油电两用冷藏箱，可保障温控精度，在运输过程中温度控制在上下波动 3 摄氏度以内。”李俊峰介绍。为推动东南亚水果进口，成都国际铁路班列有限公司精准对接濮阳当地客户，研制运输方案，打通报关、清关、订舱、拖车、仓储管理等各环节。同时，充分发挥成都国际班列老挝万象运控中心功能，进行全程盯控和信息追溯，在全程运输组织、口岸通关效率、中途补给、信息跟踪等方面提供有效保障。“下个月，我们将通过专线从东南亚进口一批榴莲。”成都国际铁路班列有限公司签约商户、重庆渝佳果品有限公司总经理金家伟说，预计比原来的公路运输方式节约 30%的运输成本。

（资料来源：四川日报。）

任务一　铁路运单填制与使用

任务描述

缮制铁路运单

广东 JC 运输有限公司作为铁路承运人，收运了 1 个 40HQ，该批货物将从东莞石龙站始发，运至阿拉木图站。

请以项目小组为单位，按照铁路运单的填写规范，完成“任务实施”中的问题。

该票货物的相关信息如下。

发货人：广州华美贸易有限公司 广州市天河区华美路 28 号　TEL：12345678912

收货人：立德贸易有限公司　阿拉木图美好路 99 号　TEL：13613613666

运单号：N015288

发站：东莞石龙站

到站：阿拉木图站

国境口岸站：霍尔果斯—阿腾科里

运载货物：餐具，H. S. code：6912002900

件数：757 件，1×40HQ

货物重量：9360. 00 kg

集装箱自重：3950. 00 kg

铁路封号：026436

海关封号：C18154

集装箱号：MATU2517169（P）

运输区段及承运人：石龙—霍尔果斯，中铁（33）

阿腾科里—阿拉木图 1，哈铁（27）

发货人添附的文件：装箱单 2 份、发票 2 份、报关单 1 份

其他：委托霍尔果斯口岸报关手续

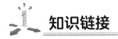

知识链接

知识点 1：我国铁路国际运输口岸

中欧班列的五大口岸均是中国重要的铁路国际运输口岸。除了阿拉山口口岸、霍尔果斯口岸、二连浩特口岸、满洲里口岸和绥芬河口岸，中国还有以下铁路国际运输口岸。

1. 珲春铁路口岸

珲春铁路口岸在吉林省珲春市东南部，距俄罗斯卡梅绍娃亚铁路口岸 23.7 千米（境内 8 千米，境外 15.7 千米），距马哈林诺口岸约 20 千米。珲春陆路铁路口岸是吉林省唯一对俄铁路口岸，是继满洲里、绥芬河之后的对俄第三条大通道。

2. 丹东口岸

丹东口岸位于辽宁省辽东半岛东部，是连接朝鲜半岛与中国及欧亚大陆的主要陆路通道，与朝鲜新义州铁路接轨。

3. 图们口岸

图们口岸是吉林省立关最早、历史最长的“百年口岸”，是国家一类国际客货运输口岸，分为铁路口岸和公路口岸，年过货能力为 560 万吨。

图们铁路口岸始建于 1932 年，可直达朝鲜的罗津港、清津港，经朝鲜豆满江可达俄罗斯远东地区，是吉林省连接俄远东地区的主通道。

4. 集安口岸

集安口岸位于中国吉林省集安市，是中国对外开放的一类口岸。集安铁路口岸是我国对朝鲜的三大铁路运输干线之一，通过鸭绿江铁桥与朝鲜铁路接轨，主要承担客货混合列车运输。

5. 凭祥口岸

凭祥口岸位于广西壮族自治区，是湘桂铁路的终点站，距离中越边境线约 13.2 千米。越南连接我国凭祥的一段铁路为通用标准轨道和混合轨，所以货物无需换装即可运送。凭祥口岸是中国通往东盟最便捷的铁路大通道。

6. 河口口岸

河口口岸位于云南省南端，是滇越铁路的终点站，与越南老街市隔河相望。河口口岸是中越边境云南段最大的口岸。

7. 磨憨铁路口岸

磨憨铁路口岸位于云南省西双版纳州，中老铁路从这里直通老挝首都万象。磨憨铁路口岸正快速成为连接中国与东南亚国家的“黄金口岸”。

✣ 知识点 2：铁路运单的作用

国际铁路货物联运运单，简称铁路运单，是参加国际铁路货物联运的铁路与发货人、收货人之间缔结的运输合同。它体现了参加联运的各国铁路和发货人、收货人之间在货物运送上的权利、义务、责任和豁免，对铁路和发货人、收货人都具有法律效力。

铁路运单随同货物从始发站至终点站全程运输，最后交收货人。铁路运单既是承运货物的凭证，也是铁路方面的终点站向收货人核收运杂费和交货的依据。铁路运单不是物权凭证，不能转让买卖。铁路运单副本在铁路方面加盖戳记证明合同已订立后，应退还给发货人。铁路运单副本虽然不具有运单的效力，但按相关规定，铁路运单副本是卖方通过有关银行向买方结算货款的主要单证之一。

✣ 知识点 3：铁路运单的组成

国际铁路货物联运运单组成如表 9-1 所示。

表 9-1　　国际铁路货物联运运单组成

序号	运单名称	运单使用人	运单用途
1	运单正本	收货人	随同货物至终点站，并连同第六联和货物一起交给收货人
2	运行报单	向收货人交付货物的承运人	随同货物至终点站，并留存在铁路目的地
3	货物交付单	向收货人交付货物的承运人	随同货物至终点站，并留存在铁路目的地
4	运单副本	发货人	运输合同缔结后，交给发货人，用于运输合同签订、外汇核销等
5	货物接收单	缔约承运人	缔约承运人留存
6	货物到达通知单	收货人	随同货物至终点站，连同第一联和货物一起交给收货人
无号码	补充运行报单	承运人	给货物运送途中的承运人（将货物交付收货人的承运人除外）

需要注意的是，补充运行报单的份数应同参加运送的承运人数量一致（将货物交付收货人的承运人除外）；是否需要为缔约承运人编制补充运行报单，由缔约承运人确定。

运单正本、运行报单分别如图 9-2、图 9-3 所示。

1 运单正本— **Оригинал накладной**
（给收货人）—（Для получателя）

29批号—Отправка №

国际货协运单—Накладная СМГС
中铁—КЖД

1 发货人—Отправкнтель

签字—Подпись

4 收货人—Получатель

2 发站—Станция отправления

3 发货人的声明— Заявления отправителя

5 到站—Станция назначения

8 车辆由何方提供—Вагон предоставлен /9 载重量— Грузодъёмность
10 轴数—Оси /11自重—Масса тары/12 罐车类型— Тип цистерны

6 国境口岸站—Пограничные станции нереходов	7 车辆— Вагон	8	9	10	11	12	换装后—После перегрузки: 13 货物重量 Масса груза	换装后—После перегрузки: 14 件数 К-во мест

15 货物品名—Наименование груза	16 包装种类 Родупаковки	17 件数 К-во мест	18 重量（千克） Масса(вкт)	19 封印—Пломбы: 数量 К-во	19 封印—Пломбы: 记号— знаки

20 由何方装车—Погружено

21 确定重量的方法
Способ определения массы

23 运送费用的支付—Уплата провзных платежей

24 发货人添附的文件—Документы, приложенные отправителем

22 承运人—Перевозчики	（区段自/至— участки от / до ）	车站代码（коды станций）

25 与承运人无关的信息，供货合同号码
Информация, не предназначенная для перевозчика ,№ договора на поставку

26 缔结运输合同的日期
Дата заключения договора перевозки

27 到达日期—Дата прибытия

28 办理海关和其他行政手续的记载
Отметки для выполнения таможенных и других административных формальностей

图 9-2　运单正本

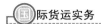

2 运行报单—Дорожная ведомость
（给向收货人交付货物的承运人）—（для перевозчика，выдающего груз получателю）

29批号—Отправка №

国际货协运单—Накладная СМТС
中铁—КЖД

1 发货人—Отправкнтель

签字—Подпись

2 发站—Станция отправления

3 发货人的声明—Заявления отправителя

4 收货人—Получатель

5 到站—Станция назначения

8 车辆由何方提供—Вагон предоставлен /9 载重量—Грузодъёмность
10 轴数—Оси /11自重—Масса тары/12 罐车类型—Тип цистерны

6 国境口岸站—Пограничные станции переходов

7 车辆—Вагон	8	9	10	11	12	换装后—После перегрузки 13 货物重量 Масса груза	14 件数 К-во мест

15 货物品名—Наименование груза

16 包装种类 Родупаковки

17 件数 К-во мест

18 重量（千克）Масса(вкт)

19 封印—Пломбы

数量 К-во	记号—знаки

20 由何方装车—Погружено

21 确定重量的方法
Способ определения массы

22 承运人—Перевозчики	（区段自/至—участки от / до）	车站代码（коды станций）

23 运送费用的支付—Уплата провзных платежей

24 发货人添附的文件—Документы，приложенные отправителем

25 与承运人无关的信息，供货合同号码
Информация，не предназначенная для перевозчика，№ договора на поставку

26 缔结运输合同的日期
Дата заключения договора перевозки

27 到达日期—Дата прибытия

28 办理海关和其他行政手续的记载
Отметки для выполнения таможенных и других административных формальностей

图 9-3 运行报单

✣ 知识点 4：铁路运单的语种及形式

铁路运单的填写，应采用铁路合作组织工作语文（中文、俄文）中的一种，即：

至/自阿塞拜疆、阿富汗、白俄罗斯、保加利亚、匈牙利、格鲁吉亚、伊朗、哈萨克斯坦、吉尔吉斯斯坦、拉脱维亚、立陶宛、摩尔多瓦、蒙古国、波兰、俄罗斯、斯洛伐克、塔吉克斯坦、土库曼斯坦、乌兹别克斯坦、乌克兰、爱沙尼亚运送或经由这些国家过境运送时，采用俄文；

自越南、中国和朝鲜运送时，采用中文；

自俄罗斯和哈萨克斯坦或过境俄罗斯和哈萨克斯坦运往越南、中国和朝鲜时，采用俄文。

铁路运单各栏的内容，可附其他语文的译文。经运送参加方商定，铁路运单的填写可采用其他任何一种语文。

铁路运单可以办理成纸质文件（纸质运单）或电子文件（电子运单）。

✣ 知识点 5：铁路运单的填写规范

发货人在填写铁路运单时，必须对所填内容的准确性负责。因发货人填写过失，如不准确、不完整、不确切、漏写等引起的一切后果，由发货人负责。对铁路方面来说，其有权检查发货人在铁路运单中所记载的事项是否准确，但此项检查仅限于在海关和其他规章的规定情况下，以此保证运输中行车安全和货物完整。

发货人除填写铁路运单外，还应将在运送货物途中，为履行海关或其他规章所需要的文件附在铁路运单上，以便铁路方面在必要时检查。如发货人未履行此项规定，始发站可拒绝接收该项货物。同时，铁路方面不对发货人所附的文件准确性负责。

铁路运单各栏名称及其内容填写说明简介如下。

1. 发货人

此栏应填写发货人名称及其通信地址。发货人只能是一个自然人或法人，如托运人为个人时，则应填记托运人姓名。由越南、中国和朝鲜运送货物时，准许填写这些国家规定的发货人及其通信地址的代号，如 6ДМ-12。

2. 发站

此栏应填写运价规程中所载的发站全称，即启运站名称。由朝鲜运送货物时，还应注明发站的数字代号。

3. 发货人的声明

根据《国际货协》的规定，发货人可在该栏填写自己的声明，例如：

——关于通过过境路绕行运送超限货物；

——关于用旅客列车运送货物；

——关于对铁路运单的更正；

——关于运送不声明价值的家庭物品；

——关于完成海关和其他指示的声明；

——货物运送或交付发生阻碍时的指示；

——关于根据《国际货协》附件第 3 号、第 4 条和第 9 条授权货物押运人的事项；

——易腐货物的运送条件。

一般来说，发货人栏只能写一家发货人的名称，如果该集装箱内装有两家或以上工厂的货物，且每家工厂都要铁路运单，那只能一家发货人的信息写在发货人栏里，其他发货人的信息写在发货人的声明栏里。

4. 收货人

此栏应注明收货人的全称及其准确的通信地址。收货人只能是一个自然人或法人。必要时，发货人可指示，如在收货人的专用线上交货。往越南、中国和朝鲜运送货物时，准许填写这些国家规定的收货人及其通信地址的代号，如 6ДМ-12。

5. 到站

此栏应注明到站的简称，在斜线之后，应用印刷体字母（中文用正楷粗体字）注明运价规程上到站的全称。运往朝鲜的货物，还应注明到站的数字代号。

6. 国境口岸站

此栏应按缔约承运人商定的运输路径，注明货物应通过的发送国和过境国的出口国境口岸站。

各国铁路简称

7. 车辆

此栏应由承运人填写车号。

8. 车辆由何方提供

此栏应根据实际情况作下列记载：“Ⅱ”——承运人提供车辆时；“O”——发货人提供车辆时。实际由收货人提供的车辆，等同于发货人提供的车辆。

9. 载重量

此栏应填写车辆上记载的载重量（用 t 表示）。如在车辆上标有数个载重量，则应注明最大载重量（用 t 表示）。

10. 轴数

此栏应注明车辆的轴数。运送自轮运转货物时，应注明设备（每台）、车辆或轨道运行机械的轴数。

11. 自重

此栏应填写车辆上记载的自重。当用过磅的方法确定空车重量时，车辆上记载的自重写成分子，而过磅确定的自重写成分母。

12. 罐车类型

使用 1520 mm 轨距罐车运送货物时，应注明车号下方标记的罐车类型。

13. 货物重量

此栏应注明货物的总重量，单位为千克。用集装箱和托盘或使用其他运送用具运送货物时，应注明货物重量，集装箱、托盘或其他运送用具的自重和总重，以及换装后每辆车内的货物重量。当多出部分同货物主要部分同时发送时，应注明装载到单独车辆上的货物多出部分的重量。

14. 件数

此栏应注明换装到每辆车内的货物件数。当多出部分同货物主要部分同时发送时，应注明装载到单独车辆上的货物多出部分的重量。

使用集装箱运送货物时，应注明集装箱的数量，并在下面用括号注明装入所有集装箱内的货物总件数。承运人只按重量承运的货物，则在本栏填记“堆”“散”“罐”字样。运送货捆货物时（《国际货协》附件第 11 号）用分数注明：货捆数目（分子），装入货捆中的货件总数（分母）。

使用敞车类货车运送不盖篷布或盖有篷布而未加封的货物，且其总件数超过 100 件时，则注明“堆装”字样，不注件数。运送仅按重量不计件数的小型无包装制品时，注明“堆装”字样，不注件数。如使用运送用具办理运送，则在运送用具名称同一行上，根据第 11 栏的填写内容注明该用具的数量。

15. 货物品名

此栏应根据《通用货物品名表》填写每种货物的名称和 HS CODE，同时应注明货物上所作的记号、标记和号码。货物品名之下一格应填集装箱箱号、柜型、95 码等信息。运送危险货物时，还应根据《国际货协》附件第 2 号《危险货物运送规则》注明货物品名及信息。运送易腐货物时，应填写“易腐”字样。使用棚车通风运送货物时，应注明“通风”字样。运送冻结货物时，应注明“冻结”字样。运送动物时，应注明“动物”及“不准驼峰溜放”字样。运送易燃货物时，应注明“易燃”及“隔离车 0-0-1”字样。

16. 包装种类

此栏应根据实际情况注明货物的包装种类，如“木箱”“纸箱”“麻袋”“条筐”“铁桶”“绳捆”等。使用集装箱运送货物时，注明“集装箱”字样，并在下面用括号注明集装箱内货物的包装种类。运送货捆货物时应注明：货捆（分子）、货捆中的每件货物的包装种类（分母），如货物没有包装，则应注明“无包装”字样。运送没有容器和包装的货物时，应注明“无包装”字样。

17. 件数

此栏应注明一批货物的件数。用敞车类货车运送不盖篷布或盖有篷布而未加封的货物，且其总件数超过 100 件时，或运送仅按重量不按件数计的小型无包装制品时，注明“堆装”字样，不注件数。

18. 重量（千克）

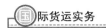

此栏需要用数字注明两个重量，分别是货物重量和集装箱重量，并计算两者之和。

19. 封印

此栏应注明铅封数量和对应封号。使用锁封装置时，应注明锁封装置的名称、记号、货物发送路简称。

20. 由何方装车

此栏应视由何方（承运人或发货人）装车，注明“承运人”或“发货人”字样。

21. 确定重量的方法

此栏应根据实际情况，注明“用衡器”（注明衡器类型）；“按标记重量”“按标准重量”“丈量法”“计量法”“计量器”字样。

22. 承运人

此栏应注明承运人简称和代码，以及每个承运人运送的相应区段（含区段的车站名称和代码），应注明缔约承运人（最先注明）和接续承运人（最后注明交付货物的承运人）的简称和代码，以及每个承运人运送的相应区段（以车站作为各区段的界线，注明车站名称及其代码）。

23. 运送费用的支付

此栏应根据“承运人”栏内的事项，按办理运送的承运人顺序注明各承运人简称、向每一承运人付款的支付人名称及付款依据（支付人代码、合同日期及合同号等）。

24. 发货人添付的文件

此栏应注明发货人在铁路运单上添附的所有文件。如某一文件添附数份，应注明份数。如铁路运单中注明的添附文件在运送途中将被取下，则在该文件名称后面注明应取下文件的铁路简称，即“给（取下这些文件的铁路简称）”。

25. 与承运人无关的信息，供货合同号码

此栏应记入与该批货物有关，但与承运人无关的发货人信息。如履行行政手续所需的文件未添附在铁路运单上，而是寄往相应的行政检察机关，则应记载“（文件的名称、号码和日期）提交（行政检察机关的名称）”。此栏可记入其他信息，包括出口单位和进口单位间缔结的供货合同号码，如出口单位和进口单位的合同仅有一个号码。如供货合同有两个号码，出口单位为一个号码，进口单位为另一个号码，则记入出口单位合同号码。

26. 缔结运输合同的日期

此栏应在发站加盖缔约承运人日期戳。

27. 到达日期

此栏应在到站加盖承运人日期戳，如货物未到达，应注明“货物未到达”，并加盖承运人戳记。

28. 办理海关和其他行政手续的记载

该栏供海关记载之用。

参考答案

任务实施

阅读“任务描述”，回答以下问题。

1. 铁路运单中哪些栏目信息由发货人提供？

2. 铁路运单中哪些栏目信息由承运人提供？

3. 铁路运输中，确定重量的方法有哪些？

4. 根据“任务描述”的内容，填写以下铁路运单（见图 9-4）。

1 运单正本— **Оригинал накладной**
（给收货人）—（Для получателя）

29批号—Отправка №

国际货协运单— Накладная СМГС
中铁— КЖД

1 发货人— Отправитель

签字— Подпись

4 收货人— Получатель

2 发站— Станция отправления

3 发货人的声明— Заявления отправителя

5 到站— Станция назначения

8 车辆由何方提供— Вагон предоставлен /9 载重量— Грузоподъёмность
10 轴数— Оси /11 自重— Масса тары /12 罐车类型— Тип цистерны

6 国境口岸站— Пограничные станции переходов

7 车辆— Вагон	8	9	10	11	12	换装后— После перегрузки 13 货物重量 Масса груза	14 件数 К-во мест

15 货物品名— Наименование груза

16 包装种类 Родупаковки

17 件数 К-во мест

18 重量（千克） Масса（вкт）

19 封印— Пломбы

数量 К-во	记号— знаки

20 由何方装车— Погружено

21 确定重量的方法
Способ определения массы

22 承运人— Перевозчики	（区段自/至— участки от / до）	车站代码（коды станций）

23 运送费用的支付— Уплата провзных платежей

24 发货人添附的文件— Документы, приложенные отправителем

25 与承运人无关的信息，供货合同号码
Информация, не предназначенная для перевозчика, № договора на поставку

26 缔结运输合同的日期
Дата заключения договора перевозки

27 到达日期— Дата прибытия

28 办理海关和其他行政手续的记载
Отметки для выполнения таможенных и других административных формальностей

图 9-4 铁路运单

5. 各组选出填写最规范的铁路运单上台进行展示、分享。

任务评价

在完成上述任务后，教师组织三方评价，并对学生的任务执行情况进行点评。学生完成考核评价表（见表 9-2）的填写。

表 9-2　　考核评价表

班级			团队名称			
团队成员						
考核项目		要求	分值	学生自评（30%）	团队互评（30%）	教师评定（40%）
知识能力	托运人、收货人信息填写正确	填写正确	20 分			
	发站、到站、口岸、运输区段等信息填写正确	填写正确	20 分			
	货物信息（品名、件数、毛重、体积）填写正确	填写正确	20 分			
	能够正确填写铁路运单其他信息	填写正确	10 分			
职业素养	文明礼仪	形象端庄 文明用语	10 分			
	团队协作	相互协作 互帮互助	10 分			
	工作态度	严谨认真	10 分			
合计			100 分			

任务二　国际道路货运运单填制与使用

任务描述

探访我国最大陆路水果进出口口岸

凭祥是我国最大陆路水果进出口口岸，是中国和东盟水果进出口贸易规模最大的口岸。目前，经凭祥口岸进口的水果占全国进口水果总量的三分之一，进口水果以榴莲、火龙果、菠萝蜜、山竹、西瓜为主。其中，榴莲进口量占比近八成。凭祥市也是我国重要的水果出口通道，主要出口柑橘、橙子、苹果、雪梨、葡萄等温带、亚热带水果。

中乌国际道路货运单

图 9-5　中华人民共和国凭祥口岸

在中国—东盟（崇左）水果交易中心的大棚两侧停满了来自中越两国的大货车，工人们正在卸车、装车，一派忙碌景象。“2023 年我在这里买了 50 车水果，每车 30 吨。我这次来看看行情，准备拉几车水果到湖北销售。”来自湖北省黄冈市的采购商刘先生说。

中国—东盟（崇左）水果交易中心位于凭祥市友谊镇卡凤村贯净屯北面，总占地面积约 488 亩，2023 年 8 月 25 日正式建成投入运营。依托区位优势和资源禀赋，凭祥以“口岸+市场”模式，充分利用国内国际“两个市场、两种资源”，以友谊关（含弄尧、浦寨通道）口岸为通关核心，建设起集展示推广、产品集散、线上交易、智慧物流、查验通关、电子商务、落地加工七大功能于一体的中国—东盟陆路水果交易中心。

该水果交易中心还积极搭建电商平台，加快构建跨境电商产业链和生态圈。目前中国—东盟（崇左）水果交易中心线上交易平台已上线，截至 2023 年底，国际市场入驻店铺

153家，采购商119家，累计成交金额超100亿元；国内市场已入驻店铺42家，采购商187家，累计成交金额近80亿元。

“2023年凭祥市水果进出口超300万吨，同比增长60.42%。”凭祥市外事和商务口岸局彭局长说。

为确保进口的东盟水果能以最新鲜的品质到达国内客户手中，凭祥在各口岸（互市点）实行进境水果“绿色通道”“7×24小时”预约通关、实验室快速检测及附条件提离等措施，不断压缩水果在口岸停留的时间。同时，凭祥完善进口榴莲专用通道建设，综合调配查验人力，确保即到即查即放，持续提升货物检查效率，保障进口水果的安全、新鲜。

中国—东盟（崇左）水果交易中心是凭祥产业园的重点项目之一，为进一步壮大产业规模，凭祥市还以凭祥产业园为中心发展了综合制造、东盟水果加工、东盟休闲食品等产业。

在广西中果实业的生产车间里，从东南亚国家进口的干椰、青柠、百香果、芒果等新鲜水果被加工成速冻果浆、风味果酱、果干蜜饯等产品，销往全国各大商超。“我们公司的果蔬速冻及干椰加工项目落户凭祥产业园区，总投资约1.5亿元，主要生产速冻果浆、风味果酱、果干蜜饯等产品。项目于2023年11月份投产以来实现日产速冻柠檬浆、百香果干等各类产品15吨至20吨。”广西中果实业的负责人周先生说。

中国（广西）自由贸易试验区崇左片区管委会覃主任介绍，得益于区域合作优势发挥、跨境产业链布局延伸、互市贸易快速发展，凭祥产业园引进了多家农副产品加工企业，形成了东盟特色产品深加工跨境产业链，全力打造面向国内国际的水果进出口深加工贸易基地。

（资料来源：经济日报，有改动。）

请以项目组为单位，认真阅读案例，并从网上查阅资料，完成“任务实施”中的问题。

知识链接

✣ 知识点1：国际道路货物运输的特点

国际道路运输的特点主要体现在以下几个方面。

1. 灵活性高

与其他运输方式相比，道路运输灵活性更高，其甚至能够深入到偏远地区和地形复杂的地区。这种高度的灵活性使得道路运输在短途运输、门到门服务以及应急物流方面具有显著优势。

2. 投资门槛相对较低

与航空和海运相比，道路运输所需的初始投资较小，车辆购置和运营成本相对较低。

这使得道路运输成为许多中小企业和个人运输者的首选。

3. 运输批次和批量灵活

道路运输可以根据货物数量、性质和运输需求灵活调整车辆类型和数量，实现小批量、多批次运输，满足市场的多样化需求。

4. 与其他运输方式配合紧密

道路运输常与其他运输方式如航空、海运等相互配合，形成多式联运体系。这种配合使得道路运输能够充分发挥其在短途和灵活运输方面的优势，同时利用其他运输方式的长途运输能力，实现运输效率的最大化。

✣ 知识点 2：国际道路运输类型

国际道路运输的种类繁多，每一种都有其特定的应用场景和优势。以下是主要的国际道路运输种类。

1. 整车运输

这是一种较为常见的运输方式。当货物因重量、体积或性质需要单独使用一辆或多辆车进行运输时，就采用整车运输。这种运输方式的特点是速度快、时效性强，但运输成本可能相对较高。

2. 零担运输

零担运输是指采用公路运输的方式一次性托运计费重量不足 3 吨的货物。这种方式适合运量小、批数较多、到站分散、品种繁多的货物。在零担运输中，承运人会将多个货主的货物拼装在一辆车上进行运输，因此可以降低运输成本，但由于需要等待其他货物拼装，其时效性可能稍逊于整车运输。

3. 集装箱运输

这是一种现代化的运输方式，通过使用标准化的集装箱来装载和运输货物。集装箱运输具有装卸效率高、货物损耗小、安全性高等优点，特别适用于长途、大批量货物的运输。

4. 特种货物运输

如危险品运输、贵重物品运输、鲜活物品运输等，有其特定的要求和操作流程，以确保货物的安全和时效。

国际道路运输还可以采用其他分类方法，如根据货物包装情况分类，可分为包装货物运输、散装货物运输；根据运输距离，可分为短途货物运输和长途货物运输；根据运输组织，可分为班线运输、非班线运输、包车运输。

✣ 知识点 3：国际道路货物运单概念

国际道路货物运单是承运人和托运人关于货物运输事项的合同证明，具有法律效力。在发生纠纷时，国际道路货物运单可作为承运人与发货人、收货人之间解决争议的依据。

与海运提单相比，尽管国际道路货物运单也具有合同证明和货物收据的功能，但不具有物权凭证的性质，因此国际道路货物运单不可转让。

当涉及跨国界的公路货物运输时，应使用 CMR 运单。CMR 运单是基于《国际道路货物运输合同公约》（CMR）制定的一套标准化运输单据，旨在规范跨国界的公路货物运输流程。该公约从适用范围、承运人负责的对象、运输合同的签订和履行、承运人的责任、索赔和诉讼、连续承运人履行运输合同的规定等方面对国际道路货物运输予以规范。

CMR 运单仅适用于 CMR 缔约国之间的国际公路货物运输，即使用 CMR 运单进行货物运输的两个或以上国家中，至少一个国家必须是 CMR 缔约国。

✣ 知识点 4：国际道路货物运单作用

国际道路货物运单记载着许多重要信息，在国际货物运输中发挥着重要作用。

1. 合同证明

国际道路货物运单是承运人和托运人关于货物运输事项的合同证明。这使其成为双方权利与义务界定的法律依据，从而在法律层面上保护了双方的利益。

2. 保管交付凭据

国际道路货物运单证明了承运人接收货物并在运输期间负责保管直至最终交付的过程。这不仅涉及距离上的货物转移，还包括对货物安全的责任承担。

3. 原始记录凭证

国际道路货物运单作为记录车辆运行和行业统计的原始凭证，为运输企业提供了重要的数据支持。这些数据不仅有助于企业内部管理，也是政府监管部门进行市场监管和政策制定的重要依据。

4. 分类管理

国际道路货物运单分为三种类型，分别适用于普通货物运输、集装箱运输及零担货物运输。这种分类细化了国际道路货物运单的使用范围，提高了运输的专业性和效率。

5. 通关系统

虽然国际道路货物运单不是议付或可转让的单据，也不是所有权凭证，但它在国际公路运输系统中扮演着重要角色，特别是在结合 TIR 系统使用时，通过简化通关程序，显著提高了跨境货运的效率和安全性。

✣ 知识点 5：国际道路运输通关方式

国际道路运输通关方式采用《国际道路车辆运输规定》TIR（Transport International Router，TIR）的通关方式。TIR 是一种全球通用的国际海关中转和担保系统。根据规则规定，对集装箱的公路运输承运人，如持有 TIR 手册，允许由发运地到达目的地，在海关签封下，中途可不受检查、不支付关税，也可不提供押金。这是最简单、安全、可靠的货物跨境运输方式。

TIR 目前有 73 个缔约国，还有多个“丝绸之路经济”共建国家希望加入。中国直到 2019 年 6 月 25 日才全面落地实施该条约，开放了所有边境口岸。但自中国于 2018 年 5 月首次正式实施 TIR 以来，中国与“一带一路”共建国家的跨境公路运输达到了新的高度，成为“与现有海空铁路形成竞争的第四个物流通道”，为中国进一步对外开放，尤其是内陆地区深度融入“一带一路”互联互通、增强与周边共建国家的经贸往来注入新动力。

TIR 车辆通道如图 9-6 所示。

图 9-6　TIR 车辆通道

✣ 知识点 6：我国国际道路货物运输主要路线

我国国际道路货物运输的主要路线有以下几条。

①我国与俄罗斯之间的道路运输路线。

②我国与越南之间的道路运输路线。

③我国与朝鲜之间的道路运输路线。

④我国与蒙古国之间的道路运输路线。

⑤我国与乌兹别克斯坦、吉尔吉斯斯坦、哈萨克斯坦、巴基斯坦和塔吉克斯坦之间的道路运输路线。

⑥我国与缅甸、老挝和尼泊尔之间的道路运输路线。

⑦我国与不丹、印度之间的道路运输路线。

✣ 知识点 7：我国主要公路口岸

公路口岸是指通过公路进行国际运输的口岸。这些口岸允许人员、货物、物品和交通工具直接出入国境（关境、边境）。公路口岸通常设有口岸联检大楼、海关监管仓库、停车场及集装箱堆场及其他服务设施。我国有长约 2.2 万千米的陆地边界线，与朝鲜、俄罗斯、蒙古国、哈萨克斯坦、吉尔吉斯斯坦、塔吉克斯坦、阿富汗、巴基斯坦、印度、尼泊尔、不丹、缅甸、老挝、越南接壤，因而形成了许多公路口岸。

近年来我国通过公路口岸出入境的货物运输发展较快，表 9-3 显示了经国务院批准开放的一类公路口岸。

表 9-3　　我国一类公路口岸

所在省级行政区	口岸名称
内蒙古自治区	满洲里、黑山头、室韦、二连浩特、阿哈沙特、朱恩嘎达布其、甘其毛道
辽宁省	丹东
吉林省	珲春、集安、图们、开山屯、圈河、三河、临江、南坪
黑龙江省	绥芬河、东宁、密山、虎林
广东省	深圳皇岗、深圳沙头角、深圳文锦渡、珠海拱北、河源
广西壮族自治区	凭祥友谊关、东兴、水口、龙邦
云南省	畹町、瑞丽、清水河、猴桥、打洛、河口、天保、金水河、磨憨
西藏自治区	樟木（聂拉木）、吉隆、普兰
甘肃省	马鬃三
新疆维吾尔自治区	老爷庙、乌拉斯台、塔克什肯、红山嘴、霍尔果斯、都拉塔、木扎尔特、巴克图、阿黑土别克、阿拉山口、吉木乃、吐尔尕特、伊尔克什坦、卡拉苏、红旗拉普

✣ 知识点 8：国际道路货物运单填写规范

国际道路货物运单使用中文和相应国家文字印制。国际道路货物运单一般一式四份，分别交由发货人、收货人、承运人和管理人，交货时由发货人、承运人以及在目的地的收货人签字。国际道路货物运单样单如图 9-7 所示。

Copy for the carrier	Reference No.
1. Sender(name, address, country)	CMR INTERNATIONAL CONSIGNMENT NOTE This carriage is subject notwithstanding any clause to the contrary, to the Convention on the Contact for the International Carriage of goods by road(CMR)
2. Consignee(name, address, country)	16. Carrier(name, address, country)
3. Place of delivery of the goods(place, country)	17. Successive carriers(name, address, country)
4. Place and date of taking over the goods(place, country, date)	18. Carrier' s reservations and observations
5. Annexed documents	

6. Marks and numbers	7. Number of packages	8. Method of packing	9. Nature of the goods	10. Statistical number	11. Gross weight(KGS)	12. Measurement (CBM)

Class	Number	Letter	ADR			

13. Sender' s instructions(Customs and other formalities)	19. Special agreements		
	20. To be paid by	Sender	Consignee
14. Directions as to freight payment ☐ Freight paid　　☐ Freight to be paid	Carriage charges		
	Reductions		
	Balance		
	Supplement charges		
21. Established in/on	Miscellaneous		
	Total to be paid		
	15. Cash on delivery		

22. Signature and stamp of the sender	23. Signature and stamp of the carrier		24. Signature and stamp of the consignee
	Trucker license plate	Trailer license plate	

图 9-7　国际道路货物运单样单

国际道路货物运单填写要求如下。

1. 发货人（出口商）

此栏应填写发货人的基本联系信息，如公司名称、地址、电话号码等。

2. 收货人（接收方）

此栏应填写收货人的基本联系信息，如公司名称、地址、电话号码等。

3. 货物交付地点

此栏应填货物的交付地点。承运人必须在目的地交货的交货地点（通常与收货人的地址一致）。

4. 货物接管地点和日期

此栏应填货物的接管地点和日期。承运人在原产地收集和接管货物的地点。通常与发件人地址一致，但并非总是如此。

5. 随附文件

此栏应填交付给承运人并由其保管和提交的文件，通常包括商业发票、装箱单等。如果货物是危险品，则应随货物提供危险品说明。

6. 标记和编号

此栏应填写货物外包装的唛头及编号。

7. 包装数量

此栏应填写该批货物的包装数量。

8. 包装方式

此栏应填写该批货物的包装方式，如纸箱、托盘等。

9. 货物性质

此栏应填写该批货物的详细名称。

10. 统计编号

统计编号通常为货物的组合命名代码或 TARIC 代码（欧盟海关关税代码）。在实践中，此栏可不填。

11. 毛重（千克）

此栏应填该批货物的毛重，以千克为单位。

12. 体积（立方米）

此栏应填写该批货物的总体积，以立方米为单位。

13. 发货人指示

此栏应填与货物有关的任何额外指示，如有关海关手续、禁止转运、运输保险、温度、到达和离开时间等。

14. 运费支付方式说明

此栏应填运费已支付或待支付。通常，由发货人支付运费则填入“已支付”，由收货人支付运费则填入“待支付”。

15. 货到付款

此栏填收货人在交货点必须支付给承运人的金额。如果承运人承担运输的补充任务，收取货物的价格作为交货条件（“货到付款”），则应在此处注明。

16. 承运人

此栏应填承运人的基本信息，如公司名称、地址、电话号码等。

17. 后续承运人信息

涉及多个承运人时，填写此栏。

其内容包括后续承运人的基本信息，如公司名称、地址、电话号码等。这一栏在承运人收到货物后可能需要签字确认。通常，可填入所有参与货物运输的卡车的车牌号，但并非强制要求。

18. 承运人的保留意见和观察记录

这一栏可由承运人填写。他们在接收货物时可以添加任何相关备注。所添加的任何信息均需得到发货人（出口商）的接受和签字确认。

19. 特殊协议（如适用）

发货人和承运人之间达成的任何额外共识必须添加到此栏，如合同义务、详细的交货信息、渡轮运输详情、适用的司法管辖区等。

20. 付款方：发货人、币种、收货人

此栏应填由发货人或收货人（接收方）支付的各项费用金额，每项费用的货币单位需明确标出。底部将计算出发货人和收货人各自应支付的总金额，标记为“总计应付款”。

21. 订立/于

此处应注明文件的签发日期。

22. 发货人签字及盖章

此处应有发货人的签字和盖章。

23. 承运人签字及盖章

此处应有承运人的签字和盖章，以及牵引车和挂车的车牌号详情。

24. 收货人签字及盖章

此处应有收货人的签字和盖章（在收到货物时），用于证明货物已在目的地交付。

任务实施

参考答案

阅读“任务描述”，回答以下问题。

1. 凭祥口岸 2023 年上半年进出口量大幅增加，原因有哪些？

____

____

2. 凭祥口岸主要处理以公路运输方式进出口的货物，国际道路运输有什么特点？

3. 什么是 CMR？

4. 广西凭祥进出口贸易有限公司收到客户的委托，将一批榴莲从越南运送到广西。经过与客户沟通，决定选择国际道路运输方式进行运输，客户提供的出口货物装箱单（见图 9-8）及商业发票（见图 9-9），见附件。请你准确规范填写国际道路货物运单（见图 9-10）。

ABC. TRADE CO.，LTD.
NO.88，HUAMEI ROAD，HANOI，VIETNAM
PACKING LIST

Sold to: GUANGXI PINGXIANG IMP & EXP TRADE CO., LTD.
HE FOUR FLOOR, 5/1 YINXING STREET, PINGXIANG

Invoice No.: LJP17-0109
Date: 9th January, 2024
PO No.: 3101000130

Supplier code: ITMD10855
Shipped from: HANOI to PINGXIANG by ROAD

NO.	DESCRIPT. OF GOODS	QUANTITY (CTNS)	N.W. (KGS)	G.W. (KGS)	MEASUREMENT(mm)
1	FRESH DURIAN	1800	18000	20000	220 × 220 × 300
TOTAL		**1800**	**18000**	**20000**	**26.14**

TOTAL PACKED IN 1800 CARTONS ONLY
TOTAL GROSS WEIGHT: 20000 KGS
NET WEIGHT: 18000 KGS
MEASUREMENT: 26.14 CBM

SHIPPING MARKS: N/M

图 9-8　客户提供的装箱单

ABC. TRADE CO., LTD.
NO. 88, HUAMEI ROAD, HANOI, VIETNAM

COMMERCIAL INVOICE

Sold to: GUANGXI PINGXIANG IMP & EXP TRADE CO., LTD.
HE FOUR FLOOR, 5/1 YINXING STREET, PINGXIANG

Invoice No.: LJP17-0109
Date: 9th January, 2024
PO No.: 3101000130

Supplier code: ITMD10855
Shipped from: HANOI to PINGXIANG by ROAD

P/N	Description	Quantity (CTNS)	Unit Price (USD)	Amount (USD)
483537	FRESH DURIAN	1800	11.00	19800.00
Total:				**19800.00**

TOTAL AMOUNT: SAY US DOLLARS NINETEEN THOUSAND EIGHT HUNDRED ONLY.

REMAEK: THE CARGO WILL BE READY ON 2024.12TH JANUARY

图 9-9 客户提供的商业发票

1 Absender (Name,Anschrift,Land) / Sender (name,address,country)	**INTERNATIONALER FRACHTBRIEF** **INTERNATIONAL CONSIGNMENT** CMR Diese Beförderung unterliegt trotz einer gegenteiligen Abmachung den Bestimmungen des Übereinkommens über den Beför-derungsvertrag im internationalen Straßengüterverkehr (CMR) This carriage is subject notwithstanding any clause to the contrary, to the Convention on the Contract for the International Carriage of goods by road (CMR)
2 Empfänger (Name,Anschrift,Land) / Consignee (name,address,country)	**16** Frachtführer (Name,Anschrift,Land) / Carrier (name,address,country)
3 Auslieferungort des Gutes (Ort,Land) / Place of delivery of the goods (place,country)	**17** Nachfolgende Frachtführer (Name,Anschrift,Land) / Successive carriers (name,address,country)
4 Ort und Tag der Übernahme des Gutes / Place and date taking over the goods Ort/Place Land/Country Datum/Date	
5 Beigefügte Dokumente / Documents attached	**18** Vorbehalte und Bemerkungen der Frachtführer/ Carrier's reservations and observations

6 Kennzeichen und Nummer Marks and Nos.	**7** Anzahl der Packstücke Number of packages	**8** Art der Verpackung Method of packing	**9** Bezeichnung des Gutes Nature of the goods	**10** Statistiknummer Statistical number	**11** Bruttogewicht in kg Gross weight in kg	**12** Umfang in cbm Volume in cbm
TotaL						

UN-NR./UN-no.　Klasse/Class　Ziffer/Number　Buchstabe/Letter　ADR

13 Anweisungen des Absenders / Sender's instructions	**19** Zu zahlen von/to be paid by	Absender/Sender	Währung/Currency	Empfänger/Consignee
	Fracht / Carriage charges			
	Ermässigungen / Deductions			
	Zuschläge / Balance			
	Nebengebühren / Supplement charges			
	Sonstiges / Miscellaneous			
	Gesamtsumme / Total to be paid			

14 Rückerstattung / Cash on deliver

15 Frachtzahlungsanweisungen / instruction as to payment for carriage	**20** Besondere Vereinbarungen / Special agreements
Frei / Carriage paid	
Unfrei / Carriage forward	

21 Ausgefertigt in
established in　　　on ____________

22	**23**	**24** Gut empfangen/Goods received
Unterschrift und Stempel des Absenders Signature and stamp of the sender	Signature and stamp of the carrier	Unterschrift und Stempel des Empfängers Signature and stamp of the consignee

25 Amtliches Kennzeichen / official number		**25** Angaben zur Ermittlung der Entfernung mit Grenzübergängen / informations of removal with border crossing					
KFZ / truck		von / from	bis / until	km	von / from	bis / until	km
Anhänger / Trailer							

图 9–10　国际道路货物运单

任务评价

在完成上述任务后，教师组织三方评价，并对学生的任务执行情况进行点评。学生完成考核评价表（见表9-4）的填写。

表 9-4　　考核评价表

班级		团队名称				
团队成员						
考核项目		要求	分值	学生自评（30%）	团队互评（30%）	教师评定（40%）
知识能力	发货人、收货人信息	填写正确	20 分			
	发货地点、卸货地点信息	填写正确	10 分			
	货物信息（货物品名、件数、毛重、体积）	填写正确	20 分			
	运单其他信息	填写正确	20 分			
职业素养	文明礼仪	形象端庄 文明用语	10 分			
	团队协作	相互协作 互帮互助	10 分			
	工作态度	严谨认真	10 分			
合计			100 分			

牛刀小试

参考答案

一、单项选择题

1. 国际道路旅客运输行车路单和国际道路货物运单由（　　）发放。

A. 省级交通运输主管部门

B. 省级道路运输管理机构

C. 市级交通运输主管部门

D. 省级国际道路运输管理机构或其委托的口岸国际道路运输管理机构

2. 国际公路货运中，托运方一次托运货物不足 3 吨，单件货物重量不超过 200 千克时，应采用（　　）。

A. 整车运输　　　　B. 零担运输

C. 集装箱运输　　　　　　　　　　D. 特种货物运输

3. 国际道路货物运输运单一式三份，由发货人和承运人签字盖章，一份交付发货人，一份由承运人留存，一份（　　）。

A. 提交海关留存　　　　　　　　　B. 提交货主

C. 随货物通行　　　　　　　　　　D. 提交检验检疫部门

4. 在每日或者是短途多次运输中，国际道路货物运单被视为（　　）。

A. 定期运输合同

B. 一次性运输合同

C. 运输合同

D. 国内公路货物运单

5. 关于 CMR 运单，以下说法不正确的是（　　）。

A. 货物运输经营者或是代理凭运单开具运杂费收据

B. 运输危险物品必须使用在运单左上角套印“道路危险货物运输专用章”的道路货物运单，方准运行

C. CMR 运单是议付或可转让的单据

D. 运输合同应以签发运单来确认，无运单、运单不正规或丢失不影响运输合同的成立或有效性

二、多项选择题

1.《国际道路货物运输合同公约》就适用范围、承运人责任、合同的签订与履行、索赔和诉讼以及连续承运人履行合同等做了较为详细的规定。该公约不适用于（　　）。

A. 北美国际道路货物运输

B. 亚洲国际道路货物运输

C. 欧洲国际道路货物运输

D. 南美洲国际道路货物运输

2. 国际道路货物运单的特点包括（　　）。

A. 国际道路货物运单是运输合同证明

B. 国际道路货物运单是物权凭证

C. 国际道路货物运单是货物收据

D. 国际道路货物运单是货物装载证明

3. 以下（　　）不属于我国国际道路货物运输企业应使用的运输单据。

A. CMR 运单

B. 国内道路运单

C. 出入境汽车载货清单

D. 国际道路货物运单

4.《国际道路货物运输合同公约》以及《国际道路车辆运输规定》的宗旨是（　　）。

A. 允许集装箱免税过境

B. 允许集装箱免单过境

C. 允许集装箱免检过境

D. 允许集装箱免押金过境

5. CMR 运单必须记载（　　）。

A. 运单签发日期和地点

B. 发货人、承运人、收货人的名称和地址

C. 货物交接地点、日期

D. 货物重量、运费、海关报关须知等

三、判断题

1. 亚欧大陆桥运输是指国际集装箱从东亚、东南亚国家或地区由海运或陆运进入我国口岸，再经公路运往欧洲、中东等或相反方向的过境运输。（　　）

2. 我国没有加入《国际道路货物运输合同公约》，因此国内承运人无法开出 CMR 运输单据。（　　）

3. 根据我国《国际道路运输管理规定》，从事国际道路运输的车辆应当使用国际道路货物运单，一车一单，在规定期限内往返一次有效。（　　）

4.《国际道路货物运输合同公约》规定国际道路货物运单具有合同证明和货物收据的功能，具有物权凭证的性质。（　　）

5. 国际道路运输托运人有权在集货后变更部分货运信息。（　　）

四、技能大赛训练

广东 LEADER 运输有限公司作为跨境货车承运人，收运了一批龙眼的国际卡车运输业务，该批货物将从广州运往越南海防。你作为广东 LEADER 运输有限公司单证部一名员工，请根据相关信息，缮制该票业务的国际道路货物运单。

GUANGZHOU LEADER TRADING CO., LTD.

No.1, Jindong Industry Park, Honghuagang, Cencun Village, North Keyun Road, Tianhe District, Guangzhou City, Guangdong Province, China

INVOICE & PACKING LIST

Shipper: GUANGZHOU LEADER TRADING CO., LTD.

No.1, Jindong Industry Park, Honghuagang, Cencun Village, North Keyun Road, Tianhe District, Guangzhou City, Guangdong Province, China

TEL: +86 020-68650200　　E-MAIL: ZHL@momo.com

Invoice No: DD2023010901
Date: 09.01.2023
Ship By: cross-border
From: Guangzhou, China
Destination: Haiphong, Vietnam

Consignee: (SPA VIETNAM CO., LTD.)

241 Xuan Thuy, Haiphong city, Vietnam

TEL: +84(0)22223333

CONTACT PERSON: ZHOU BO EMAIL: zhoubo@163.COM

Payment term: 100% TT IN ADVANCE

Item No.	Description of Goods	Quantity (BASKETS)	N.W.(KGS)		G.W.(KGS)		CNY Per(KGS)	Amount (CNY)	Amount (USD)
			PKG.	Total	PKG.	Total			
1	FRESH LONGAN HS. CODE. 08 10.90	2,180	11.50	25,070.00	12.50	27,250.00	8.65	222,104.80	32,301.7321
Total		**2,180**		**25,070.00**		**27,250.00**			

PACKED IN: 2,180 baskets, each: 40 cm × 30 cm × 20 cm

N.W.: 25,070.00 **KGS**
G.W.: 27,250.00 **KGS**
TARE: 4,560 **KGS**
VGM: 31,810 **KGS**

SHIPPING MARK & NOS:

TENG FEI YI LIU BA

OTHER INFORMATION:

shipment date: SEP 10,2023

DOCUMENT ATTACHED:
PHYTOSANITARY CERTIFICATE
CERTIFICATE OF ORIGIN

GUANGZHOU LEADER TRADING CO., LTD.